法務・知財パーソンのための

契約交渉のセオリー

改訂版
民法改正対応

交渉準備から契約終了後までのナレッジ

一色正彦
竹下洋史 著

第一法規

改訂版について

本書は、企業の法務部･知財部、弁護士、弁理士の皆さんに、契約交渉について、法律、交渉、リスクマネジメントの視点からレビューし、交渉学を活かして交渉の成功確率を上げる方法をご紹介する目的で執筆した書籍だが、2014年12月に初版第1刷を発行後、5年が経過した。

2020年4月には、120年振りに民法の債権関係分野が改正されることもあり、それに伴い本書の改訂版を発行することとなった。今回の改訂版では、第3部の「契約別の方法論」において民法改正を反映した見直しを行い、また以下の内容を追加している。

「第6部 民法改正への対応と法務部門の役割の最新動向」を新設し、次の2章を追加した。

第1章 民法改正と契約交渉

第2章 法務部門の役割と契約交渉

2018年、経済産業省から、日本企業の法務部門について大変興味深い報告書(「国際競争力強化に向けた日本企業の法務機能の在り方研究会報告書」)が公表された。この報告書では、企業の法務部門の現状と課題、社内弁護士と社外弁護士の役割と課題について、分析がなされている。

企業間の交渉においては、事業部門と法務部門、法務部門と社外弁護士の連携は非常に重要である。さらに、この度の民法改正に伴い、より密接な連携が必要になると考えられる。そこで、第6部第2章では、上記の報告書が分析した課題に対して、本書の第1部から第5部で扱った内容に関連づけて、新たな視点を加えて対応策の例を掲載した。

本書は、企業の事業部門で契約交渉を行う担当者やベンチャー企業の役員など、法務の専門分野以外の皆さんが、契約交渉の基本を学ぶために、また、直面している契約交渉の準備のために読んで頂いていると聞いている。本書の内容は、契約交渉の基本的な内容であり、本書をきっかけに、さらに、詳しく学びたい皆さんのために、付録として、著者がお勧めできる書籍のリストを巻末にて案内している。

「推薦図書」

1. 法的アプローチのために有益な書籍
2. 交渉的アプローチのために有益な書籍
3. リスクマネジメント的アプローチのために有益な書籍
4. 企業の法務部門を理解するために有益な書籍

本書の特徴である3つの分類に合わせて、法的アプローチ、交渉的アプローチ、リスクマネジメント的アプローチに有益な書籍について、本書の基準となった書籍から、最近の注目すべき書籍まで、著者が推薦できる書籍とそのポイントを紹介している。また、法的アプローチの中では、第6部第1章に関連した民法改正に関する書籍について、さらに、第6部第2章に関連して、企業法務に関する書籍を紹介している。

本書が、契約交渉に興味を持った方から、業務として契約交渉を行う方までの基本書として、ビジネス交渉の成功確率を上げるためにお役に立てれば幸いである。

2020年1月

一色 正彦　竹下 洋史

はじめに

1980年代後半、私はヨーロッパ各国の企業と技術提携などの契約交渉を繰り返す日々を過ごしていた。その時に出会ったのが、米国ハーバード大学が研究していた交渉学である。交渉学は、実際の交渉事例を研究し、成功確率を上げる方法論を抽出している。そのため、私にとってこの研究は、交渉相手のヨーロッパ人のアプローチの背景を解説してくれるものであり、また、自分達の交渉シナリオを考えるための重要な指針でもあった。その後、法務社員として、法律と実務の視点から契約書を見る立場になり、契約の持つ法的な意味、契約の内容に対する実務的なリスクとそのリスクへの対応をレビューした。これらの経験に基づき、私は、ビジネス契約の交渉戦略を立案するには、法律、交渉、リスクマネジメントの3つの視点から見る必要があると考えている。

本書は、第1部で契約交渉に対する法的、交渉的、リスクマネジメント的アプローチの理論を紹介し、第2部で各アプローチの段階別方法論を解説する。第3部では、代表的な9種類の契約について、検討段階の草稿サンプルを用いて契約別の方法論を解説し、第4部では、5種類の交渉に対して、交渉学研究に基づく成功確率を上げる方法論を解説する。そして、第5部は、秘密保持契約の交渉から始まり、共同開発契約に進み、最後に、特許権侵害の警告を受けるという交渉シーンを素材にした3つの演習を通じて、第1部から第4部を総括している。

共著者の竹下洋史氏（竹下総合法律事務所パートナー弁護士・弁理士）には、主に弁護士としての法的な視点から本書の内容をレビューし、関連箇所の執筆を担当して頂いた。執筆協力者の竹本和広氏には、同氏が専門とするマップ化の方法論を用いた交渉マップの作成を担当して頂いた。リスクマネジメントの関連箇所は、大学院の共同講師である高槻亮輔氏（㈱インスパイア代表取締役社長、金沢工業大学大学院客員教授）に、同氏が作成した教材を提供して頂いた。また、交渉学の関連箇所は、共同研究者である田上正範氏（追手門学院大学准教授、関西大学非常勤講師）にレビューして頂いた。契約交渉の実務家であり、交渉学を学習し、実際に活用している4名の皆さんのご協力により、実践的な契約交渉の本になったのではないか思う。皆さんのご協力に感謝している。

ビジネスの交渉は、契約交渉であると言っても過言ではない。従って、契約交渉の成功確率を上げるためのセオリーを知っておくことは、これから社会人となり、ビジネス交渉を経験することになる学生から、企業の法務、知財、技術、事業部門等の実務家、そして、弁護士、弁理士などの法律専門家の皆さんに、幅広く参考になるのではないかと考えている。本書が提唱するビジネス契約の交渉戦略を立案するための3つのアプローチを、契約交渉の成功確率を上げるために活用して頂ければ幸いである。

2018年11月
一色 正彦

Contents

第6部 民法改正への対応と法務部門の役割の最新動向

第1部

契約交渉の理論

第1部は、ビジネス契約の交渉戦略を考えるために必要な理論を紹介する。契約交渉の戦略を立案するには、以下の三つの理論を組み合わせた総合的なアプローチが必要である。

一つは、法律に基づく、法的アプローチである。契約は、複数の当事者間における意思表示の合致により生じる法律行為である。契約書は、その証拠として機能するものである。従って、契約交渉において、法学の専門知識と法律的思考は欠かせない。本書は、国内と国際間の契約交渉の両方のケースを扱うが、根拠となる法律は、特に指定がない場合、日本法に基づいている。

二つは、交渉学研究に基づく、交渉的アプローチである。交渉は、複数の当事者間に生じた利害関係等のズレや対立、衝突を乗り越えるための問題解決プロセスである。交渉学は、実際に起こった交渉事例を研究し、成功確率を上げるための理論パターンを抽出した実践的な方法論である。日本では、交渉において、経験の蓄積やコミュニケーション力が重視される傾向があるが、交渉力は、問題解決に必要な分析力、コミュニケーション力、意思決定力の総合的な能力である。本書の解説は、1979年に始まる米国ハーバード大学の交渉学研究に基づき、2003年に東京大学と慶應義塾大学が協力して、主に、日本の企業法務、企業知財、技術者、弁護士、弁理士向けに開発した交渉人材を育成するための研究に基づいている。

三つは、リスクマネジメント研究に基づく、リスクマネジメント的アプローチである。リスクとは損害が生じる事故が発生する不確実性であり、経済学、経営学、マーケティング論の分野で研究が行われているが、1929年の世界恐慌以降、ファイナンス要素を組み込んだリスクマネジメント研究が始まった。その研究では、リスクマネジメントを、リスクを評価・分析し、できる限り客観的なデータとして把握して、発生頻度や損失金額を少なくするためのアプローチ（リスクコントロール）と、リスクの完全な制御は不能であり、そのためリスクに対する資金的な手当てを積極的に行うためのアプローチ（リスクファイナンス）の組合せと定義している。本書の解説は、この研究に基づいている。

第1章 契約交渉の概念

ビジネス契約の交渉に必要な三つのアプローチの関係を、契約交渉の段階に合わせて考えてみよう。

【図１：「契約交渉の概念図」】

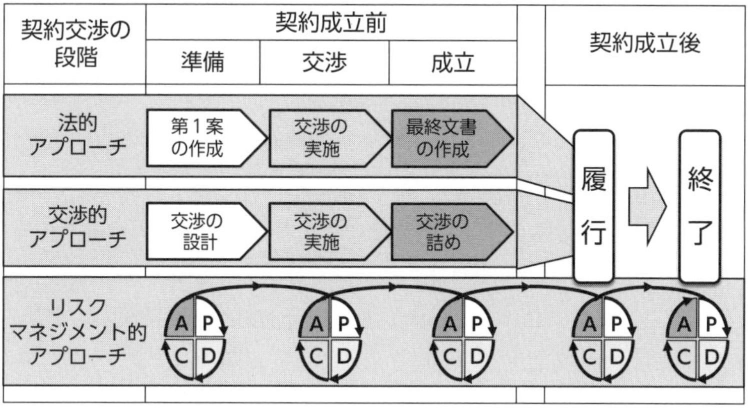

※ P:Plan（計画）、D:Do（実施）、C:Check（検証）、A:Action（修正）

契約交渉の段階を、契約成立前と契約成立後に区分した。また、契約成立前には、交渉の準備、交渉の実施、交渉の成立の段階がある。契約成立後には、契約の履行と終結の段階がある。契約交渉が発生してから、契約が終結するまでのトータルフローである。

法的アプローチにおいて、準備段階では、第1案（first draft）の作成を行う。そして、交渉を経て、契約成立段階では、最終文書（final product）の作成に至る。法的アプローチでは、交渉の原因となった紛争の事実関係をできるだけ正確に把握し、性質に基づき分類した上で、法律的な問題点を調査し、構造を決定することにより、法律文書としての契約書を作成することが重要である。従って、法的アプローチでは、法律的な専門知識と法的な思考能力が必要になる。法律文書の具体的な作成プロセスについては、第2部第1章で詳しく説明する。

交渉的アプローチにおいて、準備段階では、交渉の設計を行う。交渉の設計とは、情報を集め、整理した上で、選択肢を考え、評価し、判断基準を考えて、交渉のシナリオを作成する行為である。次に、交渉の実施段階では、交渉相手とのコミュニケーションが実施される。準備段階で作成した交渉シナリオに基づき、情報や意思を伝達したり、発信したりする行為が、相互に行われる。この段階では、相手の立場を想定したアサーティブなコミュニケーションが実現できるか、インタラクティブな問題解決が行えるかが重要になる。その上で、交渉の詰めとして、意思決定が行われる。この意思決定では、利害関係者に対して、合理的な説明責任が果たせるかが重要になる。従って、交渉的アプローチでは、交渉の設計における分析力、実施におけるコミュニケーション力、詰めにおける意思決定力の総合能力が必要になる。交渉の準備のプロセスについては、第2部第2章で詳しく説明する。

リスクマネジメント的アプローチにおいて、準備段階から交渉、契約成立から、さらに、契約の履行と終了段階でも、一貫して重要なのは、リスクマネジメントサイクルを適切に回すことである。一般的なマネジメントの手法に、PDCAサイクルと呼ばれるものがある。P:Plan（計画）、D:Do（実施）、C：Check（検証）、A：Action（修正）が順番に繰り返されるマネジメントサイクルである。リスクマネジメントもマネジメントの一つであり、リスクを発見、確認し、分析して、処理方法を選択し、選択した方法を実施後、効果を検証後、必要に応じて修正するプロセスを繰り返すのである。リスクマネジメント的アプローチでは、将来生じる可能性のあるリスクに対する仮説思考力、合理的な処理手段を選択する論理的思考力が必要になる。リスクマネジメントのPDCAサイクルは、第2部第3章で詳しく説明する。

この三つのアプローチは、契約交渉のプロセスにおいて、具体的にどのように関連づけて行われるのであろうか。法的アプローチでは、契約交渉の準備として、問題点の抽出と性質分類、調査を行った上で、構造を決定し、第1案を作成するプロセスが行われる。並行して、交渉的アプローチでは、交渉の実施の前に、どのようなシナリオで交渉するかの準備を行う。そして、交渉の実施を経て、交渉の詰めが行われ、それが、法的アプローチに基づき作成された最終文書に反映され、双方が最終文書に合意した場合、契約の成立となる。

交渉的アプローチでは、ズレや対立・衝突という問題を乗り越える前提として、問題解決により何を目指すかを設定する。交渉学では、交渉の目的を交渉により問題を解決し、交渉者が予め設定した今回の交渉で目指すゴール(ミッション。**第3章参照**)を実現することであると定義している。そのため、契約交渉の前提として、交渉による問題解決により何を目指すのかを決める必要があり、その内容により、何を準備するか、どのように交渉するか、そして、どのような最終的な意思決定になるかが、すべて決まってくる。

リスクマネジメント的アプローチは、契約交渉の準備段階から、成立、履行、終結までのプロセスにおいて、たえず、PDCAのマネジメントサイクルを回す必要がある。例えば、法的アプローチにおける契約成立までのプロセスでは、双方の意思表示が合致する前であり、いつの段階で、契約が有効に成立するか、第1案の作成では、契約の成立有効要件を満たしているか、契約の締結では、契約書の締結者は、締結権限を有しているか、という法的な視点から、リスクの存在をレビューし、必要な対応を実施する。交渉的アプローチにおける交渉の詰めの段階では、合理的な意思決定か否かのレビューにおいて、実現することに不確実性が高い条件がないか、もし、リスクのある条件であっても、その発生の予防や、発生した場合の損害を縮小するための備えがあるか、というリスクマネジメントのレビューが重要になる。また、交渉は合意がゴールではなく、問題解決によるミッションの実現が目的である。

従って、交渉相手と合意しないという意思決定を行う場合もある。この不合意の場合に対して、予め代替案を準備しておくことも重要なリスクマネジメントである。つまり、リスクマネジメント的アプローチでは、この相手と契約を締結した場合のリスク、締結しなかった場合のリスクの両面から考えるのである。例えば、契約を締結しても、実現が困難、負担が大きい条件に合意した場合、短期的には利益が得られるが、中・長期的には損害が膨らむ可能性が考えられる。また、契約を締結しなかった場合、この相手以外の代替案を考えておかないと交渉の目的を実現することができないのである。

それでは、この三つのアプローチの関係を具体的な事例で考えてみよう。例えば、初めて会う相手に対して、自社の商品やサービスの新規取引を提案するビジネス契約の交渉シーンで考えてみよう。提案する商品は、会社の戦略商品として、経営資源を投資し、新しく開発した技術を用いており、経営に影響する重点商品である、とする。商品の新規提案の契約交渉における主な論点は、QDCS（Q：Quality、品質、D：Delivery、納期、C：Cost、価格、S：Service、サービス）の四つの条件が考えられる。交渉当初から、これらの条件に関する双方の意思表示が合致しているケースは少なく、ズレや対立・衝突が生じ、その問題を解決するための交渉となるのが通常である。

まず、最初に設定すべきは、交渉の目的である。例えば、戦略商品であるが、まだ実績がなく、業界で知名度の高い会社に、スポットでも良いので採用してもらい、最初の実績を作ることを目的とする場合を考えてみよう。この場合、交渉的アプローチでは、相手がミッションを実現できるパートナーであるかを見極める交渉を行う必要がある。次に、法的アプローチとしては、契約の成立、契約の有効要件、契約の締結権限が、いずれも、法律的に有効であり、双方の意思表示の合致に対して、ズレや誤解が少ない契約書の作成と合意が重要になる。さらに、仮に、双方に価値あるパートナーシップが実現し、法律的に有効な契約書を締結しても、リスクは残る。契約締結の段階では問題なかった合意条件が、内部環境、外部環境の変化により、実現性に課題が生じるリスクはないか、将来起こり得るリスクを回避、予防する方法がないか、完全な統御は不可能であっても、損害が発生した場合の財務的な手当ては可能か、という視点で考えるのである。例えば、この相手と交渉の目的であるパートナーシップを確立するためには、多少のリスクがあるが合意すべき条件について、将来の損害発生を予防し、さらに、損害発生時の財務的な手当てを行う条件を手配するのである。

エレクトロニクス業界の新規商品の取引から、具体例を考えてみよう。例えば、ある電子部品メーカーが新しい技術で、今までにない機能を持った電子デバイス部品を開発し、市場シェアNo.1の通信機器メーカーに採用提案をする交渉ケースとしよう。電子部品メーカーにとって、通信機器メーカーは、電子デバイス部品を、将来、業界標準とするために、最初の実績となるパートナーの第一候補だったとしよう。交渉により、QDCSの条件に合意し、法律的に有効な契約書が作成でき、締結権限を有する相手が署名する段階に至った。ただし、懸念事項として、新しい技術を使っているため、電子デバイス商品と通信機器とのマッチングにおいて、将来、品質問題が発生するリスクが残っている、ということがあり得る。この場合、リスクマネジメントの視点から少なくとも、①トラブル発生時に、できるだけ早く状況を把握し、対処する、②それでも、最終的に残った損害に対しては、お互いに合理的に対応する、というルールを決めておく必要がある。契約書にそのプロセスや条件を盛り込むことはできる。しかし、通信機器メーカーが大企業で、電子部品メーカーが中小企業である場合、損害が巨額化した場合、最終的な損害額を負担し得る資金力には大きな差がある。例えば、品質問題により、大きな損害（例えば、製造物責任（PL：Product Liability）事故により、生命・身体・財産に損害が生じた場合、または、その損害を予防するために市場から通信機器を回収するためのリコール費用の負担等）に対して、中小企業は、契約書において、損害賠償条件に合意することはできるが、資金的に負担できない場合があり得る。金額が巨額になる場合、電子部品メーカーが倒産するケースもあり、この場合、通信機器メーカーは、発生した損害を自社で負担することになる。このケースの場合、通信機器メーカーは、電子デバイス商品を購入するか否かを、以下の視点から考えることができる。

・視点1：相対価値を評価する

この電子デバイス商品の技術の採用は、品質問題等から発生するリスクに見合う価値があるか。

・視点2：リスクを分散する

価値があると判断し、相手の資金力に限界がある場合、契約における賠償責任の条件を合意する以外に、自社の損害を最小化し、リスクを軽減する方法があるか。

このステップを経て、大企業と中小企業が、それぞれの価値とリスクを見極め、リスクを相手に転嫁するだけでなく、リスクをシェアするパートナーとして契約した事例がある。具体的には、大企業が、自社のリスクマネジメント戦略により実現できた広範囲で条件の良いリコール保険に、契約した電子デバイス商品のリコールの損害を含め、納入額、自己金額に応じた保険料と賠償補填を契約した例である[注1)]。この事例は、法学・法務、交渉学、リスクマネジメント論の三つの視点から、相手との提携をどのように戦略的に位置づけるかを考えた契約交渉により実現できたケースである。

注1） 鮫島正洋編著：知財立国への挑戦　新・特許戦略ハンドブック、商事法務、2006, pp.371-374, 事例研究②一重構造のPLクレームリスクとPL・リコール保険参照（第9章「知財リスク保険化の可能性」は、一色が執筆）。

第2章 契約交渉と法的アプローチ

それでは、契約交渉と法的アプローチの関係について、より詳しく見てみよう。田中豊教授（慶應義塾大学法科大学院教授、弁護士、元裁判官、司法研修所教官）は、その著書の中で、契約自由の原則[注2)]に言及した上で、「このような現代に生きる法律実務家は、契約及び契約書と一生を通じて付き合う職業であるということができます。本書は、法律文書の作成を扱うものですから、現代のビジネスや市民生活に必須である契約書の作成に係る問題を避けて通ることはできません。」[注3)]と述べられている。法学的な視点から見れば、契約を法律行為として、契約の成立、有効要件、締結権限などの論点から、契約書を法律文書として、どのように作成するかが重要になる。

さらに、田中豊教授は、契約書の存在理由として、「第一は、契約当事者間における行為範囲の明確化であり、第二は、危急時又は紛争発生時における裁判規範の明確化です。」と述べられている。「一つの契約書中に含まれる条項をこの二つの目的のいずれかに色分けすることができるというのではなく、契約書の作成が全体としてこの二つの目的を兼ね備えているという意味です。」[注4)]と述べられている。交渉学では、ミッションを実現するための具体的な目標を決める際に行う交渉において、ルールの交渉[注5)]と呼ばれる交渉がある。契約交渉においては、複数の条件が存在し、それが複雑に組み合わさって目標が設定されているのが通常である。また、契約締結段階で、目標を決定するために必要な情報や条件が揃っているとは限らない。そのため、目標を決定するために必要な基準や手続を決めて、目標を設定することができる。つまり、パラメーターを入れると一定の条件が成立するようなルールを交渉するのである。この点は、まさに、行為範囲の明確化であり、紛争解

注 2） 近代私法の基本原則であり、改正民法 521 条により明文化された。我妻榮：民法総則（民法講義I「新版」）岩波著店、1965, pp.235-237 参照
注 3） 田中豊：法律文書作成の基本「第 2 版」、日本評論社、2019, p.304 参照
注 4） 田中豊：法律文書作成の基本「第 2 版」、日本評論社、2019, p.316 参照
注 5） 一色正彦、田上正範、佐藤裕一：理系のための交渉学入門、東京大学出版会、2013, p.23 参照

決ルールにおいては、裁判規範の明確化と言える。

また、田中豊教授は、「この種の契約書を作成するに当たって留意すべきは、これら二つの目的・効用を十分に達成することができるよう、必要な条項を整備し、立場の相違（いずれの当事者であるか、紛争解決機関であるか）にかかわらず、全体として分かりやすい構造を備えていて、各条項が二義なく理解することができて、裁判（仲裁）によって実現可能なものになっていることです。」[注6)] と述べられている。

それでは、国際契約の準拠法に採用されることが多い米国の契約法ではどうだろうか。米国では、弁護士の契約に対する役割をパフォーマンス・プランニング（performance planning：履行円滑化の工夫）とリスク・プランニング（risk planning：リスク対処の工夫）と呼んでいる。[注7)] これらは、行為規範と裁判規範という考え方と同じであると言える。樋口範雄教授（東京大学大学院法学政治学研究科教授）は、米国の契約書の特色として、この二つのプランニングを徹底していることにより、契約書が必然的に詳しく長いこと、契約の締結に要するコストが高いことに加え、「第3に、予め将来のリスク配分を行うリスクプラニングと、何か起こった時に「誠実に協議」して定めるという態度を比較して、アメリカ的な考え方は前者こそフェアだとする。すなわち、事が生ずる前であれば、両当事者はいわば架空の事態を想定して対等に取引することが可能である。」[注8)] と述べている。この考え方には、交渉学とリスクマネジメント論の影響が考えられる。交渉学では、過去の成功事例、失敗事例の研究から、将来予測されるリスクに対して、予め紛争解決ルールを決めておくことを推奨している。また、リスクマネジメント論は、リスクコントロールにより損失を軽減しようというアプローチであり、予測可能なリスクには、できるだけ事前に対応しておこうという考えがある。

注6）田中豊：法律文書作成の基本「第2版」、日本評論社、2019, pp.316-317 参照
注7）樋口範雄：アメリカ契約法「第2版」、弘文堂、2010, p.10 参照
注8）樋口範雄：アメリカ契約法「第2版」、弘文堂、2010, pp.12-13 参照

著者は、日本のみならず、欧米、アジア、中国などの各国の企業と交渉経験があるが、米国に限らず、リスクプランニングに対する考えは、日本の商習慣とは相当異なるアプローチが多かった。トラブルの発生時は、どちらかが極めて厳しい状況に置かれており、誠実に協議するのは困難であり、お互いが冷静な契約締結時に、紛争解決ルールを決めるのが、双方の利益であるという考え方である。勿論、将来起こり得るケースをすべて網羅することは不可能であり、そのために、ルールの交渉が必要なのである。最近、日本の契約でも、国際契約の影響を受け、リスクに対する認識や予め紛争解決ルールを定める契約なども見られるようになっている。

第3章 契約交渉と交渉的アプローチ

次に、契約交渉と交渉的アプローチとの関係について、詳しく見てみよう。交渉的アプローチの背景理論である交渉学は、1979年の米国ハーバード大学ロースクールのハーバード・ネゴシエーション・プロジェクトに始まる研究である。創始者であり、弁護士資格を持ち、米国国務省の代理人として交渉経験も豊富なロジャー・フィッシャー教授は、研究に至った過程について、ロースクール在学時代の自らの戦争体験に照らして、次のように述べられている。「私が戦争から戻ってくると、何と私のルームメートの2人の親友は戦死していたのです。そのとき、私は思いました。『我々は文化や人種、思考という相違をなくすのではなく、それを公平に取り扱うことで止揚していく方法が必要なのだ』と。」[注9] この経験と思いを原点として、交渉学研究が開始され、ハーバード大学に交渉学研究所が設立された。交渉学研究所では、国家間の戦争回避交渉、企業間の提携交渉やクレーム交渉から、身近な商品の売買交渉まで、多彩な交渉事例が研究されている。米国では、ロースクールやビジネススクールのみならず、メディカルスクールの教育にも活用されている。また、欧米のビジネススクールや、フランスのグランゼコール（フランス独自の教育プログラムを持つ高等教育機関、大統領や企業経営者などのリーダーを輩出している）でも、ハーバード大学の交渉学研究が活用されており、この分野では、グローバルスタンダードと言える。

残念ながら、日本では、法学部や法科大学院で交渉学を取り入れている大学が少なく、慶應義塾大学（法学部、ビジネススクール）、東京大学大学院（公共政策、航空宇宙工学、技術経営戦略専攻等）、金沢工業大学大学院（知的システム創造専攻）など学習機会が限られている。小林秀之教授（一橋大学大学院国際企業戦略研究所教授、弁護士）は、その著書の中で、「経験にも

注9） September 2002, 特別インタビュー、ロジャー・フィッシャー、ハーバード流交渉学講義、DIAMOND ハーバード・ビジネス・レビュー編集部訳、Harvard Business Review, ダイヤモンド社、2012, p.49 参照

とづくだけの従来型の交渉では、簡単に手玉にとられてしまい、「赤児の手をひねる」というように相手方に敗北させられるだろう。これからの「交渉ですべてが決まる世界」を生き抜いていくために、もっとも必要な知識が『交渉学』であり、さらには、法とからめた『法交渉学』を身に付けることが必須である。」[注10] と述べられている。

弁護士資格を取得後、弁護士会の研修で交渉学という学問に初めて触れた若手弁護士は、「今まで交渉というと勝ち負けのイメージが強かったが、その考え方が改まりました」、「交渉術ではなく、交渉学の基礎を学べたのが良かった。価値の共有、創造的な選択肢の重要性を理解することができた」[注11] とコメントしている。また、この研修を企画した研修委員の田中章弘弁護士は、「交渉学が提唱する交渉は、パイを奪い合うのではなく、パイを作り出すための方法論に主眼が置かれていることがわかりました。この交渉学が提唱する方法論は、依頼者に真の利益となる交渉の進め方を教えてくれます。破滅的な交渉を望んでいる依頼者への説得の道具になりうるものです。依頼者が、最終的には当該事件限りでの解決を望むということであっても、我々が負う善管注意義務は、依頼者が採りうる選択肢を示すことを要求しています。この意味で、交渉学は、単なる便利な道具にとどまらず、我々にとって不可欠なスキルを身に付けさせてくれるものだと思いました」[注12] とコメントしている。

このように、交渉学は、法律との関係性が強く、弁護士のような法律の実務家が契約交渉を行う際の理論としても、重要な研究である。交渉理論の概念図は、次のような関係になる。

注 10)　小林秀之編著：交渉の作法 法交渉学入門、弘文堂、2012, はしがき参照
注 11)　大阪弁護士会法友倶楽部主催：弁護士のための交渉学 2012.7.2, アンケート自由記述より抜粋
注 12)　大阪弁護士会法友倶楽部：法友 vol.121, 2012, Oct. 研修委員会 田中章弘、研修会報「弁護士のための交渉学」、2012.7.2, pp.56-57 参照

【図2「交渉理論の概念図[注13]」】

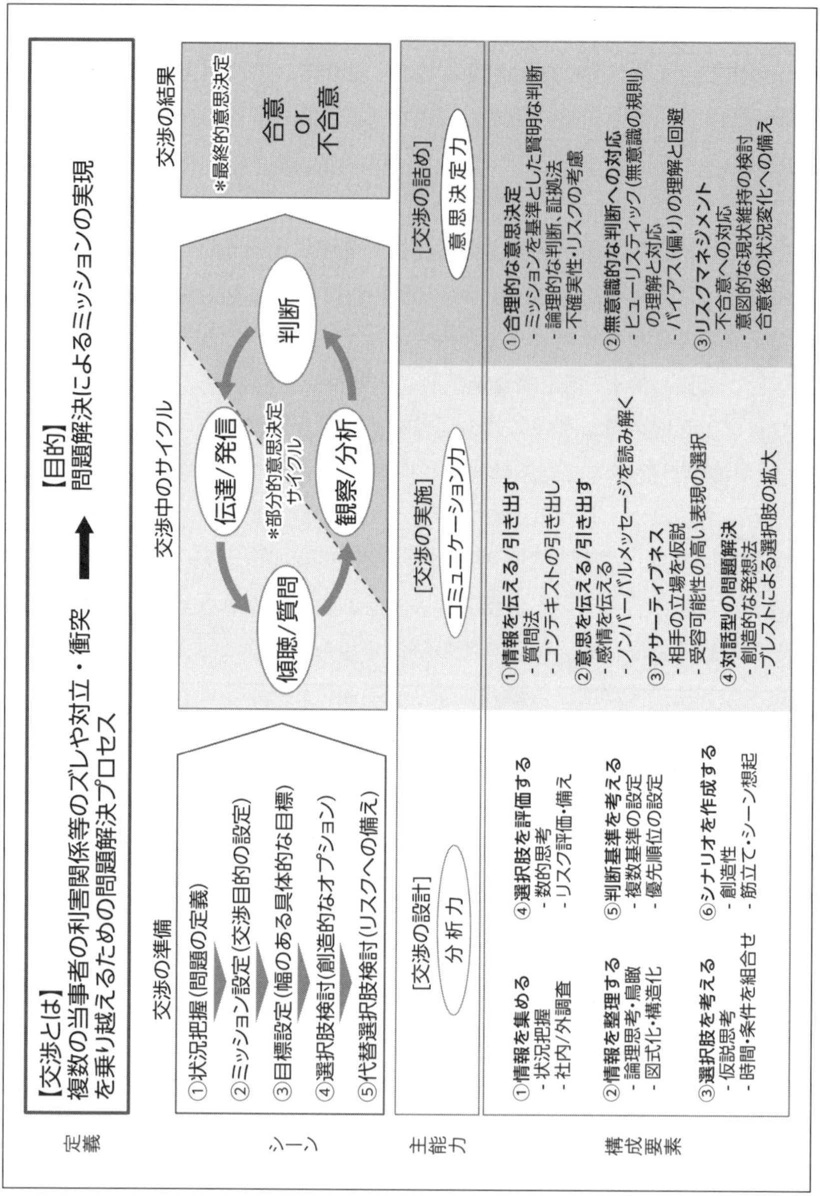

注13） 一色正彦、田上正範、佐藤裕一：理系のための交渉学入門、東京大学出版会、2013, p.14 図1参照

交渉とは、複数の当事者間の利害関係等のズレや対立・衝突を乗り越えるための問題解決プロセスと定義している。そして、交渉の目的を問題解決によるミッションの実現と定義している。ミッションとは、合意の先に目指すものであり、交渉の合意が交渉の目的ではないという考え方である。ミッションは、交渉学において、交渉の軸となる概念であり、第2部第2章交渉的アプローチの5段階プロセスの中で、詳しく説明する。

交渉の準備段階で必要な能力は、交渉の設計における分析力である。交渉では、準備段階の重要性が高く、交渉の実務家は準備8割と言っている程である。この段階は、①情報を集める、②情報を整理する、③選択肢を考える、④選択肢を評価する、⑤判断基準を考える、⑥シナリオを作成する、以上の要素から構成される。次に、交渉中の段階に移る。この段階では、交渉者が伝達や発信したメッセージについて交渉相手が傾聴や質問を行う。それに対して、交渉者が相手の反応を観察・分析し、意思決定を行う。ここでは、交渉相手がミッションを実現できる相手かを判断し、交渉条件に最終合意する段階の意思決定ではなく、相手の提示条件に対して、ネガティブか、ポジティブか、ニュートラルかなど、部分的な意思決定を行う。この段階では、コミュニケーション力が主能力であり、①情報を伝える、引出す、②意思を伝える、引出す、③アサーティブネス、④対話型の問題解決、以上の要素から構成される。そして、最後に、交渉の詰めとして、意思決定力が必要となる。この段階では、①合理的な意思決定、②無意識的な判断への対応、③リスクマネジメント、以上の要素で構成される。

そして、最終的意思決定において合意した場合は、合意内容が契約書に法律文書として反映される。契約書を締結した後でも、その後の状況変化への備えは必要となる。また、最終的意思決定において、不合意と判断した場合は、予め準備したミッションを実現するため代替案を採用する、もしくは、意図的な現状維持の検討をする場合もある。これら要素において、リスクマネジメント的アプローチと関係している。

第4章 契約交渉とリスクマネジメント的アプローチ

次に、契約交渉とリスクマネジメント的アプローチとの関係について、詳しく見てみよう。リスクの具体的な定義例は、①事故（peril）、②事故発生の不確実性（uncertainty）、③事故発生の可能性（possibility）、④ハザード（hazard）、⑤予想と結果の差異、⑥不測事態（contingency）、⑦偶発事故（accident）、⑧危機（crisis）、⑨危険状態（danger）、⑩脅威（threat）、⑪困苦（pinch）[注14)]などである。さらに、危険という定義まで広げるとリスクを含み広い概念になる。リスクや危険は、一般的に厳格に定義されて使用されている訳ではないので、ここでは、リスクを「損害が生じる事故が発生する不確実性」と定義する。

リスクコントロールとリスクファイナンスから構成されるリスクマネジメントの構図は、次のようなものである。

【図３：リスクマネジメントの構成[注15)]】

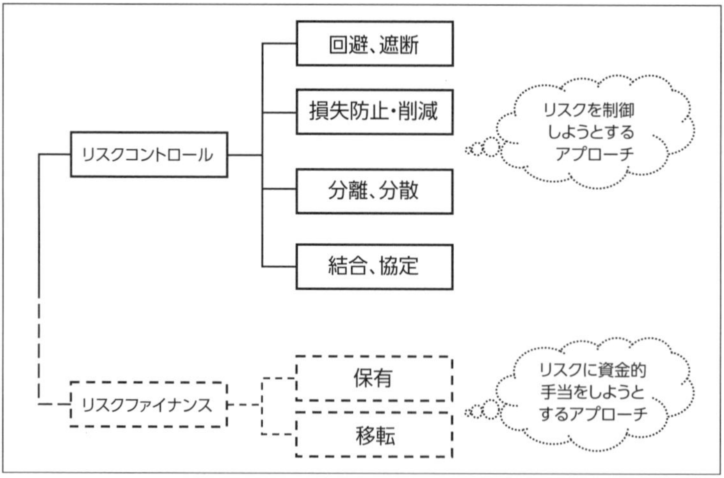

注14） 亀井俊明、亀井克之：リスクマネジメント総論「増補版」、同文館出版、2012, p.15 参照
注15） 高槻亮輔、㈱インスパイア代表取締役、金沢工業大学大学院客員教授の作成教材

リスクコントロール手法の具体例を挙げると以下である。

(1) 回避

例えば、リスクA（リスクの発生頻度とリスクの大きさと共に非常に大きい。図4参照）と判断した事業や市場に参入しない、活動を中止する、撤退するなどである。

(2) 損失防止、損失軽減

例えば、リスクAと判断したリスクの発生頻度をB（中程度）かC（小程度）のレベルに減少させたり（損失防止）、事故が発生した際のダメージをできるだけ軽減することである（損失軽減）。事故により損害が発生した場合、その損害をできるだけ最小化するための取組みをダメージコントロールという。

(3) 分離・分散

例えば、リスクAと判断したビジネスを一つの部門や法人に集中させ、他の部門や法人への影響から分離したり、効率は落ちるが、一つの工場や設備を巨大化せず、適当なサイズに分散することにより、企業全体のリスクを分散させることである。

(4) 結合・協定

例えば、業界や複数の企業間において、共通する構造的なリスク（価格、標準技術、安全性等）がある場合、お互いに何らかの協定を締結し、そのリスクを軽減または回避する方法である。ただし、この場合、独占禁止法等の法律に準拠していない場合は、リスクが巨大化する可能性がある。

リスクファイナンスの具体例を挙げると以下である。

(1) 保有

リスクの保有には、①リスクに対する無知から結果的に保有していたという消極的保有と②リスクを十分確認した上でこれを保有するという積極的保有（リスクへの挑戦）の二つがある。[注16)] 積極的保有の例は、損失に対する引当金の準備である。最近では、ART（Alternative Risk Transfer、代替的リスク移転）の手法として、自家保険（キャプティブ保険、保険会社以外の一般会社が設立する再保険子会社。欧米の大企業では、キャプティブ保険会社の設立が認められた国や地域に設立し、リスクを保有している会社も多い[注17)]）やファイナイト保険（金融再保険、一定期間に発生する損害を企業が一定期間分割して負担する考え方に基づき、保険料を組み立てるプログラム）などもある。

(2) 移転

第三者に対するリスクの移転である。保険が最も典型的であるが、他にも共済、保証、基金などの方法もある。ここで言う保険とは、大数の法則（サイコロのように、試行回数を限りなく増やすと予想される数と実際の数の差が少なくなる法則）が成立する保険である。例えば、生死、火災、交通事故などが該当する。商品化されていない保険であっても、保険会社とオーダーメイド保険（ただし、法律により認められている保険の場合）を契約することもできる。

欧米の先進企業では、自社のリスクを分析し、キャプティブ保険と外部保険を組み合わせたリスクマネジメント戦略を実現している企業もある。それでは、リスクマネジメントにおけるリスクコントロールとリスクファイナンスの関係について、リスクカーブを起点に整理してみよう。

注16) 亀井俊明、亀井克之：リスクマネジメント総論「増補版」、同文館出版、2012, pp.49-50 参照
注17) キャプティブ保険については、鮫島正洋編著：：知財立国への挑戦　新・特許戦略ハンドブック、商事法務、2006, 第9章「知財リスク保険化の可能性」、pp.379-340 参照

【図4「リスクカーブとリスクファイナンス[注18)]」】

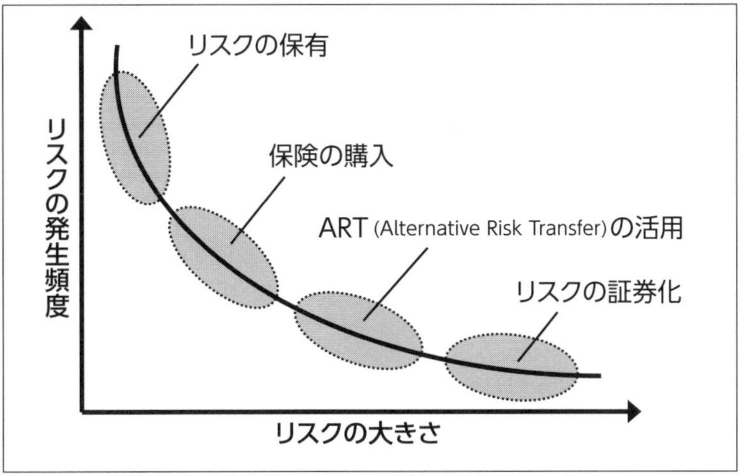

ここで重要なことは、リスクを考える際に、“リスクの発生頻度（何年に何回生じる事故であるか”と“リスクの大きさ（事故により生じる損害の大きさ)”という二つの基準で見る必要があることである。例えば、大企業にとって、リスクAは、リスクの頻度が一定以上高く、リスクから生じる損害が高い（例えば、10年に一度は起こり得る事故であり、1回生じると100億円相当の損害が発生する品質問題など）と言える。一方、リスクの大きさは、一定規模があるが、100年に一度の頻度であれば、それに対応した措置を行えば良い。

リスクファイナンスの領域で言えば、リスクが小さく、頻度が大きいものは、リスクの保有や保険の購入により対処できる。また、リスクが大きく、頻度が低いものは、リスクの移転により対処するのである。つまり、リスクの発生頻度と大きさにより、有効な組合せを行うのが、リスクマネジメントである。

注18)　高槻亮輔、㈱インスパイア代表取締役、金沢工業大学大学院客員教授の作成教材

リスクの測定により、どのくらい大きな財政的インパクトを企業にもたらすのかは、以下の四つの次元で予測計算できる。[注19)]

① 来年度中にあるリスクによる損失の発生頻度はどのくらいか。
② 損失の額（規模）はどのくらいか。
③ 来年度中の予測損失総額（①×②）はどのくらいか。
④ 上記の予測の変動（誤差）とそれぞれが経営に及ぼす影響。

これらの予測計算により、リスクAゾーン、Bゾーン、Cゾーンというレベル分類が可能になる。なお、リスクマネジメント的アプローチの具体的な5段階プロセスとPDCAサイクルとの関係については、第2部第3章で詳しく説明する。

以上のように、ビジネス契約の交渉プロセスにおいて、法的アプローチ、交渉的アプローチ、リスクマネジメント的アプローチは、三つの視点であるが、一つの目標に向かって密接に関連している。これまで、ビジネスの契約交渉に関する書籍において、リスクマネジメントの要素は、法的アプローチと交渉的アプローチに組み込まれて説明されている場合もあるが、法的アプローチと交渉的アプローチを含む三つの理論に基づき、契約交渉のセオリーを考えた書籍は見られなかった。著者は、契約交渉のセオリーを三つの理論に基づくアプローチから考えるべきと考えている。契約交渉の成功確率を上げるために、さらに、契約締結後の円滑な履行と終結までに至るリスクを予防し、軽減するためにも、契約交渉は、三つの理論に基づきレビューし、総合的にアプローチすることが有効であると考えている。

注19）　武井勲：リスク・マネジメント総論、中央経済社、1987, pp.77 参照

Column 1 交渉学と大学教育

日本の大学教育における交渉学教育の導入状況について、紹介する。交渉学は、米国ハーバード大学のハーバード・ネゴシエーション・プロジェクト（1979年）として、ロースクールで研究が開始され、ビジネススクール、ケネディースクール（公共政策大学院）、メディカルスクールの教育にも導入されている。現在では、交渉学研究所で、研究が続けられている。また、米国のロースクールやビジネススクールの多くでも教育に活用されており、人気科目となっている。また、フランスのグランゼコール（フランス独自の教育プログラムを持つ高等教育機関）の教育にも導入されるなど、海外では、幅広く高等教育に活用されている。さらに、米国では、小学校のカリキュラムにディベートとネゴシエーションが組み込まれている州（例：ニュージャージー州等）もあり、初等教育から活用されている例もある（ディベートとネゴシエーションの学習プログラムの違いは、コラム23参照）。

一方、日本では、交渉は学問として学ぶ対象ではなく、経験値やコミュニケーション力の蓄積であるとする考え方が主流であり、長く、学問的研究としての交渉学が認知されていなかった。大学の正規科目として交渉学を初めて採用したのは、金沢工業大学大学院知的創造システム専攻（2009年）である。同専攻は、知財人材を育成する社会人大学院だが、国際技術標準化を実現できる人材を育成するために交渉学科目（2科目）を導入した。学部では、慶應義塾大学が、法学部の専門科目に交渉学を採用し（2012年）、600名を超える学生（2014年）が熱心に模擬交渉（ロール・シミュレーションは、コラム24参照）に取り組んでいる。最近では、追手門学院大学が、一般教養として学部生（経営・経済・心理学部等）に交渉学を導入、関西大学は、交渉学を軸とする教育プログラムで、文部科学省「大学教育再生加速プログラム」に選定（2014年[注20]）され、今後、学生の社会人力育成に活用される。また、マイナビが、高校生から大学2年生までの学生を対象に、交渉学を用いて、社会人と交流する模擬交渉の講座を実施するなど[注21]、最近では、大学教育への活用が進んでいる。

これらのきっかけになったのは、東京大学先端科学技術研究センターが、大学院生（工学系）、弁護士・弁理士・企業法務・知財・技術などの人材を育成するプログラムを対象として、ハーバード大学の交渉学研究に基づき、慶應義塾大学（田村次朗教授、隅田浩司研究員）と協力して、日本人向けの交渉力育成プログラムを開発（2003年～2006年）したことである。著者（一色）は、東京大学先端科学技術研究センターの協力研究員として参加し、金沢工業大学大学院、東京大学大学院（工学系研究科）、慶應義塾大学（ビジネススクール）で、開発したプログラムを活用して教育を行っている。慶應義塾大学では、教育と並行して、グローバルセキュリティー研究所において、ハーバード大学と提携し、国際紛争解決のための交渉学に関する研究が行われており、著者（一色）は、客員研究員として参加している。

模擬交渉を初めて経験した学生は、「何を目的とするかで、交渉する方法が変わることが面白かった。」、「交渉した後、相手のシートを見て、もっと聞き取れたはずの内容があり、驚いた。」、「普段の生活やこれから大人になってから、相手と話し合うときに、今後のことやお互いの気持ちを尊重し合えるようにしたい。」などの感想がアンケートに記載されていた。学習により良い刺激を受けていると思われる。慶應義塾大学法学部では、秘密保持契約のサンプルを巡る模擬交渉を行っている。600名を超える学生（2014年）が、全員熱心に模擬交渉に取り組んでいる授業は、壮観である。将来、企業の法務部や知財部、弁護士や弁理士を目指す学生たちは、このケースを通じて、

注20） 関西大学のホームページ、文部科学省「大学教育再生加速プログラム」に関西大学申請事業が選定、http://www.kansai-u.ac.jp/mt/archives/2014/08/post_1042.html 参照

注21） マイナビのホームページ、My Future Campus Premium Class ハーバード流交渉学 Win-Win アプローチ講座、http://mycampus.jp/negotiation/ 参照

契約の法律的な基礎、企業における契約を締結する意味などを実践的に学習している。起業やステップアップを目指す30代の社会人が学習する経営管理研究科（ビジネススクール）では､経営法学の授業の中で､模擬交渉を行っている。これらを通じて、将来の法律家や事業家が、契約の法律知識を交渉学の学習を通して学んでいる。東京大学工学系大学院では、航空産業を学ぶ科目[注22)]や知財を学ぶ科目の中で、模擬交渉によるビジネスシミュレーション演習を実施している。その他にも、現在、実証授業を行うなど、交渉学研究を学部や大学院の人材育成や教育に活用しようと検討している大学が増えている。

模擬交渉は、学生が、契約という法律行為を実際に模擬体験し、具体的なイメージを持つことができる有効な学習方法である。大学のみならず、今後の日本の教育において、交渉学研究が有効活用されることを期待している。

Column 2 交渉学と企業の人材育成

日本の企業でも､社員の人材育成に交渉学研究を活用している事例がある。例えば、パナソニック㈱では、デバイス事業のマーケティング部門のリスクマネジメント教育で､秘密保持の模擬交渉を実施している[注23)]。この研修では、従来の契約知識の研修と比較し、模擬交渉を行うことにより、契約の価値とリスクを実践的に学習している。また、知財部門の中には弁理士資格者を含む知財社員の体系的な人材育成や組織知のナレッジ伝承等に活用している例もある[注24)]。また､マーケティング部や知財部門のみならず､研究部門やSE（システムエンジニア）の教育に活用している例もある。昨今、大手メーカーで

注22） 鈴木真二・岡野まさ子編：現代航空論　技術から産業・政策まで、東京大学出版会、2012, 付録：演習「交渉学の航空工学教育への導入」（一色著）参照
注23） 一色正彦：松下電器産業インダストリー営業本部の法務ネットワーク、研究叢書 No.137、戦略法務機能の強化と業務効率化、企業研究会、2000 参照
注24） 一色正彦：交渉学研究に基づく、戦略的提携における交渉人材の育成、日本知財学会誌第7巻第2号、2010, pp.45-53,

は、技術提携や技術の標準化など、技術の専門性を持つ社員が社外の契約交渉に参加、もしくは、主体的に行うケースも増えている。そのため、彼らの交渉力を強化しようとしている企業があるのである。また、企業の知財部門が多く加盟している日本知的財産協会の研修や日本弁理士会が会員弁理士向けに行う研修でも、交渉学の研修が行われている。

研修の学習者のアンケートを見ると、「当事者同士だけではなく、関係・影響する人をマップ化することで、広い視野で物事が考えられるようになった。」、「会話やメールでも交渉を意識するようになった。特に、会議では事前準備をしっかりし、アジェンダも作っている。」、など、単なるスキルアップのみならず、仕事に対する姿勢や考え方の意識変化や日常業務への行動変化が起こっている例もある。

交渉学研究は、問題を解決する能力の育成に加えて、リーダー人材の育成、ナレッジの伝承、部門間の連携強化など、幅広く応用できる研究である。（具体的な活用方法については、コラム29～34参照）今後、多くの企業が、社員の能力開発から、人材育成、組織力強化に、交渉学研究を活用されることを期待したい。

Column 3 企業の法務部と知財部

企業には、契約を含む法律を扱う部門が、2種類ある。法務部と知財部である。企業の規模により、両方の部門が統合していたり、機能が異なる場合もあるが、代表的な機能は、以下である。

「企業の法務部と知財部の主な機能」

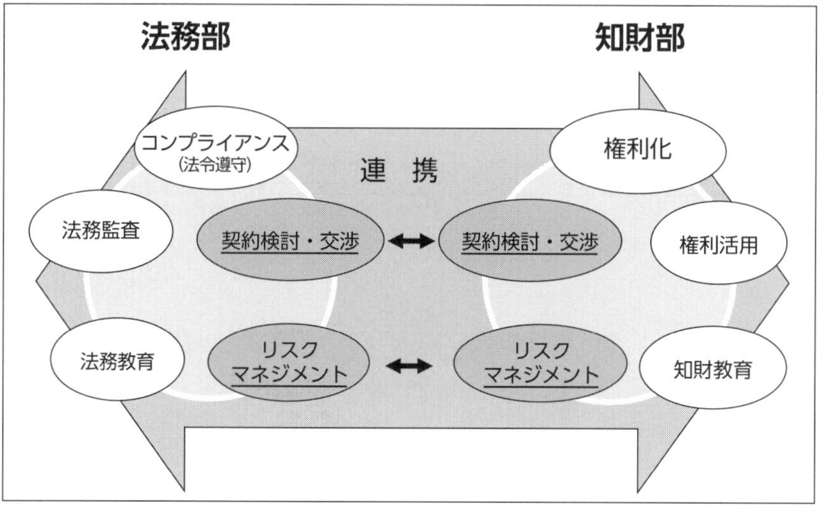

① コンプライアンス機能

法令遵守を推進するために、社内の業務基準や社員の行動基準を策定し、推進する機能。主に、強行法規が対象であり、法務部がこの役割を担っている場合が多いが、知財部でも、他人の著作権・商標権の侵害に対するガイドラインを決めている企業もある。

② 監査機能

コンプライアンスに基づき、社内の基準を遵守しているかを監査する機能。外部の監査法人に委託する方法もあるが、自社で定期的に自主監査を行っている企業もある。主に法務部の機能だが、知財部が、知財管理規定を遵守しているか否かを監査している企業もある。

③ 権利化機能

自社の知的財産（特許権、意匠権、商標権等）を出願し、権利化を推進する機能。主に知財部が担当。権利化後の権利の終了までの管理も含む。知財部が、権利活用の一環として、特許ライセンス契約などを担当していることも多い。

④ 契約検討・交渉機能

企業が外部と締結するビジネス契約が対象。会社の規模や事業部門との役割により、法務部・知財部は、契約のドラフト作成や相手のドラフトのレビューに特化している場合もあれば、標準フォームなどのツールを開発し、事業部門と協力して、契約検討を行っている場合もある。

契約交渉について、契約の種別や条件により事業部門と役割分担する方法や案件の重要性に応じて、対応方法を決めている場合もある。また、法務部と知財部が独立している組織では、法分野により契約検討と交渉の役割を決めている場合もある。

⑤ リスクマネジメント

コンプライアンスの一環として推進している会社もあるが、この機能を区分している場合もある。コンプライアンスが、主に強行法規の違反を対象としているのと比較して、リスクマネジメントは、広く事業一般のビジネスリスクを対象としたリスクコントロールを対象としている。また、リスクコントロールに基づき、保険を設計するなど、リスクファイナンスの機能を含む場合もある。

⑥ 教育

コンプライアンスでは、業務・行動基準の徹底を目的として、リスクマネジメントでは、トラブルの予防を目的として、法律や知財の教育を推進する。また、権利化では、技術者などの発明者に対する知財教育や、契約管理として、契約標準フォームの活用方法を通じた契約教育を行っているケースもある。

最近、弁護士や弁理士資格者を社員として採用したり、法務部、知財部の社員に弁護士・弁理士（海外を含む）の資格取得を推進している企業もある。

また、社内弁護士・弁理士を採用しているか否かに関わらず、社外弁護士・弁理士とは連携して業務をしているのが通常である。

メーカーでは、法務部は法律系のバックグラウンドの社員が多く、知財部は技術系の社員が多い。契約交渉の視点から重要なことは、組織が独立しているか否かに関わらず、法務部と知財部の機能が協力して、問題解決を行うことである。例えば、特許侵害警告を行った上で、特許ライセンス契約の交渉を始めたところ、状況が変化し、お互いに技術提携に展開する場合がある。この技術提携が合弁会社の設立のような方向に向かうことも十分あり得る。交渉の初期段階は、選択肢を広げておくことが重要であり、法務部と知財部の社員が、それぞれ持つ専門性を活かして、協力するべきである。

また、逆に、第三者からクレームを受けた場合、品質の場合は法務部が、知的財産の場合は知財部が対応するという役割分担をしていたとしよう。この場合でも、対抗策の選択肢は、できるだけ広げておいた方が、問題を解決できる可能性が高くなる。企業によっては、法務部の知財教育を知財部員が担当し、知財部門の法務教育を法務部員が担当する例や、共通研修として、一緒に模擬交渉を行うことにより、お互いの専門性を知り、連携を強化している例もある（部門間の連携強化については、コラム32参照）。契約交渉の成功確率を上げるためには、法務部と知財部の連携が欠かせない。

Column 4　交渉学と交渉術

交渉の心理テクニックや相手を説得するテクニックの本が多く出版されている。いわゆる交渉術の書籍であるが、これらの書籍について、米国のバイオ分野の研究者であるカール・M・コーエン博士は、著書の中で、「空港の売店では、『交渉ですべての望みをかなえる方法』だの『絶対に譲らない！

最強の交渉人になる方法』だという本を目にすることも珍しくない。けれども読者の方々は、絶対にこうしたアプローチをとってはならない。なぜなら、研究者であるあなたの交渉相手のほとんどは、職場の同僚や従業員や雇用主など、継続的なやりとりがあり、今後も長期にわたって付き合わなければならない人物であるからだ。現時点で自覚があるにせよないにせよ、こうした人々との関係は、あなた自身にとってもあなたの未来にとっても重要である。巧妙な交渉術で彼らを操って、後悔するような合意をさせたり、してやられたという気持ちを抱かせたりすることがあってはならない。」[注25)]と述べている。

相手を必ずYESと言わせる方法については、社会科学に説得学と言う研究がある。ロバート・B・チャルディニー教授（アリゾナ州立大学名誉教授、社会心理学）は、著書の中で、研究を通して、「人間の相互作用の自然な場面で、どのような心理学の原理が最も強力に、かつ頻繁に「イエス」を引出すのかを発見できた。」と述べ、6つの影響力の武器として、①返報性、②コミットメントと一貫性、③社会的証明、④好意、⑤権威、⑥希少性を挙げている。[注26)]

説得の技術も、YESと言わせるテクニックも、一定の意義がある。ただし、コーエン博士が述べているように、継続的な関係にある相手に使用する場合は、価値よりもリスクの方が高い。契約交渉においても、継続的なパートナーシップの構築を望む相手との交渉で、交渉術を用いることは、相手との信頼関係を毀損するリスクがある。複数回同じテクニックを使うことが困難なこと、相手が知っていると容易に封印されること、また、交渉術を用いてYESを言わせるアプローチを取ったことが、自分に対する評価であると認識されるリスクがあるためだ。ただし、交渉術は、学習により知っておくことにより、相手が交渉で用いた場合に有効に対処できるため、知っておくことは有益である。

注 25)　カール・M・コーエン、スザンヌ・L・コーエン：ラボ・ダイナミクス　理系人間のためのコミュニケーションスキル、Medical International、2007, p.49 参照
注 26)　ロバート・B・チャルディニー：影響力の武器　説得の秘訣、誠信書房、2007, まえがき参照

ハーバード大学の交渉学研究が推奨するWin-Winアプローチは、交渉前に存在する選択肢を相手にYESと言わせることを目指すのではなく、ミッションを判断基準として、相手の背景にあるコンテキストを引き出し、その上で、双方に価値がある合意を見出そうとするアプローチである。そのため、分配型や交換型のみではない、創造型の交渉が可能となる。ただし、相手に合わせて妥協することを目指す訳ではなく、合意できない場合の代替案を事前に準備し、ミッションを共有したパートナーシップが構築できない相手とは、提携をしないという選択をすることも推奨している。

契約交渉では、社内交渉のような継続的な関係を維持する必要がある内部の交渉では、交渉術は封印すべきアプローチである一方、外部との交渉では、相手が使用してくる場合に備えて学習し、事前に対応策を準備しておくべきである（注意すべき交渉法は、コラム15～22参照）。

Column 5 交渉学研究①「論理的思考」

交渉学研究は、論理的思考に基づく意思決定と行動科学に基づくコミュニケーションから構成されており、ArtとScienceの学問と呼ばれている。[注27] ここでは、論理的思考に関連する研究と契約交渉との関係について、紹介する。

論理的思考については、ゲーム理論の研究が用いられている。ゲーム理論は、数学者フォン・ノイマンと経済学者モルゲンシュテルンによる「ゲーム理論と経済行動」の研究がスタートである。ゲーム理論とは、「ゲームとは、複数の意思決定の主体により生じる社会状況の表現である。そしてこのような状況の表現や分析のために、新しい概念を提供して社会や人間の行動につ

注27） Howard Raiffa : The Art and Science of Negotiation How to resolve conflicts and get the best out of bargaining, The Belknap Press of Harvard University Press, 2003 参照

いて新しい発見をもたらそうとするのが､ゲーム理論」注28)である。ゲーム理論では、問題を分解するために、マトリクスチャート、ピラミッド構造等、いろいろな手法が用いられている。その中で、問題をツリー構造で分解する方法として、ロジック・ツリー、イッシュ―・ツリー、デシジョン・ツリーがあり、本書では、契約交渉において、仮説を立てるための分析手法として、ロジック・ツリーを用いたサンプルを明示している（図15、図20参照)。

また､交渉的アプローチの5段階プロセスの中で紹介しているミッション、ゾーパ、バトナは、事前準備の論理的フレームワークである。このフレームワークを用いることにより､交渉の準備を論理的に行うことができると共に、準備した交渉シナリオを検証することもできる。また、交渉の途中経過や交渉結果、さらに、過去の交渉や他の交渉をこのフレームワークを基準に、比較検証することもできる。

契約交渉のナレッジは、トライ&エラーの繰り返しにより蓄積される。法律家が、裁判の判例を学習することが有効であるように、過去から未来にわたり、契約交渉の結果を共通のフレームワークを用いて検証し、学習することは、ナレッジの共有と共に、リスクコントロールの手法としても、大変有意義である。交渉学研究の論理的アプローチは、単に交渉の準備を効果的に行う以上の価値があるのである。

Column 6 交渉学研究②「行動心理学」

行動科学に基づくコミュニケ―ションについて、コミュニケーションと行動科学の研究を紹介する｡コミュニケーションにはいろいろな研究があるが、ここではマーケティング分野で行われているコミュニケーションのプロセス

注28） 田村次朗：交渉戦略 思考プロセスと実践スキル、ダイヤモンド社、2004, p.77 参照

を紹介する。経営学者（マーケティング論）で著名なコトラー教授（ノースウェスタン大学特別教授）は、著書の中で、以下の4段階に定義している。[注29)]

「コミュニケーションプロセスの要素」

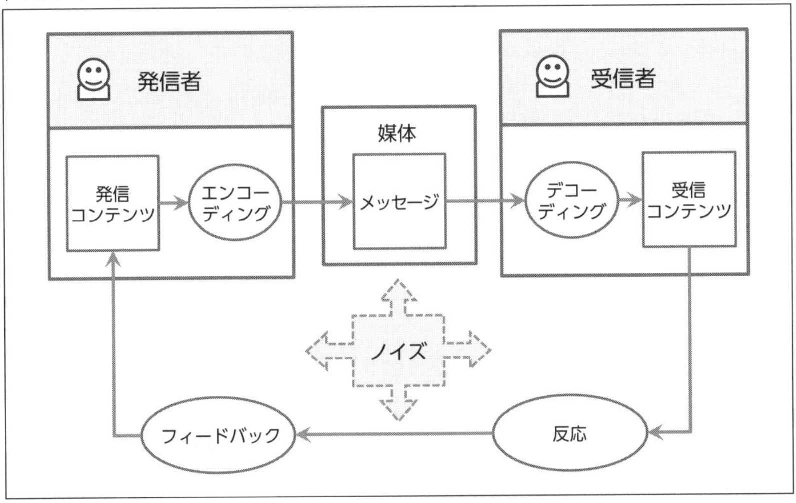

① コミュニケーションの当事者は、発信者と受信者が存在する。

② コミュニケーションツールとして、媒体（メディア）の中にメッセージが存在する。

③ コミュニケーション機能として、エンコーディング（一定の規則でデータを符号化すること）、デコーディング（元に戻すこと）、反応、フィードバックが存在する。

④ 特徴として、ノイズ（意図したコミュニケーションを妨害する恐れのある、ランダムなメッセージ、競合他社のメッセージ）がある。

ここで重要なのは、コミュニケーションにおいては、エンコーディング（圧縮）とデコーディング（復元）が繰り返されていること、ノイズ（雑音）が入る構造にあることである。交渉の場面において、相手に自分が主張した事

注 29） フィリップ・コトラー:コトラーのマーケティング・マネジメント、ピアソン・エデュケーション、2001, pp.671-672 参照、イメージ図は、p.672 図 18-1 に基づき作成

実や意見について正しく認識してもらえない、という話を聞くことがある。対人コミュニケーションにおいては、圧縮と復元が雑音を受けながら相手と行われる構造にあり、容易に正しく認識できないのが通常と考えるべきである。

さらに、対人コミュニケーションには、感情の要素が加わる。この分野については、マックス・H・ベイザーマン教授（ハーバードビジネススクール教授）の意思決定論の研究が著名である。ベイザーマン教授は、著書の中で、意思決定の構造を次の6段階に定義している。[注30)]

①問題を定義する。
②選択肢を評価うるための複数の基準を設定する。
③各基準に重みづけをほどこす。
④複数の選択肢を生成する。
⑤各選択肢を各基準の観点から評価する。
⑥最善の選択肢を算出する。

さらに、人間は合理的に意思決定するとは限らないとした上で、意思決定に用いられる数多くの単純化の方略や経験則であるヒューリステック（heuristic）が意思決定に与える影響として、「ヒューリステックは人間の判断を無意識のうちに司る標準的な規則であり、意思決定を取り巻く複雑な環境に対処するメカニズムである。ヒューリステックは通常有益であるが、時として深刻な過ちを招くこともある。」[注31)] とした上で、ヒューリステックがもたらすバイアス（偏り）が意思決定に及ぼす影響について紹介している。

契約交渉では、交渉相手とのコミュニケーションを通じて、個々の情報や条件に対する部分的意思決定のサイクルが繰り返された後、最終的な合意か

注30）　M・H・ベイザーマン、D・A・ムーア：行動意思決定論　バイアスの罠、白桃書房、2011, pp.3-4 参照
注31）　M・H・ベイザーマン、D・A・ムーア：行動意思決定論　バイアスの罠、白桃書房、2011, p.9 参照

不合意という意思決定が行われる。そのため、論理的フレームに基づき準備した上で、行動科学の研究を知り、バイアスの危険性を認識した上でコミュニケーションを行うことが、成功確率を高めることになるのである。

第2部

段階別の方法論

第2部では、法的アプローチ、交渉的アプローチ、リスクマネジメント的アプローチの三つのアプローチについて、ビジネスの契約交渉における段階別の方法論を解説する。各方法論の骨子は、以下の通りである。

・法的アプローチの5段階プロセス[注32)]
第1段階：事案の整理と問題点の抽出・性質分類（前提作業）
第2段階：問題点の調査（legal research）
第3段階：構造の決定
第4段階：第1案（first draft）の作成
第5段階：最終文書（final product）の作成

・交渉的アプローチの5段階プロセス[注33)]
第1段階：状況把握（問題の定義）
第2段階：ミッション設定（交渉目的の設定）
第3段階：目標設定（幅のある具体的な目標）
第4段階：選択肢検討（創造的なオプション）
第5段階：代替選択肢検討（リスクへの備え）

・リスクマネジメント的アプローチの5段階プロセス[注34)]
第1段階：リスクの確認（リスクの対象と損失原因の確認）
第2段階：リスクの測定（リスクのトータルコストの測定）
第3段階：リスク処理技術の選択（リスクコントロールとリスクファイナンス）
第4段階：リスク処理の実施（リスク処理技術の実施）
第5段階：リスクマネジメントの統制（リスクマネジメントのPDCA）

注32) 田中豊：法律文書作成の基本「第2版」、日本評論社、2019, pp.6-44 参照
注33) 一色正彦、田上正範、佐藤裕一：理系のための交渉学入門、東京大学出版会、2013, p.23 参照
注34) 武井勲：リスク・マネジメント総論、中央経済社、1987, pp.77-79 参照

第1章 法的アプローチの5段階プロセス

法律文書の作成の5段階プロセスは、以下の内容である。[注35]

(1) 第1段階：事案の整理と問題点の抽出・性質分類（前提作業）

紛争に直面した法律実務家の最初の仕事は、当該紛争を巡る事実関係を正確に理解し把握することであり、具体的には、①図表の活用（関係図、時系列表等の作成)、②法律問題と事実問題の区別、③要件事実論による分析である。

(2) 第2段階：問題点の調査（legal research）

第2段階は、第1段階で抽出した問題点を調査する作業であり、具体的には、①法律問題の調査、②事実問題の調査、③アクション・プランの作成である。

(3) 第3段階：構造の決定

第3段階は、当該法律文書の構造を明確化しておく作業であり、具体的には、①事案の概要（争点の特定）と結論の掲示、②当該事案に適用すべき規範の特定と規範の内容（要件と効果）の説明、③規範の当該事案への適用、④結論である。

(4) 第4段階：第1案（first draft）の作成

第4段階は、第3段階を経て決定した作成すべき法律文書のあらましに基づき、第1案の作成（起案）を行なう。「精密に（美しく）構造化された言語表現が法律文書の命である」と考え、法律用語の誤用などに留意して作成する。

注35) 田中豊：法律文書作成の基本、日本評論社、2012, pp.6-44より抜粋

(5) 第5段階：最終文書（final product）の作成

第5段階は、最終文書を作成する。第1案の論理を修正又は変更する勇気を持ち、細部の誤りや前後の統一などに留意して作成する。

また、法律実務家が契約書を作成する際の注意点として、①要件事実による各条項の分析と位置づけの確認、②真意に従った条項であること―錯誤、虚偽表示、詐欺、強迫の排除、③強行規定と任意規定との識別―違法な条項の排除、特約と交渉力の相違、④契約の当事者となる者及び締結権限の確認、⑤税務の確認、以上が重要であると指摘されている。[注36)]

交渉的アプローチとの関係で見ると契約交渉の準備段階においては、第1段階から第3段階までが、交渉の設計段階と関連している。交渉の設計における交渉シナリオ作成には、法律文書作成のプロセスと同様の事案の整理と問題点の抽出・性質分類、問題点の法的な視点からの調査が必要となる。また、交渉のシナリオは、第3段階の構造を決定するプロセスにも、関連性が深い。また、第4段階で作成された第1案から交渉が開始され、第5段階の最終文書作成には、交渉により合意された条件が反映される。従って、法律文書作成のプロセスは、交渉の設計、実施、詰めのプロセスと密接に関連している。そして、リスクマネジメント的アプローチは、契約交渉のすべての段階に密接に関連している。すべてのプロセスでは、リスクマネジメントのPDCAサイクルが回っているのである。

注 36) 田中豊：法律文書作成の基本、第 2 版、2019、日本評論社、2012, pp.334-349 より抜粋。なお、例えば、会計上・経営上の観点からは、2021 年 4 月 1 日以降に開始する事業年度から適用されることになった「収益認識に関する会計基準」においては、契約の内容を考慮して収益認識を行うこととされていることにも留意する必要がある。一例として、横張清威ほか：改正民法を新収益認識基準に基づく契約書作成・見直しの実務、日本法令、2018 など

第2章 交渉的アプローチの5段階プロセス

交渉学研究に基づく、事前準備の5段階プロセスは、以下の内容である。[注37]

(1) 第1段階：状況把握（問題の定義）

交渉に関係する情報を収集した上で、状況を整理して、相関関係を把握する。そして、優先順位を考えながら、交渉により何を解決すべきなのかという問題を定義する。

(2) 第2段階：ミッション設定（交渉目的の設定）

ミッションは、合意の先にあるものであり、その概念が広く、中長期的な視点で考える必要がある。ここでは、今回の交渉の先に目指すゴールを対象として、交渉のミッションを設定する。

(3) 第3段階：目標設定（幅のある具体的な目標）

設定したミッションを実現するためには、具体的な目標が必要となる。「たいていの意思決定では、複数の目標を達成することが要求される。[注38]」ここでは、最高と最低の二つの幅のある目標（ゾーパ：ZOPA, Zone of Possible Agreement）を設定する。

(4) 第4段階：選択肢検討（創造的なオプション）

目標を達成するには、多くの選択肢が必要となる。そのため、選択肢を評価する基準を複数設定し、複数の選択肢を検討する。ここでは、条件と時間を組み合わせるなどの方法により、創造的選択肢を考えられるか否かが重要となる。

注37） 一色正彦、田上正範、佐藤裕一：理系のための交渉学入門、東京大学出版会、2013, p.23 参照
注38） M・H・ベイザーマン、D・A・ムーア：行動意思決定論 バイアスの罠、長瀬勝彦訳、白桃書房、2011, p.3 参照

(5) 第5段階：代替選択肢検討（リスクへの備え）

交渉の目的は、ミッションの実現であり、合意でも不合意でもない。しかし、交渉の結果は、合意か不合意のいずれかにより最終的な意思決定が行われる。不合意となった場合でも、ミッションの実現可能性を残すため、リスクの視点から、代替選択肢（バトナ：BATNA, Best Alternative to a Negotiated Agreement）を予め準備段階で設定しておく必要がある。

以上の内容をミッション、ゾーパ、バトナとの関係で見てみよう。

【図 5「ミッション / ゾーパ / バトナの概念図」注 39)】

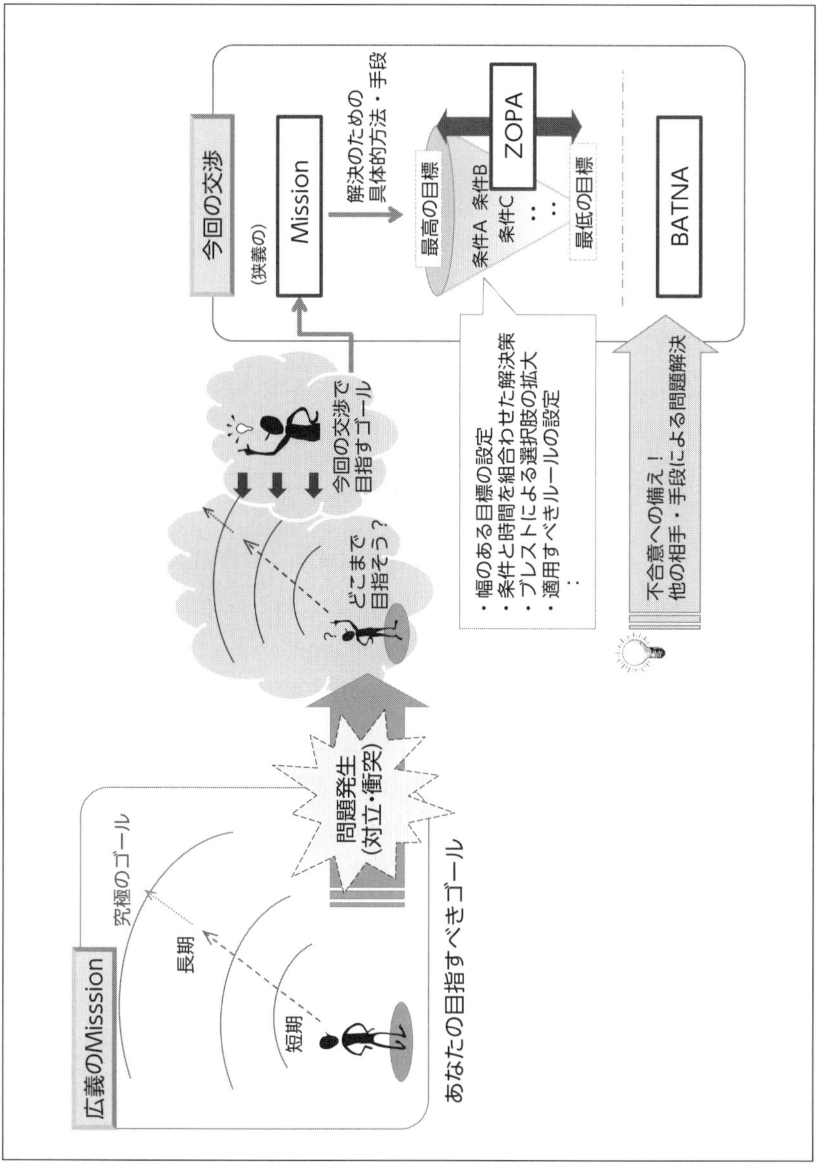

注 39) 一色正彦、田上正範、佐藤裕一：理系のための交渉学入門、東京大学出版会、2013, p.22 図 2 参照

交渉の目的は、問題解決によりミッションを実現することである。従って、ミッションは、交渉における意思決定の軸となるものであり、交渉における最重要事項である。ミッションは、抽象度の高い上位概念から、それを分解した下位概念まで階層的に存在している。ある企業のビジネスを例に考えてみよう。その企業は、事業を通じて目指す経営理念がある。この経営理念が最上位の概念であり、究極のゴールである。それに対して、例えば、役員には経営者としてゴールがあり、さらに、その部下である事業部長、マネージャー、担当者も同様である。役員から担当者の階層は、それぞれの役割に従い、ゴールがあるが、それらは、企業の経営理念から階層化しており、密接に連携している。時間軸においても、中長期的に目指す究極のゴールから、今月のゴールという短期目標までが階層化し、連携している。これがミッションの階層化構造である。

交渉のミッションを実現するためには、具体的な目標が必要である。この目標の設定において重要なことは、目標に幅を持たせることである。少なくとも、最高と最低の二つの目標が必要である。これが、ゾーパ（ZOPA, Zone of Possible Agreement）である。目標には、数字のような具体的な条件が必要だが、それは一つではない。条件は複数存在するのが通常であり、各条件は組み合わさって目標が設定される。前述（第1部第1章）で紹介した商品の売買取引の場合、QDCSの四つの条件の組合せにより目標が設定されている。

また、交渉の準備段階では、目標を決定するために必要な情報が十分に揃っているとは限らない。さらに、交渉の過程で、相手から想定外の情報や条件が提示されることも多い。そのため、目標を決定するために必要な基準や手続を決めて、それを目標とすることもできる。つまり、変数を入れると一定の条件が成立するようなルールを交渉するのである（ルールの交渉）。さらに、ここで重要なことは、選択肢を創造的に生み出すことである。交渉は、対立や衝突という問題が発生し、その解決プロセスであることを考えると選び得る選択肢が固定しているものではない。交渉学では、生み出した選択肢の中で、利益の総和を広げるような選択肢を創造的選択肢（クリエイティブ・オプション）と呼んでいる。交渉学が推奨するWin-Winアプローチにおいて重要な要素である創造的選択肢（クリエイティブ・オプション）について、具体的に考えてみよう。

【図６：クリエイティブ・オプションの概念図[注40)]】

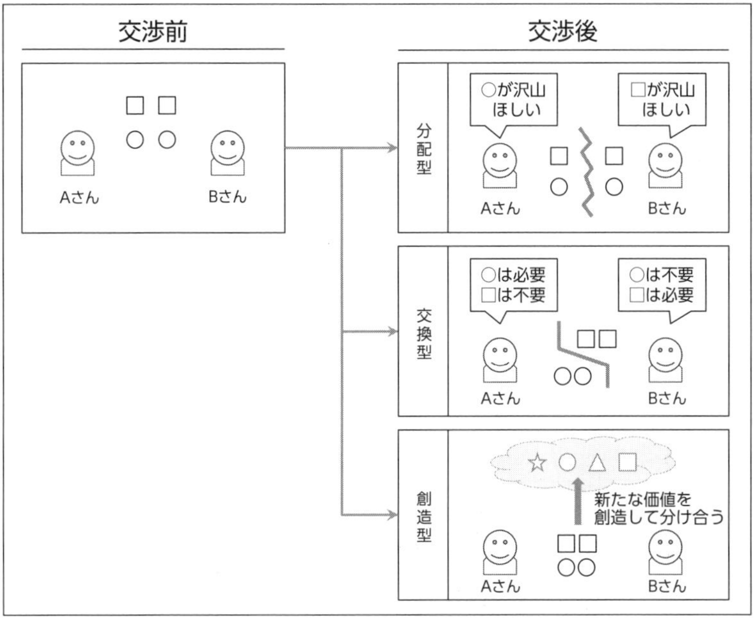

典型的な交渉例として、分配型交渉と交換型交渉がある。分配型交渉は、交渉により固定されたパイを奪い合う交渉である。また、交換型交渉は、固定されたパイにおいて、お互いが必要とするものを主張し、交換する交渉である。分配型交渉や交換型交渉に対して、良し悪しの価値判断がある訳ではなく、交渉における合意条件には、分配するものも、交換するものも含まれる。ただし、この方法のみでは、現在ある固定されたパイを巡る交渉であり、

注40）　一色正彦、田上正範、佐藤裕一：理系のための交渉学入門、東京大学出版会、2013, p.24 図３参照

選択可能性に限界がある。そこで考えだされたのが、固定されたパイをさらに広げ、双方の利益の総和を拡大する創造型の交渉である。

交渉学研究では、いずれかの当事者が勝つか負けるかというWin-Loseアプローチよりも、双方が価値ある関係を構築できるWin-Winアプローチを推奨している。Win-Winアプローチを実現するには、クリエイティブ・オプションが欠かせない。

双方の利益の総和を拡大するためには、交渉相手の背景にあるコンテキストを共有できることが重要である。交渉におけるコンテンツとコンテキストの関係を考えてみよう。

【図7：コンテンツとコンテキストの概念図】

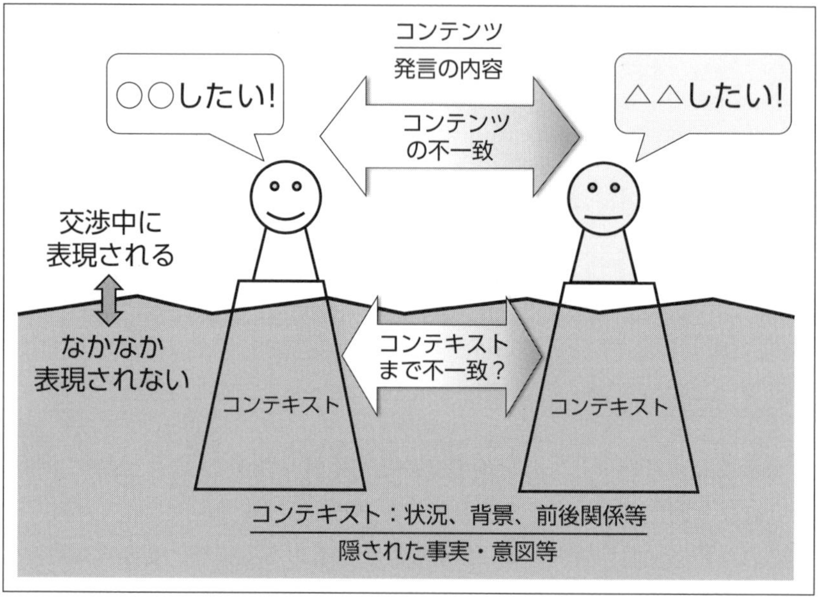

コンテンツとは、交渉中に表現される発言や情報の内容であるが、コンテキストは、背景、前後関係、文脈などであり、交渉中に表現されにくい特徴がある。「『コンテンツ』は物理的に視認可能な（目に見える）ため、特に、意識しなくても誰でも同様に客観的に、そして、普遍的に理解できるのが特

徴である。一方、『コンテキスト』は物理的に視認できず（目に見えず）、受け手が主観的に感じる必要性がありながら、曖昧なものであるため、受け手によって解釈が異なりうるということが特徴である」。[注41)]

交渉では、お互いの発言や主張が対立し、コンテンツが不一致であるのが通常である。しかし、なぜ、その条件なのか、隠された事実や意図等がないか、というコンテキストを共有し、本質的な不一致があり、対立しているのか否かを確認していない段階で、YESかNOかの意思決定を行うことは危険である。コンテキストを共有することにより、準備段階で想定していた選択肢を超える創造的な選択肢を見出せる可能性がある。コンテキストを共有した交渉ができるか否かは、創造的交渉に至るか否かのカギとなる。

しかし、Win-Winアプローチを目指しても、必ずしも、Win-Win関係になると限らない。また、交渉の目的は、問題の解決によるミッションの実現であり、合意ではない。従って、交渉の結果、不合意になることも十分あり得る。その場合、ミッションを実現することを目的にするのであれば、代替案が必要である。これが、バトナ（BATNA, Best Alternative to a Negotiated Agreement）である。バトナは、交渉学研究最大の発見と言われている重要な概念である。不合意に備え、他の選択肢や他の相手による問題解決を予め準備しておくことは、交渉の成功確率を高めるために必要なアプローチである。また、リスクマネジメント的アプローチとの関連性も強い考え方である。

注41） 杉野幹人、内藤純：コンテキスト思考　論理を超える問題解決の技術、東洋経済新報社、2009, pp.14-15 参照

第3章 リスクマネジメント的アプローチの5段階プロセス

リスクマネジメント研究に基づく、5段階のプロセスは、以下の内容である。[注42)]

(1) 第1段階：リスクの確認（リスクの対象と損失原因の確認）

リスクマネジメントの第一歩である。リスクの確認のプロセスは、リスクにさらされる危険（人・物・金とは何か。そして、その損失の原因は何か)。すなわち、リスクの三要素のうち二つの要素を、洗い出して発見することである。

(2) 第2段階：リスクの測定（リスクのトータルコストの測定）

リスクの測定というリスクマネジメントの第2弾は、確認されたリスクがどのくらい大きな財務的なインパクト（衝撃）を企業にもたらすかを評価することである。すなわち、リスクの第3の要素（換言すれば、リスクのトータルコスト）を測定するのである。具体的には、次の四つの次元を予測計算してみることである。

① 来年度中にあるリスクによる損失の発生頻度はどのくらいか。
② 損失の額（規模）はどのくらいか。
③ 来年度中の予想損失額（①×②）はどのくらいか。
④ 上記の予想の変動（誤差）とそれぞれが経営に及ぼす影響。

(3) 第3段階：リスク処理技術の選択（リスクコントロールとリスクファイナンス）

リスクの確認と測定（あるいは分析と呼んでも良い）がなされたならば、

注42） 武井勲：リスク・マネジメント総論、中央経済社、1987, pp.77-79 参照

次は、それぞれのリスクについてどう処理するか。リスクの処理技術の選択について意思決定をするのがリスクマネジメントの第3段階である。

(4) 第4段階：リスク処理の実施（リスク処理技術の実施）

第4段階でするリスク処理の実施とは、選択されたリスクマネジメントの技術（例えばリスクの移転のうち、保険なら保険）を正しく実行することである。

(5) 第5段階：リスクマネジメントの統制（リスクマネジメントの PDCA）

リスクマネジメントの第5段階は、リスクマネジメントの統制である。

① はたしてリスクマネジメントの目的は、十分に果たされているのか。
② もし果たされていないとしたら、どこに問題があるのか。
③ リスクマネジメントの意思決定が間違っていたのか。

すなわち、
① リスクの確認と測定のどこに間違いがあったのか。
② そこまでは良かったけれども、リスク処理の選択を誤ったか。
③ これらの三つの段階が正しかったとするならば、リスクマネジメントの技術（例えば保険なら保険）の実行の仕方に問題があったのか。

これらの質問を検討の上、必要な軌道修正をするのがリスクマネジメントの統制のプロセスである。

Column 7 成功確率の高い交渉法①「ブレスト交渉」

コラム7～14までは、交渉学研究に基づき、成功確率の高い交渉法のアプローチを紹介する。ブレーンストーミング（ブレスト）は、論理的思考法の一つであり、アイディア出しに用いられる方法論である。契約交渉では、双方の条件が合わず、主張が対立し、難局に陥ることが良くある。そのようなケースで、難局を乗り切るための方法として、有効な交渉法がブレストであり、ブレスト型交渉と呼んでいる。交渉中にブレストすることにより、次の三つの効用が期待できる。

① 難題を乗り越えるための選択肢が増え、選択可能性が向上する。
② プロセスを通じて、交渉者同士が納得感を持つことができる。
③ プロセスを通じて、選択肢の実現可能性が高まる。

フィッシャー教授は、ブレスト型交渉について、「関係者全員の利害を考慮に入れたアイディアを生み、共同で問題を解決しようという気運を生じさせ、またお互いに相手の利害を知るという極めて大きな利点がある。」[注43] とした上で、次の方法を推奨している。

ブレスト前の心得

目的を明らかにする。参加者を厳選する。環境を変える。打ち解けた雰囲気を作る。司会者を選ぶ。

ブレスト中の心得

横並びに座って問題に取り組む。批判禁止を含む基本ルールを明確にする。とにかく考えをどんどん出す。思いついたアイディアを一覧表にする。

ブレスト後の心得

最も可能性のあるアイディアに印をつける。見込みのあるアイディアに改良を加える。アイディアをじっくり評価してから決定する。

注43）ロジャー・フィッシャー、ウィリアム・ユーリー、ブルース・パットン：新版ハーバード流交渉術、TBS ブリタニカ、1998, pp.94-97 参照

ブレスト型交渉では、アイディアを多く出し、選択可能性を高めることが重要である。そのため、立案と決定の分離をする必要がある。つまり、アイディアを出す段階では、一切、批判や評価は行わず、最後にまとめて行うのである。これを基本ルール（グランドルール）としないとブレスト型交渉では、期待する結果を得られない。

著者（一色）が行った欧米の企業との契約交渉では、交渉相手から何度もブレスト型交渉を提案された。どうしても乗り越えられない難題がある場合、このままでは決裂しかない場合、交渉相手から、どんな可能性があるかを書きだしながら、一緒に考えてみないか、という提案があり、ホワイトボードなどにポイントを描き出す。その上で、こちらにも、できるだけアイディアを出すことを促し、ボードに向かって、ああでもない、こうでもない、と考えるのである。また、交渉結果の実現可能性を高めるため、幅広い選択肢を考えるためにも活用できる。

契約交渉のポイント

交渉においてどうしても乗り越えられない難題がある場合、選択可能性を広げて交渉結果の実現可能性を高めたい場合には、ブレスト型交渉が有効である。効果的なブレスト型交渉を行うためには、事前に準備し、お互いにルールを決めて行う必要がある。

Column 8 成功確率の高い交渉法②「肯定的フレーミング」

「フレーミングとは、人の一般的な意思決定を顕著に変えてしまうような、客観的には同じ情報の異なる言い回しを示している。フレームの違いには合理的な意思決定にはなんらの影響を与えないはずなのに、実際には人はそれ

に影響を受けてしまうのである。」[注44)]

ここでは、交渉の成功確率を上げるための、肯定的フレーミングについて、紹介する。

交渉の中で提示される条件には、通常、肯定的な側面と否定的な側面が混在している。それに対して、肯定的な側面を優先して評価し、表現する方法が、肯定的フレーミングである。この肯定的フレーミングは、交渉の前半やブレスト型交渉の評価（ブレスト型交渉については、コラム7参照）で用いると有効である。例えば、以下のような表現である。

「あなたのご提案ですが、魅力的な条件なのですが、具体的には、◇◇と□□があると良いですね。」

または、

「あなたのご提案について、○○ということでしたら、××で対応させて頂けます。」

いずれも、一見、相手の提案に肯定的に答えているが、YESと言っている訳ではない。最初の会話例は、◇◇と□□が足りないと言っているのであり、次の会話例は、付帯条件付の反対提案である。相手の立場に立ってみると、提案した条件が、次々にNOと否定されたら、どう思うだろうか。ただし、この時点では、YESと言うべき内容ではない。このようなケースで有効な表現方法が、肯定的フレーミングである。

文章にしてみると合理的な意思決定には、何らの影響がないように見えるが、実際の交渉シーンで表現してみると驚くほど効果がある。自分の提案を

注44） M・H・ベイザーマン、D・A・ムーア：行動意思決定論 バイアスの罠、白桃書房、2011, p.104 参照

否定されて心地よい人間はいないのだ。表現を少し工夫するだけで、交渉の成功確率は変わるのである。

契約交渉のポイント

交渉前半の条件提示や相手が提示してきた条件に対する初期段階の対応においては、肯定的フレーミングを用いることにより、選択可能性を高める方法が有効である。効果的な肯定的フレーミングを行うには、事前に多くの会話パターンのモジュールを準備すると共に、シミュレーションしておく必要がある。

なお、効果的な会話例は、以下の書籍に紹介されているので、参考にして欲しい。

ダグラス・ストーン、ブルース・パットン、シーラ・ヒーン、序文＝ロジャー・フィッシャー、『話す技術　聞く技術』、日本経済新聞出版社、2012

※ハーバード・ネゴシエーション・プロジェクトにおける何千という会話例を分析し、難局を乗り越えるための会話例と会話のパターンを紹介。原題は、『Difficult Conversations How to Discuss What Matters Most』

アン・ディクソン、『それでも話し始めよう　アサーティブネスに学ぶ対等なコミュニケーション』、クレイン、2006

※英国の心理学者の著者が、相手の立場を考えた主張であるアサーティブのコンセプトと会話例を紹介。原題は、『Difficult Conversations』

Column 9　成功確率の高い交渉法③「例示シミュレーション」

契約交渉の場面で、相手がアンカリングや二分法の罠を仕掛けてきたり、ドア・イン・ザ・フェイスやフット・イン・ザ・ドア（コラム14以下参照）のアプローチで、合意を迫ってきたとき、あなたならどのように対応するだろうか。この場合、以下の方法がある。[注45)]

・質問により視点をシフトさせる（視点のシフト）

相手の提案に答えるために必要な質問であることを明示した上で、相手の

注 45)　価格交渉に対する対応策は、一色正彦、田上正範、佐藤裕一：理系のための交渉学入門、東京大学出版会、2013, pp.86 参照

提案に対する質問をするのである。単に質問をするだけよりも、肯定的フレーミングの効果があり、有効な方法である。また、一見、関係性が薄いように見える質問でも、このアプローチにより、相手に聞きやすい効果もある。

・点ではなく、幅で答える（ゾーパ型アプローチ）

どうしても、YESかNOに近い回答をせざるを得ない場合もある。その場合は、点ではなく、幅を持たせて答える方法である。交渉の事前準備のゾーパ（ZOPA, Zone of Possible Approach）の考え方を応用して、例えば、数字であれば、○○～○○の間、条件であれば、△△を前提とすると◇◇くらい、というように、数値や付帯条件に幅を持たせるのである。交渉準備の段階で、いろいろなパターンのゾーパを準備しておくことが重要である。

さらに、例示シミュレーションと呼ばれる方法がある。これは、相手の提案に対して、一般例のシミュレーションを示すことにより、相手が仮説を立てられるようなシミュレーションを促す方法である。相手は、一般例や他の事例の場合に、こちらがどのような基準で意思決定したか、自分が提示した条件を相手がどのように評価したかという意思決定の基準を知ることができる。そのため、答えにくい相手の質問を回避しながら、状況を好転させたり、次のステップに進ませる効果がある。

例えば、次のような会話である。

「過去に、似たケースがありました。その場合は、□□について、××のように対応したことがあります。」

または、

「この件に関しまして、我社は、原則として、□□の場合には、××として対応することになっています。」

いずれも、相手の提案をそのままYESと言うことを回避しながら、こちらが相手の提案を評価、もしくは、受諾できる条件を短い事例サンプルにして提示している。これに加えて、具体例のサンプルを紹介すると効果的である。人間は、時間や場所、その時の感情などが含まれるストーリー仕立ての事象を長く記憶する特性があり、エピソード記憶と呼ばれている。例示シミュレーションは、このエピソード記憶を刺激する効果もある有効な交渉方法である。

契約交渉のポイント

例示シミュレーションは、肯定的フレーミングと同様に、交渉前半の条件提示や相手が提示してきた条件に対する初期段階の対応において有効である。特に、例示シミュレーションは、エピソード記憶により相手の記憶に長く残りやすく、また、相手に意思決定の基準を適用と分けて提示できるメリットがある。肯定的フレーミングと組み合わせて使用すると有効であり、同様に、事前に多くの会話パターンのモジュールを準備すると共に、シミュレーションしておく必要がある。

Column 10 成功確率の高い交渉法④「影響者交渉」

こちらの話は全く聞かず、強い表現で、一方的に自己主張し、YESを迫る交渉者に出会ったことがあるだろう。このような交渉者は、「パワープレイヤー」とか「パワーネゴシエーター」と呼ばれている。英国の心理学者アン・ディクソンは、このような交渉者の特徴を以下のように定義している。[注46)]

① 上か下かを唯一のガイドラインとする。

② 一時的な力である。

注46) アン・ディクソン：それでも話し始めよう アサーティブネスに学ぶ対等なコミュニケーション、クレイン、2006, pp.41-43 参照

③ 外部の要因に依存している。

④ 無原則に与えられる力である。

つまり、パワーの源泉（社会的役割、所有、知識等）によるタテの圧力を用いて、相手の有利に立とうとする。さらに、一方的な説得により自分の要求にYESと言わせる交渉スタイルを取る。一方、拠り所となるパワーの源泉を失う（消滅や評価減）と極端に説得力を失う、という特徴がある。このようなアプローチを受けたときは、相手の威圧に屈することなく、適切な質問をする（詳細は、**第4部第5章**参照）、相手を冷静にするためにブレイク（詳細は、コラム12参照）する等の方法があるが、ここでは、影響者交渉について紹介する。

交渉者は、必ず周りに利害関係人を持っている。会社組織であれば、上司、経営陣等上位関係や、部下や関係部門とも利害関係がある。また、会社の外にも、取引先や顧客、競争者などがいる。これらを交渉の準備段階で分析し、また、交渉の過程で情報を引出すと交渉者を取り巻く利害関係図ができる。一見強く見えるパワーネゴシエーターだが、すべてに強い訳ではない。また、交渉相手が、唯我独尊のカリスマ経営者だったとしても、誰の話も聞かない訳ではない。

例えば、ある企業から深刻なクレームを受け、訴訟も辞さずの状態になっており、選択可能性を広げるために交渉のテーブルにつきたいが、相手が感情的になり、このままでは法廷でしか会えない状況だったとしよう。このようなケースでも、相手の企業について良く調べてみると交渉の糸口が見つかることがある。過去に取引がない相手でも、共通の取引先や顧客があれば、影響者として、交渉のテーブルにつくように依頼する方法もある。意外に見落としがちなのが、相手企業の出資先である。

特に、ベンチャー企業や中堅企業であれば、ファンドや大企業から出資を受けていることも多い。自社と取引があり、相手の会社に三分の一以上出資しているファンドや企業があれば、特に有効な影響者交渉が可能である。三分の一以上の出資者は、上場企業であるか否かに拘わらず、その会社に強い影響力が期待できる。交渉相手の背景を良く調べることにより、影響者交渉のシナリオを作ることは可能なのである。影響者交渉は、相手の意思決定者に、交渉シナリオに基づいた影響を与えるアプローチとしても、有効である。

契約交渉のポイント

パワープレイヤーやパワーネゴシエーターのスタイルを取る交渉相手に遭遇した場合や相手の意思決定者に交渉シナリオに基づく影響を与えたい場合は、影響者交渉が有効である。効果的な影響者交渉を行うためには、バードアイの視点から、相手の交渉者の利害関係者を見て、誰に、どのようにアプローチすることが有効かを検討する必要がある。

Column 11　成功確率の高い交渉法⑤「非言語コミュニケーション」

ジェラルド・ザルトマン教授（ハーバード大学経営大学院名誉教授、市場心脳研究所所長）は、自己認識と自己反省を行う人間の性向が、他の生物と異なる特徴であるとした上で、その能力を「高位意識」と定義している。そして、「人間の認識の少なくとも95%は心の影の部分である認識外で起こり、多くともたった5%だけが高位意識で起こる。」という95対5の法則を紹介している。[注47)] つまり、交渉において、相手が言葉や文章でコンテンツとして表現している以上に、相手の背景には無意識の意識があり、その比重が遥かに高いのである。これを見落として意思決定することは、非常に危険でもある。

そして、無意識の意識は、言葉としてコンテンツ化されないが、顔の表情、身振り手振り、動きなど、非言語メッセージを通じて、外部に発信される。ハーバード・ビジネス・スクールでは、非言語メッセージを有効に受信する方法として、次の内容を推奨している。[注48)]

注 47）　ジェラルド・ザルトマン：心脳マーケティング　顧客の無意識を解き明かす、ダイヤモンド社、2005, pp.70-72 参照
注 48）　ハーバード・マネジメント・アップデート編集部：ハーバード・ビジネススキル講座　対話力、ダイヤモンド社、2006, pp.118-128 参照

① 相手を研究する。
② 感情に配慮する。
③ 相手の話を良く聞く。
④ 向き合っている相手の学習スタイルを見極める。
⑤ 言語メッセージと非言語メッセージを一貫性のあるものにする。
⑥ 自分の意見より先に、相手の意見を紹介する。

交渉において、相手のコンテキストを読み取るためには、非言語メッセージを見極めることが重要である。契約交渉では、最終的な合意内容は、契約書という合意文書で表現される。ただし、最終合意に至る過程では、お互いに条件を出し合い、質問し、議論して、条件を詰めていくプロセスを行う。このプロセスでは、相手が、なぜこの条件を出してきたのか、なぜこの順番なのか、なぜこの表現なのかには、意味がある。ところが、交渉相手の主張や拒否の理由について、交渉の前後関係や関連事項から推測しても、さらに、質問しても、的確な答えが見つからない場合がある。

バイアスの研究の中に、「想起の容易性」というバイアスがある。「人にとっては鮮明で新しい出来事ほど思い出しやすいので、それらは思い出しにくい出来事よりも発生しやすいと判断してしまう。」ことだ。[注49] つまり、相手もなぜ、これほど強く主張するのか、または拒否するのかを意識している訳ではなく、無意識の意識にバイアスが掛かり、それが言葉に出ていたり、言葉のトーンを強くしていることもある。このような場合、言葉を発した後の一瞬の表情や身振りなどの非言語メッセージに、相手のコンテキストが現れていることも多い。これらの非言語メッセージのシグナルを的確に受け取り、分析することは、契約交渉においても、非常に重要である。

また、非言語コミュニケーションの一つである表情は、民族、性別、年齢に関係ない特徴があるため、国際交渉においても、有効性が高い（詳細は、**第4部第4章**参照）。

注49） M.H. ベイザーマン、D・A・ムーア：行動意思決定論　バイアスの罠、白桃書房、2011, p.67 参照

契約交渉のポイント

交渉では、言葉や文章という言語メッセージと表情、身振り手振り、動きなどの非言語メッセージが交換されるが、言語メッセージと比較して、非言語メッセージの方が、相手の隠された意思や感情を表現しており、そのメッセージを受信し、分析することは、有効である。また、言語メッセージと一緒に、非言語メッセージを相手に送信することにより、より正確に自分の意思を伝えることも可能である。

Column 12 成功確率の高い交渉法⑥「ブレイク」

交渉中、容易に乗り越えられないような壁に当たったとき、パワープレイヤーのような強引なアプローチを受けたとき、このようなときに有効なのは、一端、ブレイク（休息）を取ることである。ハーバード・ネゴシエーション・プロジェクトでは、ブレイクの効果について、次のように述べている。

「しばらく時間をくれと頼み、相手から言われたことを考えてみよう。『あなたの反応に驚いたので、しばらく休みを取ってあなたの言ったことを考えたい』と言うのだ。たとえ十分でもいい。散歩をする。新しい空気を吸う。歪曲がないかをチェックする。あなたの判断に対する攻撃や、あなた自身について他の情報に向けられる傲慢な態度がないかを評価する。否定がないかをチェックする。相手の言っている内容はどういう点で正しいか？　誇張がないかチェックする。今回起こり得る最悪のことは何か？　会話の流れを変えるためにいま自分にできそうなことは何か？　ひと休みしたいと頼んだりするのは、ばつが悪いと考える人もいるだろう。しかしバランスを取り戻すまで会話を先延ばしにすることは、将来的にそれよりもっと悪い事態からあなたを救い出すのに役立つのだ。」注50)

注 50)　ダグラス・ストーン、ブルース・パットン、シーラ・ヒーン、序文＝ロジャー・フィッシャー：話す技術・聞く技術、日本経済新聞出版社、2012, p.199 参照ブレイクにより、自分も冷静になれるが、その間、相手も冷静になれるのである。相手が、無意識の意識により思わず感情的に発言しすぎたとしても、交渉相手に自分からその場で、訂正するのは難しい。ブレイクを取れば、冷静に考えらえると共に、一息置いて、発言や条件を修正できるチャンスが生まれる。また、交渉シナリオによっては、前半と後半にメリハリをつけるためにブレイクを挟んだり、重要事項の交渉が終わった段階で、いったんブレイクし、基本条件を固め、その後、次のステップに進む方法もある。

いずれにしても、ブレイクを取ることは、交渉中に局面を変えたり、交渉シナリオを円滑に進めるためにも有効である。ブレイクを有効に取るには、事前にブレイクを取るタイミングと方法を複数用意しておくと良い。交渉の最初に、当日のアジェンダ（協議項目）とタイムテーブルを決め、予めブレイクを入れる方法、コーヒーブレイクやトイレ休憩などをナチュラルに入れる方法を準備しておくと安心だ。

難易度が高い方法だが、相手を笑わせてブレイクを取る方法もある。ユーモアは人を和ませ、相手の応援を引出すのだ。[注51] それでも、緊急にブレイクを取る必要がある場合は、今なぜ、ブレイクが必要かを丁寧に説明し、緊急避難する方法もある。後で、ブレイクを取って冷静になっていれば、と後悔するよりも良いのだ。

契約交渉のポイント

事前に検討した交渉シナリオに基づく意図的ブレイクは、交渉を円滑に進めたり、メリハリをつけるために有効である。また、双方の意見が対立する難題に直面したり、相手が強いメッセージを出し対応に困る場合などにも、自分が冷静になると共に、相手も冷静にできる効果がある。効果的なブレイクを取るためには、事前にいくつか円滑にブレイクを取るパターンモジュールを準備しておく必要がある。

注51） ハーバード・マネジメント・アップデート編集部:ハーバード・ビジネススキル講座　対話力、ダイヤモンド社、2006, p.172「相手を笑わせよう」参照

Column 13 成功確率の高い交渉法⑦「シーティング」

交渉は、通常、部屋で座って行われることが多い。非言語コミュニケーションを円滑に行うには、相手との距離や位置関係が重要になる。交渉において、交渉相手に対して、どこに、どのように、どのくらいの距離を置いてどのように座るかを考えて決めることを「シーティング」と言う。ハーバード・ビジネス・スクールでは、相手に魅力的なプレゼンをするために、次の10項目に気をつけて準備をするように推奨している。[注52)]

①アイ・コンタクト
②顔の表情
③頭の動き
④身振り
⑤姿勢
⑥接近度と位置
⑦身体的な接触
⑧身形と体形
⑨タイミングと同調
⑩スピーチの言語以外の要素

契約交渉では、自社の方針や考え方を相手にプレゼンする場面があるが、その場合にも参考になるチェックポイントである。企業間の契約交渉では、複数のメンバーが参加する多数当事者間交渉になることが多い。この場合は、交渉シナリオに基づき、誰がどの位置に座り、誰に対してどのようにアプローチするかが重要になる（多数当事者間のシーティングの具体例については、図12「多数当事者間交渉のイメージ図」参照）。

注52) ハーバード・マネジメント・アップデート編集部：ハーバード・ビジネススキル講座　対話力、ダイヤモンド社、2006, p.102-103 参照

また、交渉中に意図的にシーティングを変える方法もある。例えば、相手のキーパーソンに個別交渉したい場合、ブレイクを提案した上で、意図的に話をしたい相手に近づいて話す方法である。まだ相手との信頼関係が構築できていない交渉の前半は、意図的に長めの距離を置いたり、対面に座り、後半は、どの程度、前半のアプローチが相手に影響しているかを知るために、意図的に、距離を近づけたり、斜めの位置に座りなおしたりするのだ。この動きにより、相手の非言語メッセージのシグナルを読み取るのだ。複数名が参加するチーム交渉では、相手の非言語メッセージを観察するオブザーバー役を決めておき、全体を見渡しやすい場所に配置しておくのも有効である。

交渉は、相手とのインタラクティブな行為であり、双方が非言語コミュニケーションを円滑に行い、お互いが心地よく交渉しやすい環境を作ることは、交渉にプラス効果が期待できる。

契約交渉のポイント

交渉において、自分が、交渉相手とどの位置に、どのくらいの距離で座るかを考えて決めるシーティングは、非言語コミュニケーションを有効に行うために必要である。また、交渉シナリオに従い、位置や距離を変えることにより、交渉にメリハリをつけることや相手に異なる非言語メッセージを与えることもできる。また、多数当事者間交渉では、座る位置が相手に対するメッセージ性を持ち、効果的な個別交渉を行う機会としても活用できる（多数当事者間交渉とシーティングについては、第4部第5章参照）。

Column 14 成功確率の高い交渉法⑧「メールコミュニケーション」

企業間の契約交渉では、アジェンダ（協議項目）を決めたり、主要な条件の反応を見るための事前交渉をEメールで行うことも多い。特に、遠隔地の相手や国際交渉では、頻繁に用いられる。従って、Eメールのコミュニケーション（メールコミュニケーション）は、交渉行為の一部なのである。メールコミュニケーションは、対面型のコミュニケーションと異なる特徴があり、以下の点に注意が必要である。

① 協議事項（アジェンダ）の交渉や交渉者に関する情報の確認など、交渉の準備や進行に必要な情報をタイムリーに取得し、交渉シナリオ作成に活用できる。

② 記録が残るので、口頭と異なり、言った、言わないということがなく、事実関係が明確になる。交渉過程の記録が残ることにより、交渉のプロセスを振り返り、今後の交渉戦略を、冷静に練り直すことができる。

③ 対面コミュニケーションと異なり、非言語コミュニケーションができないため、コンテンツのみのやり取りとなり、コンテキストを引出すのが難しい。特に、外国語を用いて交信するやり取りは、言葉のニュアンにズレが生じやすいので要注意である。（国際交渉と外国語の関係については、第4部第4章参照）

ポール・A・アルジェンティ教授（ダートマス大学経営大学院教授）は、「ストレスがたまっている人にとって、eメールは最悪のコミュニケーション方法」であり、「顔を合わせての会議や電話の会話でのコミュニケーションでは、非言語的な合図が影響を及ぼすが、オンラインでのコミュニケーションにはこれがない。eメールでは、『後になって後悔するようなことを言ってしまいがちだ』」とした上で、メッセージを送る前に少し時間を取って必ず読み返すことを推奨している[注53]。また、一般財団法人インターネット協会は、Eメールのルールとマナーについてのアンケートを取り、Eメールのトラブルについて、以下のデータを公開している[注54]。

注 53） ハーバード・マネジメント・アップデート編集部：ハーバード・ビジネススキル講座　対話力、ダイヤモンド社、2006, p.154 参照
注 54） 電子ルールのマナーに関するアンケート結果、http://www.iajapan.org/rule/ 参照

・メールが原因でトラブルになったことがあるか

YES　85.54%

NO　14.46%

・何がトラブルの原因か

① 言葉の行き違い	38.78%
② メールの不達（宛先ミスを含む）	17.73%
③ メール遅延	14.13%
④ ウィルス	13.02%
⑤ マナー違反	9.14%
⑥ その他	7.20%

言葉の行き違いが一番多い。また、比較的に多いのがメール遅延である。メールコミュニケーションは、時間を掛けて準備し、冷静に対応できるのがメリットだが、タイムリーに交信しないと感情的な対立を生み出すリスクもある。また、交渉によっては、意図的に間を空けて、相手の反応を見るという方法も可能である。

いずれにしても、メールコミュニケーションも交渉の重要なプロセスの一部であり、メリットとデメリットを理解した上で、有効活用する必要がある。

契約交渉のポイント

Eメールによるメールコミュニケーションは、協議事項（アジェンダ）などの事前交渉、交渉過程の条件の確認などに有効な方法である。ただし、非言語メッセージを含まない言語メッセージのみであるため、文章を良く精査しないと誤解が生じたり、相手と感情的な対立が生じるリスクがある。また、送受信のタイミングにも十分な配慮が必要である。

Column 15 注意すべき交渉法①「グッドコップ・バッドコップ」

コラム15～22までは、交渉学研究に基づき、リスクの高い交渉法のアプローチを紹介する。最初は、ビジネスの交渉シーンで出会ったことがない人が少ない程、頻繁に用いられるグッドコップ・バッドコップ（good guy - bad guy routineとも言う）から始めよう。具体的には、次のような交渉法である。まず、2名またはそれ以上で交渉チームを組み、相手方に敵対的な態度を示す役と同情的な態度を示す役を予め決める。そして、それぞれが役割を演じながら、交渉相手を揺さぶる交渉術である。対照的な二人が登場することにより、交渉相手がバッドコップ役に敵意を抱き、グッドコップ役に好意を抱くように仕向けるのである。刑事ドラマなどで犯人から自白を引出すときに良く見るシーンであるが、ビジネス交渉でも、この方法を取る交渉相手は多い。

例えば、交渉相手にバッドコップ役が居なくても、自分は賛成だが、上司が反対しているので、とか、法務部がダメだと言っているので受けてもらうしかない、というアプローチをする方法もある。この交渉術では、グッドコップが味方で、バッドコップが敵であると思いやすいが、相手は役割を演じているので、そのように信じてしまうことは危険である。特に、バッドコップ役の提示する条件が厳しければ厳しい程、グッドコップ役の提示する条件が、それ程良くない条件でも、思わず、合意してしまうリスクがある。

この交渉術は、非常に著名であるにも関わらず、思わず応じてしまうので要注意である。バッドコップは敵ではなく、グッドコップは味方ではないと認識すべきだ。また、当日参加していない上司や他の部門をバッドコップ役にされた場合は、本当にそう言っているとは限らないと考えるべきだ。重要なことは、相手が提示してきた条件のコンテキストを把握することである。相手のコンテキストが把握できれば、展開可能性はいくつでもある。ただし、このアプローチを受けたとき、思わず、相手のペースに乗せられてしまうこともある。その場合は、ブレイクを取るのがお勧めだ（ブレイクについては、コラム12参照)。

それでも、交渉中は、プレッシャーや迷いにより、特殊な緊張状態にある。そのため、これがグッドコップ・バッドコップのアプローチに違いないと思っていても、どうしても、それに合わせてしまうことも多い。これらに対応するには、事前にシミュレーションをしておく必要がある。シミュレーションで最も効果の高い方法は、具体的な役割を決めて行うロール・シミュレーション(模擬交渉)である。(ロール・シミュレーションについては、コラム24参照)。

このような心理的な隙間をついたテクニックには、事前に学習し、シミュレーションした上で、冷静に対応すれば問題ない。備えあれば、憂いなしである。

契約交渉のポイント

グッドコップ・バッドコップは、交渉相手の心理的隙間をつくためのロール・プレイである。グッドコップ役は味方ではなく、バッドコップ役も敵ではなく、交渉相手が事前に打合せした役割を演じているのみである。そのため、冷静に対応すれば問題ない。ただし、事前に学習し、シミュレーションしておかないと思わず相手のアプローチに合わせてしまうリスクがあり、注意が必要である。

Column 16 注意すべき交渉法②「二分法の罠」

二分法とは、物事を白黒、善悪、正解か不正解、というように二者択一で考え、どちらかの選択肢を選ぼうとする思考法のことである。質問で言えば、YESかNOかで答えることを期待して行われるクローズド・クエッションである。勿論、交渉の最終段階で、合意か不合意の意思決定を行う必要はある。しかし、交渉のプロセスにおいて、特に、まだ、相手のコンテキストを十分共有できていない前半の交渉や、難題に直面した場合など、この方法を使用するのはリスクが高い。交渉学の研究者である隅田浩司教授(東京富士大学教授）は、二分法の罠から抜け出す方法として、相手に理由を聞き、立証を求めること、話題を展開することなどを紹介している。その中で、理由を聞くことの重要性と理由を理解したからと言って、譲歩ではないと述べている。[注55] フィッシャー教授も「価値理解した上で、相手の提案に同意することも、反対することもできるのである。」[注56] と述べている。相手がYESかNOかを求めてきたから、必ず、YESかNOで答える必要がある訳ではない。答えるために、理由の説明を求めることが重要である。

二分法の罠を乗り越える方法として、現状維持という選択肢がある。意図的に、YESともNOとも判断せず、現状を維持するのだ。現状維持について、ジョン・S・ハモンド教授（ハーバード大学経営大学院教授）は、「現状維持がいつも良くないとは限らない（現状維持という理由だけで、それが悪い選択肢と考えられることもある。）場合によっては、現状維持が最良の選択肢になることもありうる。」とした上で、現状維持をすべきか否か評価するポイントとして、常に目的を意識し、現状維持で、それがどのくらい達成可能かを考える、他の選択肢を比較し、メリットとデメリットを明らかにする、などの方法を紹介している。[注57]

standstill agreement（現状維持契約）という契約がある。この契約は、紛争解決のさまざまな交渉場面で使用されるものであり、一定期間は裁判などの第三者による紛争解決を行わないことなどを約束する契約である。現状維持契約のメリットとデメリットは、以下である。

メリット

① 現状維持が交渉のブレイク期間となり、交渉戦略を立て直すことができる。

注55） 田村次朗、隅田浩司：日経文庫 戦略的交渉入門、日本経済新聞出社、2014, p.47 参照
注56） ロジャー・フィッシャー、ダニエル・シャピロ：新ハーバード流交渉術、講談社、2008, p.59 参照
注57） ジョン・S・ハモンド、ラルフ・L・キーニー、ハワード・ライファ：意思決定アプローチ分析と決断、ダイヤモンド社、1999, pp.203-204 より作成

② 時間の経過による内部・外部環境や条件の変化で、交渉の選択肢が拡大できる。
③ 相手に警告をしながら、交渉が長引いたり、差止ができないような場合に、「黙示の保証」を防ぐことができる。

デメリット

① 相手も、交渉のブレイク期間に、交渉戦略を立て直すことができる。
② 時間の経過により、相手が有利になったり、自分の条件が不利になるリスクがある。
③ いずれにしても、一時的な措置であり、本質的な問題解決ではない。

これらのメリットとデメリットを正しく認識すれば、現状維持も二分法の罠を乗り越える有効な交渉法の一つである。

契約交渉のポイント

物事を単純化してYESかNOで判断しようとする二分法は、交渉において、陥りやすい心理の罠である。交渉の意思決定の場面で、YESかNOかは明確に判断する必要があるが、交渉の前半や交渉の過程において、十分な議論やコンテキストの共有が行われていない段階で意思決定してしまうことは、その後の選択可能性を狭くするリスクがある。YESかNOかで判断する場合は、内容以上に、今、この状況で判断すべきかどうかから考えるべきである。

Column 17 注意すべき交渉法③「アンカリングの罠」

バイアス（偏り）の一つにアンカリング（アンカー効果とも言う）がある。「アンカリングとは、交渉の相手の提案などに、意識が集中してしまうために、そのオファーを前提として考えてしまい、その結果、自分の提案を引っ込めたり、修正してしまったりすることを示す。アンカーとは、碇のことだ。要するに、碇を下した船は、碇の周辺のみでは動くことはできるが、それ以上は動くことができないから、アンカリングと呼ばれている。頭の中にアンカーを打ちこまれるイメージである。」[注58]。

アンカリングは、バイアスの中でも、最も陥りやすいと言われており、それを乗り越えるのは、容易ではない。ハモンド教授は、アンカリングを回避する方法として、交渉前に準備する必要性を述べた上で、次の方法を紹介している。[注59]

① 常に異なった観点から意思決定の問題を捕え、まず、自分で考える。最初の考えに拘わらず、さまざまな出発点やアプローチを意識する。
② 自分が考えた一つの考えにアンカリングされてしまうのを避けるために、偏見を持たないさまざまなジャンルの人から多くの情報を集め、意見を聞く。ただし、情報やアドバイスにアンカリングされないように注意する。

アンカリングを回避するために考えるプロセスにもアンカリングがあると指摘される程、アンカリングは広範囲に存在するため、交渉前に準備したとしても、乗り越えるのは容易ではない。どうしても、相手のアプローチにアンカリングされそうだと思うときは、思い切ってブレイクを取る方法も有効である。契約交渉では、価格や数量など、わかりやすい数字を用いて交渉するときに、アンカリングに陥りやすい。

特に、交渉の初期段階は、相手のミッションやコンテキストが十分にわからない状態であるケースが多く、わかりやすい数字を用いた条件交渉になるとアンカリングになりやすいので注意が必要である。相手のアプローチがアンカリングだと意識した場合は、なぜ、その条件なのか、なぜ、今、提示してきたのか、という理由を意識し、相手の主張に対応する必要がある。

注58) 田村次朗、一色正彦、隅田浩司：ビジュアル解説　交渉学入門、日本経済新聞出版社、2010, p.20 参照
注59) ジョン・S・ハモンド、ラルフ・L・キーニー、ハワード・ライファ：意思決定アプローチ分析と決断、ダイヤモンド社、1999, pp.201-202 より作成参照

契約交渉のポイント

アンカリングは、バイアスの中でも、交渉において頻繁に遭遇し、陥り易い心理の罠である。特に、交渉の前半や交渉プロセスにおいて、相手が一見わかりやすい数値のような条件を提示してきた場合、アンカリングに陥るリスクが高い。相手のアプローチがアンカリングかもしれないと考えた場合は、一呼吸置いて、なぜ、その条件なのか、なぜ、今なのか、という理由を考えて、相手の主張に対応する必要がある。それでも、アンカリングに対応するのは難しいため、チーム交渉では、チーム内に観察者を置き、冷静に判断し、間合いを取る役割を持つ方法が有効である（多数当事者間交渉のチーム交渉については、第4部第5章参照）。

Column 18 注意すべき交渉法④「ドア・イン・ザ・フェイス」

ドア・イン・ザ・フェイスとは、最初に過大な要求を出して相手にNOと言わせた後、次は条件を下げてみせて、本来の要求を出し、合意させる交渉術である。返報性のルールに基づく方法である。返報性のルールとは、いわゆるギブ＆テイクである。何かをしてもらったために、お返しをしなければならないという心理状態を利用した交渉術である。この場合は、最初にNOと言ったことに対し、少しでも譲歩していると今度は、YESと言わざるを得ないという心理を利用しているのである。

チャルディニー教授は、返報性のルールについて、「返報性が、他者から承諾を得る手段としてこれほど効果的に使われる利用の一つは、その威力にあります。このルールには恐ろしいほどの力があり、相手に借りがあるという気持ちがなければまず断るような要請でさえ受け入れさせてしまうのです。要請への承諾を促進する要因はいくつかありますが、それらの影を薄くさせてしまう威力が返報性のルールにはあります。」と述べた上で、その防衛策としてルールを退ける方法を紹介している。「ルールが始動しないようにするのが良い方法と言えます。相手がルールを私たちに向けて働かせるのを最初から拒絶することによって、そのルールに直面することを避けることはできるでしょう。ただし、最初の申し出がなされた時、それが本心から出たものか、あるいは私たちから搾取しようとする手続きのステップなのかを見分けるのは難しいのです。」[注60)]

従って、このアプローチを乗り越えるためには、事前に十分な準備をしておく必要がある。以下の方法が効果的である。

① 過大な要求をし、相手が譲歩条件を出してきたとき、すぐにYESかNOかで答えるのではなく、理由を質問する。

② 答えざるを得ない場合でも、付帯条件付や現状維持によりしばらく間を取り、タイミングを変える。

③ それでも、答えに窮する場合は、ブレイクを取り、自分も相手も冷静にする時間を確保する。

このアプローチを見抜くのは難しいが、事前の準備、シミュレーションにより、対応することは可能である。

契約交渉のポイント

ドア・イン・ザ・フェイスは、相手に対する返報性ルールを用いて、交渉者の心理の隙間をつくテクニックである。相手が譲歩したから、それに相応して相手に譲歩する必要がある訳ではなく、相手がなぜ、譲歩したか、それが自分と相手にとってどのような意味を持つか、という原点から考えて意思決定すべきである。このアプローチを見抜くのは容易ではないが、事前に準備し、対応する方法をシミュレーションしておくことで、乗り越えることは可能である。

注60) ロバート・B・チャルディニー：影響力の武器　第二版　なぜ、人は動かされるのか、誠心書房、2007, p.41, p.85 から作成

Column 19 注意すべき交渉法⑤「フット・イン・ザ・ドア」

フット・イン・ザ・ドアとは、交渉相手がドアを閉めようとしているところに、足を入れて無理やりこじ開けることからこのように呼ばれている交渉術である。最初の取るに足らないと思うような要求を意図的に提示し、小さなYESを引出す。その上で、徐々に大きな要求にエスカレートするのである。また、その応用として、最初に曖昧、かつ、抽象的な概念で基本合意と称してYESを確定させた後、相手が出した条件に対して、基本合意したのに、なぜこの条件なのか、もしくは、基本合意しているのだから、この条件はクリアしている、というアプローチを取ってくる場合もある。

LOI（Letter of Intent）と呼ばれる契約書がある。田中豊教授は、LOIについて、「LOIとは、契約の締結を目指して交渉に入った当事者間において、契約成立前に、将来締結される契約の内容とすべき事項（取引の目的、取引の対象とすべき権利義務、取引の条件等）についての合意をかなり詳細に文書化したものを言います。LOIは、もともと国際契約で利用されていましたが、最近は国内契約でも利用されるようになりました。主に、企業再編等の内容が複雑である契約や、取引規模・金額の大きい契約の交渉過程で利用されます。」とした上で、「LOIを作成したからといって、最終的に契約の締結に至らない事例は無数といってよいほど存在します。そのために、交渉がデッドロックに乗り上げたり、契約書の調印に至らずに交渉が破綻した場合に、それに不満を持つ当事者から、LOIの成立を前提としてその不履行に基づく損害賠償を求められたりするリスクを回避する目的で、LOIという文書の性質上当然のものとはいえ、念のために、拘束排除条項（誠実交渉義務のみを負い、契約を成立させる法的義務を負わないとする条項）を必ず置くというのが実務のやり方です。」[注61] と述べている。

合弁会社の設立や複数年にわたる大型プロジェクトの提携契約などには、

注61） 田中豊：法律文書作成の基本「第2版」、日本評論社、2019, pp.320-321 参照

LOIにより基本条件を決めた後、ステップと時間を掛けて詳細を詰めていく交渉方法は有効である。一方、詳細の条件を決めないまま基本合意や原則了解、という曖昧な合意を最初に行うことは、上述のようにリスクも伴う。そのため、リスクを軽減するには、基本合意に拘束排除条件のような制約条件や付帯条件（例えば、経営会議で承認された場合、法的効果を生む等）を決めておく必要がある。また、状況の変化にタイムリーに対応するため、予め見直し条項を入れておく方法もある。例えば、最初の半年で見直す、1年単位で見直す、などである。見直しは、いつでもできると考えてしまいがちだが、実際に交渉プロセスが始まってしまうと見直すことが不利になると思う当事者が、見直し協議に応じないということは良くある。

そのため、基本合意を行う最初の段階で、見直し条件を入れておくのが有効である。見直し条件は、期限以外に、〇〇の場合は見直す、□□の場合はXXにする、という将来の状況変化に予め対応する条件を決めておく方法もある。このような条件を交渉することをルールの交渉と呼ぶ。

このテクニックには、交渉の初期段階で安易にYESと言ったことが、後半の交渉に影響することを意識して、対応策を準備しておくことが重要である。

契約交渉のポイント

フット・イン・ザ・ドアは、一度YESと言ってしまったことを変えにくいという交渉者の心理を活用したテクニックである。基本合意という名の曖昧な合意や、取るに足らないことでも小さなYESを言った後、それを変える理由を追及しながら、相手にYESを継続させるのである。このテクニックの上級者は、巧みにドア・イン・ザ・フェイスと組み合わせて使用してくるので注意が必要である。交渉の初期段階で安易にYESと言わず、仮に、YESと言う場合にも付帯条件や範囲の限定などにより、後半の交渉や他の条件の交渉への影響を限定する方法が有効である。

Column 20 注意すべき交渉法⑥「タイムプレッシャー」

交渉において、タイムマネジメントは非常に重要である。意図的に相手を時間的に追い込むことでストレスを掛け、相手を無理にYESと言わせる戦術がある。「この戦術は、遠方からの相手方に、行き帰りの飛行機の時刻を尋ねることからはじめる。表面上は、飛行機の予約確認をしたり手配しているように見せかける。そして、相手の時間を配慮しながら、様々なもてなしや歓迎をする。しかし実際は、出発時刻までの交渉に費やす時間を短縮することによって、相手方に交渉を譲歩させることが目的である。帰りの時刻が迫っていれば、手ぶらで帰るよりは、妥協してでも合意しようとする気持ちになる可能性が高いからである。」[注62)]

海外出張先で行われる国際交渉ではよく見られる戦術であり、注意が必要である。タイムプレッシャーというストレスを与え、冷静な意思決定ができないようにするのである。ストレスにさらされた場合の人間の行動特性については、興味深い研究がある。MBTI（Myer-Briggs Type Indicator）という心理学的タイプ論である。数多くの被験者を質問形式で行動特性を分析し、外向的か内向的か、感覚的か直観的か、思考的か感情的か、判断的か知覚的かに基づき、16のタイプに分類したものである。[注63)] その中に、ストレスにさらされた場合の行動特性として、「配慮をなくす」、「いらいらする」、「怒りっぽくなる」などの感情的な特徴が、16タイプすべてに見られている。人は、平常時とストレス時では、異なる行動を取ることが多いのである。

この戦術に対抗するためには、交渉者が、交渉前に十分なタイムマネジメントを行っておく必要がある。例えば、海外出張による交渉日程が2日間の場合、それぞれの日程で交渉する協議事項（アジェンダ）を決め、2日間でどこまでの交渉を目指すのかを決めておく必要がある。相手と共有できればなお良い。ただし、交渉中は、難題にぶつかったり、意図的にブレイクを取

注62）　田村次朗：交渉の戦略　思考プロセスと実践スキル、ダイヤモンド社、2004, p.187 参照
注63）　R.R. ペアマン、S.C. アルブリットン：MBTI® への招待、金子書房、2002, pp.58-65 参照

るなど、必ず余裕を持った時間が必要になる。そのため、予備の時間や日程を予め確保しておくことが重要である。

WTO（World Trade Organization、世界貿易機構）で行われる多国間の国際交渉では、必ず、交渉会場となるホテルを公式日程に加えて、予備日を予約しておくそうである。難しい交渉になればなるほど、後半に山が来るため、最終日の交渉が重要となるが、時間の制約が大きいとタイムプレッシャー戦術に陥ることになる。難しい交渉は、公式日程の後の予備日で決まることも多いと聞く。

契約交渉の準備において、いつまでに、何を目指すか、という交渉全体のスケジュールに加えて、交渉の前半、中盤、後半の時間配分を決めておくことが重要である。また、柔軟に対応するために、予備時間や予備日を設定することも有効である。

契約交渉のポイント

タイムプレッシャーは、時間の制約が意思決定に与えるプレッシャーを利用したテクニックである。海外出張など、長距離の移動を経て交渉する場合、他の要因で時間の制約がある場合などに受けることが多く、注意が必要である。相手のアプローチがタイムプレッシャーを掛けようとしているか否かを冷静に判断すると共に、予備時間や予備交渉日を設けるなど、事前にバッファを持っておく方法が有効である。

Column 21 注意すべき交渉法⑦「シングル・ネゴシエーション・テキスト」

国際契約交渉において、申込と承諾の書式の相違による問題として、書式の抵触（battle of forms）という争いがある。最終合意書としての契約書は締結されていないが、双方が相手に送付した申込や承諾の書類が法的に成立しているかという争いである。

英米法では、古典的原則としてのmirror image rule（鏡像原則、申込と承諾の完全一致が契約の成立条件とするルール）やlast shot rule (doctrine) (最終発信原則、最後に反対申込を発信した側の条件が優先するというルール)がある。通常の契約交渉でも、お互いに、自分が準備したドラフトをベースに契約条件を決めるように交渉し、そこから争いになることも多い。

「一度文章化された内容は、それを修正しようとする場合、会話の内容を修正する場合に比べてはるかに労力を要する。それは文章化された内容が、まるで既成事実であるかのような装いをもってしまうからだ」とされている[注64]。この心理を利用した交渉術が、シングル・ネゴシエーション・テキスト（single negotiation text）と呼ばれており、次のように説明されている。

「あなたが、『仮の話』として話した内容が、交渉相手のもちこんだシングル・ネゴシエーション・テキストにあたかも『合意内容』のように書かれていた場合、あなたはすぐに合意事項ではない旨を相手に伝えなければならない。そうすれば、相手はそれが合意事項ではなく仮に記述したものであることを認めざるをえなくなるだろう。この否定のタイミングと勇気を逸した場合、あなたは多大な損害を被ることになる。」[注65]

文章化した内容に問題があれば、その場で修正するか、いつまでにレビューして修正するかを明確にし、その旨を文章にするなどの対応をしないと文章をドラフトした相手の意図に乗せられた交渉になってしまう。

交渉における感情的な対立を回避するため、ホワイトボードなどに論点を描きながら交渉するのは、有効な交渉法の一つである。田村次朗教授（慶應義塾大学教授、弁護士）・隅田浩司教授（東京富士大学教授）は、「合意内容や提案を、ホワイトボードに記載するか、スクリーンに映し出し、書かれた意見や写し出された意見に対して反論を加えていく方法が有益です。簡単な

注64） 田村次朗：交渉の戦略 思考プロセスと実践スキル、ダイヤモンド社、2004, p.199 参照
注65） 田村次朗：交渉の戦略 思考プロセスと実践スキル、ダイヤモンド社、2004, p.199 参照

ことのようですが、直接、面と向かって、「あなたの意見はおかしい」と言われるよりも、書かれたものに対して反論された方が、批判された側も耳を傾けやすいのです。」と文書に対して交渉することを推奨している注66)。その上で、WTOの交渉において、「1994年にWTO（世界貿易機構）が設立された際、世界中の国が集まってどのような協定を結ぶかが協議されました。その時、当時の事務局長のダンケル氏の名前をとったダンケルテキストというドラフトが配布されました。各国はこのドラフトに対する批判や反論を繰り返す中で、次第に議論を集約させていきました。批判や反論となるものを書面にすることで批判の矛先を国に対する批判ではなく、条件や文書に対する批判として議論することによって、当初難航が予想された交渉も、なんとか合意にこぎつけたのです。」注67)という事例を紹介している。

契約交渉は、書面に対する交渉でもある。文章化された内容に対する交渉の価値とリスクを認識した上で、有効活用する必要がある。

契約交渉のポイント

契約の最終文書でなくても、契約交渉のプロセスにおいて、相手の意思や条件を文書で確認したり、議論のプロセスや合意事項を文書にすることは重要な交渉プロセスである。ただし、一度文書化されたものを修正するのは難しいという心理の隙間をついたテクニックが、シングル・ネゴシエーション・テキストである。契約交渉は、書面に対する交渉でもあり、頻繁にシングル・ネゴシエーション・テキストに遭遇するリスクが高い。文書化する場合には、最終文書でなくても、有効性の範囲、期間、付帯条件や成立条件など、慎重に検討した上で、最終文書と同等の認識と配慮をもって作成し、交渉することが重要である。

注66）　田村次朗、隅田浩司：日経文庫　戦略的交渉入門、日本経済新聞出版社、2014, p.212 参照
注67）　田村次朗、隅田浩司：日経文庫　戦略的交渉入門、日本経済新聞出版社、2014, p.212 参照

Column 22 注意すべき交渉法⑧「過去の支出の罠」

過去の意思決定は、現在の意思決定には関係ないのだが、人間はどうしても、同じような交渉であり、かつ、自分が行った意思決定であれば、過去の意思決定を正当化したいという心理が働き、過去の意思決定の影響を受けた現在の意思決定をしてしまう傾向がある。これを「過去の支出の罠」と言う。ハモンド教授は、過去の意思決定を正当化することは、現在の意思決定を複雑にしており、過去の支出（心理的なこと、経済的なことを問わず）を、意識的に取り去る努力をすべきであると述べた上で、過去の支出の罠を乗り越える方法として、以下を推奨している。[注68)]

① あなたの過去の意思決定に関わらなかった人から意見を求め、それらについて熟考する。
② なぜ過去の過ちを認めたくないのか、その理由を考える。理由が自尊心を傷つけることにあるとすれば、正面からそれに取り組む。
③ 第三者からの批判を恐れるのであれば、考え得る結果を意思決定のプロセスの中で事前に明らかにしておく。また、選択の理由を第三者に説明する方法を考える。
④ 部下の「過去の支出」の偏りを恐れるのであれば、過去の意思決定に関係しなかった部下を新たな意思決定者として選出する。

また、過去の支出の偏りへの対応例として、米国の大手銀行の次のような事例を紹介している。[注69)]「アメリカのある大手銀行は外国企業向けの多くの不良債権を抱えていた。事態を回復させるべく、われわれはコンサルティングを依頼された。不良債権を調べてみると、問題となった融資の担当者は、後任の担当者に比べ追加融資に走る傾向が強いことが判明した。また、多く

注68） ジョン・S・ハモンド、ラルフ・L・キーニー、ハワード・ライファ：意思決定アプローチ分析と決断、ダイヤモンド社、1999, pp.204-205より作成参照
注69） 同書、p.206参照

のケースで、問題の融資を行った担当者の戦略（追加融資）が失敗に終わっていることもわかった。問題の融資を行った担当者は、責任増大という罠にとらわれ、意識的にせよ無意識的にせよ、最初に自分が下した誤った決定を守ろうとした。彼らは「過去の支出」の罠に落ちた犠牲だったのである。以上の調査結果を受けて、この大手銀行は、融資先の問題が大きくなった場合は担当者を交代させるという社内規程をつくり、追加融資の問題を解決した。この社内規程は、追加融資をするだけのメリットがあるかどうか、新たな視点に基づいて公平な判断を下すことを意図したものである。」

契約交渉でも、長期間、良好な提携関係にある取引先と状況の変化により提携契約を終結する場合がある。問題を解決し、再度、契約を目指す余地があるのであれば、交渉者は、最初に締結した時か、その後、円満な関係を継続した者が適任である。一方、相手との関係を終結させたいのであれば、過去の意思決定に関与していない交渉者を選択する方法が合理的である。過去の意思決定を引きずらず、新しい視点から交渉できること、また、相手と良好な関係を作っていればいる程、その相手に終結条件を突きつけられると交渉相手は感情的になるリスクがあり、それを回避するためである。過去の意思決定をケースとして分析することは有効であるが、現在の意思決定に負の影響を与えることは避けるべきである。

契約交渉のポイント

交渉において意思決定を行う場合、過去に同じ相手や同様のケースにおいて、自分が行った意思決定にどうしても影響されてしまう。その心理の罠が過去の支出である。過去の意思決定と現在の意思決定は、状況や条件が異なることを明確に認識し、切り離した上で、現在の意思決定を行うことが重要である。しかし、過去の意思決定の影響は強く、トラブルの再発を防ぐ交渉や長期に継続した良好な関係を終結する交渉など、必要な交渉シーンでは、過去に意思決定した交渉者を用いず、別の交渉者に替える選択をすることも有効である。

第3部

契約別の方法論

第3部では、契約別の契約交渉の方法論について、以下の9種類の契約類型のサンプル契約の条文に対して、法的アプローチの視点から、問題点を解説すると共に、各契約の実務上の注意点についても、解説する。さらに、交渉的アプローチとリスクマネジメント的アプローチを加え、総合的な視点から契約ドラフトを考えるべきポイントを解説する。

なお、本書におけるサンプル契約書例はいずれも、その後の検討や修正を行うことを想定した、検討段階の草稿としての題材であり、実際の契約書としてのひな形等となるものではない。脚注に参考として示したものについては、詳細は原典とその解説を参照されたい。各種の契約の具体的な契約条項の変更例等については、多数の参考となる文献がある。[注70)]

・秘密保持契約
・売買契約
・取引基本契約
・業務委託契約
・共同研究開発契約
・提携契約
・システム開発契約
・特許ライセンス契約
・代理店契約

① 契約書作成の意義について

平井宜雄教授は、「契約法を扱う法律家は他の分野よりも一層、創造力及び想像力を必要とする」、そして、「当事者が取引によっていかなる財を得るのが目標なのかを正確に分析し・認識した上で、その法的枠組みたる契約上

注70）　例えば、契約条項について当事者双方の立場からの変更例を示すものとして、横張清威『最新版 ビジネス契約書の見方・つくり方・結び方』（同文館出版、2019）、弁護士法人飛翔法律事務所編『実践　契約書チェックマニュアル』（改訂3版、経済産業調査会、2019）、植松勉編著『企業のための契約条項有利変更の手引』（新日本法規、2014）等。また、一般的な契約書の書式・検討、契約事務等については、大村多聞・佐瀬正俊・良永和隆編『契約書式実務全書』（全3巻、ぎょうせい、第2版、2014）、阿部・井窪・片山法律事務所編『契約書作成の実務と書式』（有斐閣、第2版、2019）、河村寛治ほか『改正民法対応 はじめてでもわかる法務部員のための契約業務マニュアル』（第一法規、2019）等。

の権利義務関係を、規範の適用に携わる者としての任務と役割とに立脚しつつ、創造力及び想像力によって、当該目標に適するように設計するという仕事こそ、今後の法律家が取り組むべきものでなければならない。」とされている。[注71] まさしくそのとおりであると思う。契約書の作成検討の考え方のエッセンスや、各種の契約に関する契約条項のひな形、契約条項の定め方や条項の変更に関する良書や参考文献も多数存在するようになっている。しかしながら、実際の事案の対応においては、どうしたら良いかと思案してしまうことも少なくない。

実際の契約書を作成するにあたって、市販の契約書例や社内のひな形を基本に、今回の事案の取引条件を特約として書き加えれば足りるとは限らないとしても、ではどうしたら良い契約書になるのか、契約書を作成する意義と目的を意識することが重要である。

契約書を作成する目的についてもさまざまに説明されるが、田中豊弁護士は、契約当事者間における行為規範の明確化と危急時または紛争発生時における裁判規範の明確化の２点にあると整理される。[注72]

また、他にも、契約自由の原則の下で契約書には処分文書としての効力も生じるところ、契約書の意義と役割については、具体的に、合意事項、特に経済的取引条件等に関する合意内容の確認、法が許容する範囲内で法の原則的ルールを当方に少しでも有利に修正するための道具、予測される紛争・揉め事についての当事者間での紛争処理規範、当事者間で円満な協議による解決のできない紛争の場合に裁判所に提出する最も重要な証拠書類であることなどが挙げられている。[注73]

② 法律文書作成の共通プロセスについて

実際に契約を締結し契約書を作成する際には、前掲の田中豊弁護士が法律

注 71）　平井宜雄『債権各論Ⅰ上契約総論』はしがき（弘文堂、2008)。

注 72）　田中豊『法律文書作成の基本「第２版」』316 頁（日本評論社、2019)。

注 73）　原秋彦『リスク・マネージメントの道具としてのビジネス契約書の起案・検討のしかた』４頁以下（商事法務、第２版、2013)。また、契約書作成の実践的な理論の基礎や心構えを示すものとして、植草宏一・松嶋隆弘編著『契約書作成の基礎と実践』（青林書院、2012)。契約書作成によるリスクマネジメントの意義をリスクの①想定、②アセスメント、③狭義のマネジメントの視点から具体的に示すものとして、原秋彦・前掲のほか、同『ゼロからわかる契約書のつくり方』（PHP ビジネス新書、2009)。法律家向けに決定分析、ゲーム理論、契約論、経済学、ファイナンス理論、会計学、統計学等の基礎についてまとめられ日本の制度・事例を加味して説明するものとして、ハウェル・ジャクソンほか著、神田秀樹・草野耕一訳『数理法務概論』（有斐閣、2014)。

文書作成の基本5段階として示されている以下のプロセスが参考になる。[注74)]

第1段階　事案の整理と問題点の抽出・性質分類（前提作業）
第2段階　問題点の調査（legal research）
第3段階　構造の決定
第4段階　第1案（first draft）の作成
第5段階　最終文書（final product）の作成

すなわち、この5段階のステップで法律文書の作成を行うとするものであるが、契約書の作成においても、例えば、第1段階においては、依頼者からのヒアリングや関係資料等に基づき、事案を関係図・時系列表等を作成して整理した上で、法律関係と事実関係を区別し、要件事実論による分析を①主要事実、間接事実、補助事実のレベルの事実への分類整理と②請求原因事実、抗弁事実、再抗弁事実に主要事実を分類整理すること、また、第2段階においては、法律問題の調査では、適用される法令、生きている判例、参考文献（学説）を特定してあたり、事実問題を調査し、アクションプランを作成すること、第3段階では、事案の概要（争点の特定）と結論を確認して、当該事案に適用すべき規範の特定と規範の内容（要件と効果）を示し、規範の当該事案への適用した上での結論を確認することなど、法律家としては当然であることを意識的に確認して取り組む重要性が示されている。

また、河村寛治教授は、契約実務における実務家の思考過程として、事例・相談から、リスクの分析、法的問題の抽出・分析、法の適用、交渉、のサイクルを通じて契約書に至ることを示されている。[注75)] 契約書を作成する際には、定型的な契約であると思われる場合であっても、ひな形や過去の契約書例は、上記のステップないしサイクルなどの枠組みを参考に、目的にかなった契約を締結するための過程において、実際の契約によりもたらされる具体的な効果を検討する材料として利用することが適切である。

注74）　田中豊『法律文書作成の基本「第2版」』6頁以下（日本評論社、2019）。
注75）　河村寛治『債権法改正対応版　契約実務と法ーリスク分析を通してー』14頁以下（第一法規、2018）。

なお、企業法務活動における契約書の作成と要件事実との関係についてはさまざまな議論があるが、要件事実論の観点から十分な検討をする必要があり、①契約自由の原則と関係では、強行法規・判例・消費者契約等による限界について、②任意規定との関係では、任意規定と異なる契約条項（所有権移転時期、危険負担、担保責任ないし契約不適合責任等）、任意規定を補充する契約条項、任意規定のない事項に関する契約条項（損害賠償限度額、契約期間終了後の拘束等）、任意規定と同じ内容の契約条項の扱いについて、③非典型契約においては、契約により要件事実を創造する面があることから合意した事項をどこまで条項化するかについて、④立証責任との関係では、契約書により転換が生じる可能性があることなどについて、留意する必要がある。[注76)]

③ 契約の解釈について

契約の解釈に関してはさまざまな議論があるが、当事者間での解釈の齟齬、紛争に至った場合の裁判所による解釈が問題となり、紛争の予防及び紛争解決の視点からの意識を持つことが肝要である。

すなわち、当事者の真意が一致していることが必要であるが、合致した表示行為と合致した内心的意思（共通の意味）との間に齟齬がないか、解釈に齟齬を生じるような内容になっていないかを検証することが必要となる。[注77)]

本章では、実際の契約交渉の実務ではこれらの契約書作成の意義や作成プロセス、解釈等について検討がなされることを前提として、上記の九つの契約類型を例に、契約成立に向けて、また、契約成立以後、契約関係の終了に至るまでの間の交渉過程を想定して、法的アプローチ、交渉的アプローチ、リスクマネジメント的アプローチの観点から、契約書の草稿を例に検討する。これら相互のアプローチは、図1「契約交渉の概念図」の図示にて試みたように、相互に密接に関連し、また重なる点があるため、本章においても説明

注76)　森脇純夫「契約書作成と要件事実」伊藤滋夫総括編集・山浦善樹編『民事事件要件事実講座第5巻　企業活動と要件事実』48頁以下（青林書院、2008）及び同書所収の各論考参照。

注77)　平井宣雄『債権各論I上（契約総論）』76頁（弘文堂、2008）。

が重複している点がある。

なお、本章での法的アプローチについての言及は各契約類型に関する分析としてはまったく十分ではないが、各契約類型に関する分析や判例への言及については他書に譲り（実際の事案におかれては田中豊弁護士の法律文書作成のプロセスなどに基づく調査検討が尽くされることを前提として）、具体的な契約類型を例に、契約交渉のイメージのための端緒として参考に供するものである。[注78)]

④ 民法改正について

2017年5月に成立し2020年4月1日から施行される、債権関係の民法の一部改正は、判例や取引実務、学説の蓄積を反映したものであるが、本書では、上記改正後の民法を「改正民法」といい、改正前の民法を「改正前民法」とよび、以下については、改正民法に沿った契約条項の検討のための修正を行い、特に重要な点においては、改正民法との関係について解説した。なお、各契約類型に関する記載と、第6部第1章5での改正民法に関する記載は、参考の便宜に鑑みて同一内容を重複して記載しているものがある。

もっとも、本書に掲載する「サンプル契約」等は、検討・交渉の前提としてのドラフトないしたたき台の例であって、改正民法に基づいてそのまま利用することを想定した契約書式ではなく、各契約類型について改正民法の規定をすべて取り込んだものでもないことに留意されたい。債権法にかかる改正の多くは任意規定であるとされ、本書で取り上げている契約類型などにおいても民法改正による影響が必ずしも大きくない面もあるが、契約書改定の要否や改正への対応については自社の状況に応じて検討することが求められると解される。[注79)]

注 78）　法律学習のための文献は多数あるが、社会人向けにビジネス・フレームワークやロジカルシンキングの視点で民法を素材に法律学習を試みるものとして、金井高志『民法でみる法律学習法』（日本評論社、2011）。また、調査のための入門として、いしかわまりこほか著、指宿信・井田良・山野目章夫監修『リーガル・リサーチ』（日本評論社、第５版、2016）等。

注 79）　民法改正に関する実務的な基本的資料については、法務省民事局ウェブサイト掲載の「民法（債権関係）の改正に関する説明資料ー重要な実質改正事項ー」及び「民法（債権関係）の改正に関する説明資料ー主な改正事項ー」、筒井建夫・村松秀樹編著『一問一答 民法（債権関係）改正』（商事法務、2018）など本書巻末の推薦図書等参照。改正民法に基づく契約書改定の要否の検討及び契約条項のポイントの指摘の例として、犬塚浩監修『民法改正対応契約書式の実務（上）（下）』（創耕舎、2019）、弁護士法人飛翔法律事務所編『改訂３版 実践 契約書チェックマニュアル』（経済産業調査会、2019）、辺見紀男・武井洋一編『法務担当者のための契約実務ハンドブック』（商事法務、2019）など。民法全体のコンパクトなコンメンタールとして、我妻榮ほか『我妻・有泉コンメンタール民法ー総則・物権・債権ー』（日本評論社、第６版、2019）など。

第1章 秘密保持契約

1 秘密保持契約とは

秘密保持契約について、意義と必要性は、以下である。

① 秘密保持契約の意義と必要性[注80)]

不正競争防止法上の営業秘密は、「秘密として管理されている生産方法、販売方法その他の事業活動に有用な技術上又は営業上の情報であって、公然と知られていないもの」とされているが、一般に秘密保持契約にいう秘密情報については、明確に定義されていないことも少なくない。

秘密保持契約がなかった場合には、不正競争防止法による差止めや損害賠償、信用回復措置の保護を受けられる場合を除いて、公然と知られていない自社の企業情報や技術情報等が取引先・共同研究先の企業や大学、元従業員等から流出して損害を被った場合、不法行為による損害賠償請求が考えられるが、確実であるとはいえず、損害賠償額についても確実に予測できるものではない。

従って、営業秘密として不正競争防止法による保護の対象となる場合、それ以外の場合等について、目的にかなった秘密保持契約を締結して対応することが求められることとなる。

2 サンプル契約

次のサンプル契約は、不正競争防止法上の営業秘密としての保護の対象と

注80) 森本大介ほか『秘密保持契約の実務』2頁以下（中央経済社、第2版、2019）、植草宏一・松島隆弘編『契約書作成の基礎と実践』147頁以下（青林書院、2012）、鮫島正洋編集代表『技術法務のススメ』233頁以下（日本加除出版、2014）等。

なる情報もあることを想定した事例での検討前のドラフトであるが、その後の検討修正を想定した草稿であり、そのまま用いることを想定したものではない。[注81)]

秘密保持契約書[注82)]

株式会社○○（以下「甲」という。）と株式会社△△（以下「乙」という。）とは、□□□□について検討するにあたり、甲又は乙が相手方に開示する秘密情報の取扱いについて、以下のとおりの秘密保持契約（以下「本契約」という。）を締結する。

第1条（秘密情報）

本契約における「秘密情報」とは、甲又は乙が相手方に開示し、かつ開示の際に秘密である旨明示した技術上又は営業上の情報、本契約の存在及び内容その他一切の情報をいう。ただし、開示を受けた当事者が書面によってその根拠を立証できる場合に限り、以下の情報は秘密情報の対象外とするものとする。

① 開示を受けたときに既に保有していた情報
② 開示を受けた後、秘密保持義務を負うことなく第三者から正当に入手した情報
③ 開示を受けた後、相手方から開示を受けた情報に関係なく独自に取得し、又は創出した情報
④ 開示を受けたときに既に公知であった情報
⑤ 開示を受けた後、自己の責めに帰し得ない事由により公知となった情報

注81） 本稿におけるサンプル契約書例はいずれも、その後の検討や修正を行うことを想定した草稿としての題材であり、ひな形等となるものでないことにつき、以下同じ。各種契約の具体的な契約条項の修正例については、横張清威『最新版ビジネス契約書の見方・つくり方・結び方』（同文館出版、2019）、植松勉編著『企業のための契約条項有利変更の手引』（新日本法規、2014）などの多数の文献がある。

注82） 経済産業省「営業秘密管理指針　参考資料2・各種契約書の参考例　第4　業務提携時における秘密保持契約書の例」（平成31年1月23日改訂）に基づき作成。秘密保持契約全般と条項例の解説として森本大介ほか『秘密保持契約の実務』（中央経済社、第2版、2019）等。

第2条（秘密情報等の取扱い）

1 甲又は乙は、相手方から開示を受けた秘密情報及び秘密情報を含む記録媒体若しくは物件（複写物及び複製物を含む。以下「秘密情報等」という。）の取扱いについて、次の各号に定める事項を遵守するものとする。

① 情報取扱管理者を定め、相手方から開示された秘密情報等を、善良なる管理者としての注意義務をもって厳重に保管・管理する。

② 秘密情報等は、本契約において定めた目的以外には使用しないものとする。

③ 秘密情報等を複製する場合には、必要不可欠の場合に限って行うものとし、その複製物は原本と同等の保管・管理をする。

④ 漏えい、紛失、盗難、盗用等の事態が発生し、又はそのおそれがあることを知った場合は、直ちにその旨を相手方に書面をもって通知する。

⑤ 秘密情報の管理について、取扱責任者を決め、書面をもって取扱責任者の氏名及び連絡先を相手に通知する。

2 甲又は乙は、次項に定める場合を除き、秘密情報等を第三者に開示する場合には、書面により相手方の事前承諾を得なければならない。この場合、甲又は乙は、当該第三者との間で本契約書と同等の義務を負わせ、これを遵守させる義務を負うものとする。

3 甲又は乙は、法令により秘密情報等の開示が義務付けられた場合には、事前に相手方に通知し、開示につき可能な限り相手方の指示に従うものとする。

第3条（返還義務等）

1 本契約に基づき相手方から開示を受けた秘密情報を含む記録媒体、物件及びその複製物（以下「記録媒体等」という。）は、不要となった場合又は相手方の請求がある場合には、直ちに相手方に返還するものとする。

2 前項に定める場合において、秘密情報が自己の記録媒体等に含まれているときは、当該秘密情報を消去するとともに、消去した旨（自己の記録媒体等に秘密情報が含まれていないときは、その旨）、相手方に書面にて報告するものとする。

第4条（損害賠償等）
甲又は乙、甲又は乙の従業者若しくは元従業者又は第2条第2項で定める者が相手方の秘密情報等を開示するなど本契約の条項に違反した場合には、甲又は乙は、相手方が必要と認める措置を直ちに講ずるとともに、その損害を賠償しなければならない。

第5条（有効期限）
本契約の有効期限は、本契約の締結日から起算し、満○年間とする。期間満了の○ヵ月前までに甲又は乙のいずれからも相手方に対する通知がなければ、本契約は同一条件でさらに○年間継続するものとし、以後も同様とする。

第6条（協議事項）
本契約に定めのない事項又は本契約について疑義が生じた場合については、協議の上解決する。

第7条（管轄）
本契約に関する紛争については、○○地方（簡易）裁判所を第一審の専属管轄裁判所とする。

本契約締結の証として、本書を2通作成し、両者署名又は記名捺印の上、各自1通を保有する。

3 三つのアプローチ

（1）法的アプローチ

秘密保持契約について、法律の関連では、次の論点を検討しておく必要がある。

①「秘密情報」について

秘密情報の意義は一義的には明らかでないため、秘密保持契約書において、定義することが重要となる。

② 営業秘密保護との関係[注83)][注84)]

不正競争防止法上の営業秘密として保護を受けるための要件としては、秘密管理性、有用性、非公知性が要求され、経済産業省において「営業秘密管理指針」が定められているため、同指針に沿った対応となっているかを検討することは相応の意味がある。[注85)]

③ 監督官庁等への提出と情報公開法との関係[注86)]

また、行政機関や独立行政法人（研究機関・大学）との関係では、監督官庁への資料提出や、共同研究等における研究内容等を含めて、秘密として取り扱われることを前提として提供したつもりの情報であっても、情報公開法における公開・開示対象となる可能性があり、また、その運用についても主体毎に必ずしも同一でない面があるので、秘密保持契約の締結を失念せず、あるいは、情報の取扱いについて予め確認することが適切である。

④ 文書提出命令（民訴法220条）との関係

また、守秘性を有すると解される情報であっても、裁判所の文書提出命令に基づく開示対象となる可能性があることは留意する必要があり、裁判例の動向にも注意する必要がある。

注 83）　経済産業省「営業秘密管理指針」

注 84）　服部誠ほか『営業秘密管理実務マニュアル』（民事法研究会、2017）、長内健『企業情報管理実務マニュアル―漏えい・事故リスク対応の実務と書式』（民事法研究会、2015）、松村信夫『新・不正競業訴訟の法理と実務』（民事法研究会、2014）等参照。

注 85）　経済産業省知的財産政策室編『逐条解説不正競争防止法』（商事法務、第２版、2019）等。なお、営業秘密保護強化の経緯等につき、棚橋祐治「日本の不正競争防止法における営業秘密の保護の強化と日米欧の比較」高林龍ほか編『現代知的財産法講座Ⅳ知的財産法学の歴史的鳥瞰』317 頁（日本評論社、2012）参照。不正競争防止法に基づく請求について、高部眞規子編『著作権・商標・不競法関係訴訟の実務』（商事法務、第２版、2018）、竹田稔ほか『知的財産権訴訟要論　不正競争・商標論』（発明推進協会、第４版、2018）等。

注 86）　情報公開法に関しては、宇賀克也『新・情報公開法の逐条解説』62 頁（有斐閣、第８版、2018）等。また、内閣府の情報公開・個人情報審査会では答申例が公開されており参考になる。

⑤ 契約の目的と第三者への開示範囲等について

秘密保持契約においては、秘密情報の第三者への開示・情報漏洩を禁止し、また、秘密保持契約の目的以外には利用してはならないとする条項が設けられるが、この目的や範囲の設定次第では、かえって相手方に独占的な情報や技術の利用を許すこととなったり、自社の事業や研究開発を制限することとなりかねない点につき、慎重な検討が必要となる。秘密保持契約において、契約の目的や情報を検討する目的として記載された内容が広範で抽象的であると、開示側が意図しない範囲まで秘密情報が利用される可能性があり、反対に、具体的に狭く規定された場合には、開示を受ける側が想定した目的に情報を利用することができない事態や、契約違反の状態となる可能性もある。秘密保持契約における契約の目的は、秘密情報の定義の解釈や、目的外利用の禁止の範囲の判断にも影響を与えると考えられる。想定される取引形態が変化する可能性がある場合など、相手方との今後の関係性について、その変化や発展、解消の可能性と、それらが想定されるタイミングや時期等にも留意して検討することが肝要となる。[注87)]

他方、秘密情報の管理について、高度の水準を要求したり、秘密情報の範囲を「秘密情報」の表示をして特定することとしても、契約条項と実際の管理態勢との間に齟齬があれば、情報管理体制の状況如何ではかえって秘密保持の対象が縮小することとなりかねない面もあり、実情に即した取扱いをすることが肝要である。[注88)]

⑥ 秘密保持義務の違反と契約の効力の限界[注89)]

秘密保持契約の違反があった場合、不正競争防止法の営業秘密の保護の要件を充足すれば、差止め、損害賠償、信用回復措置を受けることも可能である。また、不法行為または債務不履行に基づき、相手方の過失を前提とする損賠償請求をすることも考えられる。不正競争防止法に基づく保護要件を満

注87) 丸島儀一『知的財産戦略』192頁以下（ダイヤモンド社、2011）、森本ほか前掲注80）20頁等。
注88) 原秋彦『リスク・マネージメントの道具としてのビジネス契約書の起案・検討のしかた』83頁（商事法務、2011）等参照。
注89) 岩﨑惠一「秘密保持契約」辻本勲男ほか編『知的財産契約の理論と実務』465頁（日本評論社、2007）。

たさない場合であっても、秘密保持契約自体の条項として、その法的効果については必ずしも明確でないが、設備の廃棄等を含む差止めや損害賠償を定めておくことも考えられる。

しかしながら、秘密保持契約の違反の責任追及については、主張立証の困難性や、かえって秘密が公開されてしまう面があることの危険性による限界が指摘されている。

それでもなお秘密保持契約を締結する実際上の意義については、情報を漏らしたら大変なことになるという心理的プレッシャーを与えることによって契約当事者の過失による情報漏洩を防ぐ点にあり、そもそも故意に情報を漏洩するかもしれないと疑われる相手とは取引関係に入らないことが肝要であって、過失による情報漏洩についても、相手側の内部統制を確認しなければ守秘義務契約を締結しても気休めにしかならないとも指摘される。実質を脇に置いたまま秘密保持契約の文言について拘泥して執拗な交渉を行うことについての疑問も呈されているところであり、開示する情報をレベル別・ステップ毎に限定して対応することも含めて、実際上の対応については検討が必要である。[注90)]

(2) 交渉的アプローチ

交渉の観点では、交渉で何を目指すか（ミッション）により検討すべきポイントが異なる。例えば、複数の候補から、技術提携ができるパートナーを絞ることを目的とする契約交渉の場合を考えてみよう。この段階では、契約交渉の相手と提携するかどうか、提携したとしても、どのレベルのパートナーになるかもわからない段階である。この場合は、この目的に必要なレベルの情報に絞ると共に、それに応じた管理条件の契約から交渉することになる。ところが、メーカー間で、技術提携を模索する契約であるが、相手のメーカー

注90） 大信田博之「企業再生案件におけるフィナンシャルアドバイザーと情報管理ー「情報の集積地」で起きていること」NBL794号26頁（2004）。

とは、一部、競合関係があり、通常レベルの秘密情報でも、より厳格な開示と管理を要求することもある。

秘密保持契約では、情報のレベル分けと開示条件が、交渉のミッションと連動しているのである。具体的には、以下の例がある。例えば、情報を以下の4段階で管理している企業があるとしよう。

① 通常レベルの秘密情報

いずれ公開するが、1年〜3年の期間は秘密として保持することが開示条件の情報

② ミドルレベルの秘密情報

通常レベルより厳格な管理の下で、3年〜5年の期間は秘密として保持することが開示条件の情報

③ ハイレベルの秘密情報

ミドルレベルより厳格な管理の下で、5年〜10年の期間は秘密として保持することが開示条件の情報

④ 門外不出の秘密情報

企業の競争力の源泉となるノウハウや技術情報であり、秘密保持義務を課しても、開示しない方針の情報

秘密情報の定義と開示方法について、通常レベルの秘密情報を対象として、迅速に情報交換し、次のステップに入るか否かを判断するのであれば、サンプル契約第1条（秘密情報）の定義で十分と言える。一方、競合事業を持つメーカー間で、技術提携を模索するケースであれば、秘密情報の開示は、書面にて行うことを義務とし、口頭で開示した場合は、秘密である旨を表明した上で、一定期間内に書面化することを義務にする条件にする必要がある。

さらに、研究開発レベルの技術提携を目指す秘密保持契約であれば、より厳格な情報管理が必要になる。例えば、サンプル契約第2条（秘密情報等の

取扱い）には、開示者の部門や氏名を具体的に特定したり、特定のクリーンルームで閲覧する義務、閲覧記録を取る義務などまで規定する必要が考えらえる。また、秘密保持期間も、開示される情報により異なることになる。

このように、秘密保持契約により、何を目指すかにより、契約でどのレベルの条件で交渉するかを考えるのである。

(3) リスクマネジメント的アプローチ

リスクマネジメントの観点では、情報のレベル分けに適合した開示・管理条件になっているか、契約終結後のリスクへの備えがあるか、というポイントが重要になる。例えば、通常レベルの秘密情報の交換でありながら、ハイレベルの開示・管理条件を義務付けた契約を締結したとしよう。その場合、厳格な開示・管理条件を満たそうとするために、目的とした円滑な情報交換ができないリスクが考えらえる。また、実務が伴わない、実務とかけ離れた契約条件の場合、実際には契約条件どおりに開示と管理が行われない場合もある。例えば、サンプル契約第1条のように、対象外であることの証明には、書面が必要だが、開示については、秘密である旨を明示すれば、口頭も含む条件で実務を行った場合、一部の情報は、秘密情報として取り扱われないリスクがある。実務を考慮しない契約条件は、契約の目的を果たせないのみならず、契約の実効性を失うリスクもあると考えるべきである。

さらに、秘密保持契約を締結し、提携契約を目指したが、提携に至らないケースには、別のリスクが考えられる。関係が継続すれば、例えば、共同開発契約に移行した場合、その契約の中で、秘密保持に関する条項を規定したり、新たに共同開発契約の条件に適合した秘密保持契約を締結することができる。しかし、最初の条項交換のみで終了した場合は、契約の残存義務は残るが、お互いの関係は途切れてしまうこともある。トラブルが発生するのは、このような場合である。例えば、曖昧な条件で開示した情報を用いて、相手が製品やサービスを開発したり、特許を出願したりするリスクが考えられる。

これらに対応するには、契約の終結管理を徹底する方法がある。途中の開示・管理プロセスに多少漏れがあったとしても、取引関係が続く場合は、故意に契約違反をしようとする相手でない限り、比較的リスクは小さい。そのため、契約が終結し、取引関係が終わる相手との契約こそ対応が必要である。契約期間の終了時に、過去に交換した秘密情報をリストアップし、管理条件と秘密保持期間を確認する覚書を締結するなど、終結処理を徹底するのである。

このように、秘密契約の契約条件と実務のかい離や、契約の終了時の相手との関係に潜在的リスクがあり、対応する必要がある。

第2章 売買契約

1 売買契約とは

売買契約について、意義と特色は、以下である。

① 意義

売買契約は、財産権の移転と代金支払に関して当事者が合意することにより成立する諾成契約である（民法555条）。もっとも、商人間における売買契約はほとんどが継続的取引であるといわれ、また、その売買の実質は極めて多様であって、各当事者がそれぞれ独立して売買当事者としての法的義務を負担し経済的リスクも負担するというような典型的・類型的なものではないとされる。[注91)]

② 特色

事業者間における売買契約は、一回的な取引よりは継続的・反復的に固定された相手方との継続的取引が中心となり、実需に基づく取引が多いこと、紛争解決のための規範が必ずしも明確でないことなどが特徴として挙げられる。例えば、製品の製造・流通過程における売買は、製造業者による原材料や部品の調達、卸売業者から小売業者への製品の販売等の形で、継続的・反復的に行われる定型的な取引であることも想定される。また、工作機械等の売買においては、対象となる機械等が特定の用途のためのものであって汎用性を有せず、他社からの調達や転売等が困難であることも想定される。

そのため、売買契約というタイトルを付した契約書であっても、その契約内容については、契約の成立時期をはじめとして、典型契約としての売買に

注91） 江頭憲治郎『商取引法』2頁以下（弘文堂、第8版、2018）等。

限らない契約条項の解釈や、任意規定と異なる商慣習、商法・民法の任意規定等についての検討が必要となる。しかしながら、商人間の売買におけるトラブルは、継続的取引関係がある者同士の間での紛争であることもあり、紛争が裁判に持ち込まれることは必ずしも多くないといわれ、契約の定め方や、裁判外の交渉による紛争の解決のあり方が重要となる。[注92)]

2 サンプル契約

次のサンプル契約は、売主が買主の要望に応じて工作機械をカスタマイズして製作して納入することを想定して作成したドラフトである。

売買契約書[注93)]

買主株式会社○○○○（以下「甲」という。）と売主株式会社○○○○（以下「乙」という。）とは、甲の製作にかかる工作機械の売買に関し、以下のとおり合意した（以下、「本契約」という。）。

第1条（売買）

乙は甲に対し、別紙1の1ないし5記載の機械目録及び別紙2の1ないし5記載の仕様明細に記載する工作機械（以下あわせて「本件機械」という。）を別紙目録記載の価格にて甲に売り渡すことを約し、甲はこれを買い受けることを約する。

第2条（引渡し）

注92）　中田裕康『継続的売買の解消』（有斐閣、1994）、加藤新太郎編『継続的契約の解除・解約』3頁以下（新日本法規、改訂版、2014）等。

注93）　売買契約の例については、植草宏一・松島隆弘編『契約書作成の基礎と実践』197頁以下（青林書院、2012）、河村寛治『債権法改正対応版　契約実務と法ーリスク分析を通してー』230頁以下（第一法規、2018）、大村多聞・佐瀬正俊・良永和隆編『契約書式実務全書　第1巻』298頁（ぎょうせい、第2版、2014）等参照。また、民法改正に伴う売買契約の改訂につき、滝琢磨『契約類型別　債権法改正に伴う契約書レビューの実務』（商事法務、2019）67頁以下、滝琢磨ほか編著『改正民法対応　はじめてでもわかる売買契約書』（第一法規、2019）等参照。

1　乙は甲に対し、次のとおりの引渡日及び引渡場所にて、本件機械を引き渡す。

①引渡日

令和○年○月○日:　　別紙目録1の1ないし1の2に記載する機械

令和○年○月○日:　　別紙目録1の3ないし1の5に記載する機械

②引渡場所

甲の○○工場（○○県○○市○○所在）又は日本国内において甲の指定する場所

2　甲又は乙が引渡日又は引渡場所の変更を希望する場合、その相手方の書面による承諾を得て、新たな引渡日又は新たな引渡場所に変更することができる。ただし、その変更により費用が増加した場合には、その増額の部分は変更を申し出た者の負担とする。

第3条（代金の支払条件）

本件機械の代金の支払条件は次のとおりとし、甲は乙に対し、次の代金を持参又は乙の指定する口座に振込みの上、支払わなくてはならない。支払にかかる費用は甲の負担とする。

本契約締結日　　　　　　金○○○万円

令和○年○月○日　　中間金○○○万円

令和○年○月○日　　残金金○○○万円

第4条（所有権移転時期等）

1　本契約に基づく本件機械の所有権は、乙が甲にその商品を引き渡した時に移転することとする。

2　本契約に基づく本件機械を引き渡した後の危険は甲においてこれを負担する。

第5条（検査）

甲は、第2条記載の方法により本件機械を受領したときは、受領後10日以内に本件機械の検査をしなければならない。

第6条（不合格品）

第5条の検査において、不良又は数量不足があったときには、甲は乙に対し、直ちに通知をしなければならない。乙は、甲から通知を受けたときは、乙が費用を負担して、不良品の回収を行い、また、代替品又は不足分の機械又は部品等を直ちに第2条記載の引渡場所に納入しなければならない。

第7条（調整）

乙は甲に対し、本件機械の引渡後6ヶ月を限度として、本件機械の調整に協力するものとする。調整に掛かる費用については甲の負担とし、別紙2の1ないし5記載の仕様と異なる新たな仕様の追加変更等が発生する場合の費用負担については、甲乙協議により決定するものとする。

第8条(担保責任)

甲は乙に対し、本件機械が別紙2の1ないし5記載の仕様明細に合致せず、又は、その種類、品質若しくは数量に関して本契約の内容に適合せず、その内容が本件機械の引渡後の検査においては容易に発見できないものであったときは、本件機械の検査完了時から6か月以内に限り、無償の修理、代替物の引渡し、不足分の引渡し又は本件機械の代金の全部若しくは一部の返還を請求することができ、契約不適合により生じた損害の賠償を請求することができる。

第9条（遅延損害金）

甲が、第3条記載の代金の支払を怠ったときは、乙に対し、支払期日の翌日から完済の日まで、年14パーセントの割合による遅延損害金を付加して支払わなければならない。

第10条（期限の利益の喪失）

甲について次のいずれかの事由が生じたときは、乙は、何らの通知、催告なくして、甲の期限の利益を喪失させ、残金全額について支払請求をすることができる。

① 甲が乙に対する本契約その他の債務の支払を怠ったとき。

② 甲が乙以外の債権者に対する債務の支払を怠り、または甲の振り出した約束手形若しくは小切手について不渡りがあったとき。

③ 破産手続開始、民事再生手続開始、会社更生手続開始等の法的手続又はこれに準ずる手続がなされたとき。

④ 甲が合併によらないで解散したとき。

⑤ その他甲が本件契約条項に違反したとき。

第11条（解除及び損害賠償）

乙は、甲に第10条各号の条項に該当する事由あるときは、何らの催告をすることなく本契約を解除することができ、解除に加えて、解除により生じた損害の賠償を請求することができる。

第12条（協議事項）

甲及び乙は、本契約の解釈に疑義が生じた場合及び本契約に定めのない事項については、信義誠実の原則に基づき協議し円満に解決するものとする。

第13条（合意管轄）

本契約に基づいて生じた一切の紛争については、乙の本店所在地を管轄する地方裁判所をもって第一審の専属的合意管轄裁判所とすることを合意する。

本合意の成立を証するため、本契約書2通を作成し、甲乙各1通宛保管する。
（別紙省略）

3 三つのアプローチ

(1) 法的アプローチ

売買契約について、法律の観点では、次の論点を検討しておく必要がある。

① 売買契約において定められる一般的な条項

実際に商人間の個別の売買契約において定められる事項としては、売買契約の成立要件と関連して、商品明細(品名、規格または品質、数量)、価格(単価、総代金、数量過不足の場合の処理)、納入条件（引渡しの時期・方法・場所、包装)、代金支払条件（支払時期、支払方法）等の基本的な事項がある。

また、基本的事項に加えて、一般に、売買契約の締結方法（契約の成立要件)、価格の算定方法、商品の納入方法、代金の支払方法、検査の条件（検査方法、検査基準、検査時期)、危険負担、所有権の移転時期、担保責任（契約不適合責任）及び品質保証条件、免責条件、当事者の債務不履行時に相手方の取り得る措置、損害賠償または損害担保等が定められることが多い。[注94)]

売買契約においては、上記の事項を当事者双方の誤解なく定めることが必要であり、契約毎の目的に応じた具体的な条項については、契約書作成検討の枠組みによりつつ、類型的な契約については一般的な契約書やチェックリストなども活用して検討することも有用である。[注95)]

もっとも、抜け・漏れのない契約書を作成するとして、契約書例やチェックリスト等に挙げられている項目すべてを記載したり、契約書例を集めて総花的に契約条項を総合することは、かえって、取引に不要な権利義務や交渉段階で合意に至っていない権利義務が紛れ込むことにもなり、契約交渉が不必要に長引いたり、予期せぬ義務を負うことにもなりかねないので注意しな

注 94) 以上、江頭憲治郎『商取引法』6 頁以下（弘文堂、第 8 版、2018）等。
注 95) 植草・松嶋・前掲 55 頁、滝川宜信『取引基本契約書の作成と審査の実務』10 頁（民事法研究会、第 6 版、2019）等。

ければならない。[注96] このことは頭では理解しやすいが、契約書例等に記載されている条項について、取引における必要性や当該条項が取引にもたらす効果・影響を十分検証せずに、一般的な条項であるとしてそのまま記載してしまう場合にも、同様の問題を惹起する可能性があることには留意する必要がある。

また、特に契約条項が多くなる場合には、当該契約が成立するための要件(事実)が契約書において充足されているか、疑義・矛盾を生じるものとなっていないかを意識的にチェックすることが適切である。

② 商品の仕様(規格・品質等)について

売買契約においては、目的物の特定と売買代金額または代金の決定方法の確定が必要であるが、目的物が満たすべき規格・要件について、相互の認識に齟齬が生じないように明確に定めることが重要である。製品の仕様(規格・品質等)については、検査または検収において合格基準となる仕様や品質等を具体的に、契約書中において要素を特定して定めることなどが適切である。

特に、原材料や部品の購買取引においては、型番等による特定がなされても性能条件等が具体的に定められていない場合や、納品先のメーカーでは、原材料や部品が契約上の仕様や基準を超えて通常有する性能を前提として最終製品を製造している場合など、「不良」品等の発生時には、債務不履行の有無を巡り、そもそも不良か否かを含めた争いが生じる可能性が高い。

また、機械等の売買では、基本的な仕様は予め決まっていても、買主の要求により詳細な仕様を定めることとなる場合や、契約成立の前後を通じて、製品仕様の変更・調整が生じることも少なくない。そのため、最終的に契約上の要件を具備する仕様は何かが曖昧となってしまう可能性があるほか、契

注96) 鮫島正洋編集代表『技術法務のススメ』157頁(日本加除出版、2014)等。

約上の検査・検収基準として要求される仕様と、いわばサービスとして付加された、検査・基準以上の仕様部分がある場合などは、契約上の義務として要件を充足すべき仕様とそれ以外について疑義が生じないようにする必要がある。例えば、契約書で定める仕様書を日付や番号で特定し、仕様変更の場合の対応について具体的事案に応じて適切に定めることが必要となる。[注97)]

そして、仕様変更に伴い、納期や金額、検収条件の変更等が生じる可能性がある。また、工場用機械であって設置等が必要となる場合には、売主が負担する設置調整作業の範囲が想定外に拡大する可能性もある。これらの点に関して当事者間の認識の相違が生じトラブルとならないよう、注意する必要がある。

改正民法における売主の担保責任（契約不適合責任）については、引き渡された目的物が「種類、品質又は数量に関して契約の内容に適合しない」場合に責任が生じるとの規定ぶりとなっており、目的物の仕様を可能な限り特定して明確にしておくことが適切である。

③ 契約が履行されない場合の保全を考える

売買契約においても、売主、買主共に、相手方が契約を履行しない場合の保全ないし対応策を検討しておくことが必要である。特に、製品の製造・流通過程における売買では、買主側としての代替品の調達可能性や、売主側としての代金回収や他の取引先への販売可能性等にも鑑み、債権回収保全に限らない、相手方の契約不履行時の対応を検討することが肝要となる。また、改正民法のもとでは、債務不履行につき、相手方の帰責事由を要件とせずに解除が認められること（改正民法564条及び541条・542条）に留意して対応することになる。

注97） 河村・前掲211頁等。

④ 改正民法との関係

売買契約に関する民法改正の事項は多岐にわたり、その詳細については、民法改正に関する解説を参照されたい。

改正により、確認的な意味を含めて、契約書等に反映することが想定される事項としては、前述の契約不適合責任に関する定めなどを含めて、概ね以下のとおりとなっている。売買に関する事項は、売買に固有の事項を除き、他の典型契約にも基本的に共通することとなる。

(a)手付について、売主が手付解除をするためには買主に対して手付の倍額を現実に提供する必要があること（改正民法557条）、(b)売主の基本的な義務として、買主に対して権利の移転について対抗要件を備えさせる義務を負うこと（改正民法560条）が明文化された。

(c)売主の担保責任に関しては、ｉ）売主は、売買の目的となる権利の一部が他人に属する場合にもその権利を取得して買主に移転する義務を負うこと（改正民法561条）が明文化され、ⅱ）引き渡された目的物が種類、品質又は数量に関して契約の内容に適合しない場合は、買主は、その修補等の履行の追完の請求（改正民法562条)、代金減額の請求（改正民法563条)、改正民法415条による債務不履行による損害賠償請求（改正民法564条)、及び改正民法541条・542条による（相手方の帰責事由を要件としない）解除ができることとされた（改正民法564条)。ⅲ）売買によって移動した権利が契約の内容に適合しない場合もⅱ）と同様の救済手段が設けられ（改正民法565条)、ⅳ）売主の担保責任の期間制限について、買主がその不適合を知ったときから1年間の期間制限は、目的物が種類または品質について契約の内容に適合しない場合にのみ適用されることとし、契約不適合であることを売主に通知すれば足りることとされた（改正民法566条)。ｖ）目的物が買主に引き渡された後に双方の責めに帰することができない事由によって滅失・損傷したときは、買主は滅失・損傷を理由として履行の追完の請求等の買主の権利を行使できないこととされた（改正民法567条)。

(d)買主の代金支払の拒絶について、ｉ）権利を取得することができないおそれがあるときも代金支払を拒絶できること（改正民法576条)、ⅱ）契約の内容に適合しない抵当権登記があるときは代金支払を拒絶できる反面、抵当権等の登記があることを前提として売買契約が締結された場合は代金支払を拒絶できないこと（改正民法577条）とされた。

(e)買戻しについて、i）買戻権行使時に売主が返還すべき金銭について、代金及び契約費用のほか、合意により定めた金額及び契約費用とすることもできることを明記し（改正民法579条）、ii）売買契約と同時に登記した買戻し特約については、当該登記後に生じた第三者に対抗できることを明確にし（改正民法581条1項）、買戻しとの関係での残存期間1年を超えない期間に限り売主に対抗できるとされる賃借人について、買戻しの登記をした後に賃借権の対抗要件を具備した賃借人を保護するものであることが確認されている（改正民法581条2項）。[注98]

(2) 交渉的アプローチ

交渉の観点では、QDCSの組合せによるゾーパ（ZOPA、詳細は、P52-P53参照）の設定について紹介する。QDCSとは、Q：Quality、品質、D：Delivery、納期、C：Cost、価格、S：Service、サービスである。商品の売買条件は、この四つの条件の組合せで決まることが多い。ただし、優先順位は買主が意向により異なる。例えば、商品の品質価値を最優先に評価する場合、コスト力を評価する場合などがある。これにより最高の目標と最低の目標の幅が決まり、合意条件が決まる。サンプル契約では、Qは第1条の別紙2の1ないし5記載の仕様明細、Dは第2条の（引渡日）と（引渡場所）2項、Cは別紙目録記載の価格、Sは第7条（調整）が関連条文である。

そのため、買主の立場から考えれば、最優先の項目に対して、必要な条件を確実に確保しようとする交渉になる。一方、売主の立場から考えれば、相手が商品のQDCSの各項目をどのように評価しているのか、購入意思決定の基準となる条件は何か、また、優先順位は、というコンテキストを引出し、

注98） 以上につき、筒井建夫ほか『一問一答　民法（債権関係）改正』（商事法務、2018）等。

それに自分が設定したZOPAと合致する条件を見出したとき、合意できる契約条件が決まる。

(3) リスクマネジメント的アプローチ

リスクマネジメントの観点では、合意したQDCSの条件が満たされなかった場合に対して、どのように備えるかが重要になる。例えば、サンプル契約の引渡後発生した本件機械の契約不適合に対して、保証する取引の場合の担保責任（第8条）では、契約不適合に対して、6ヶ月以内であれば無償修理、代金返還、損賠賠償を請求できると記載されている。しかしながら、工作機械のような技術製品では、良品か不良品かの判断が難しくなるケースもある。そのため、合意仕様を基準として、以下のように規定する方法がある。これは、工作機械に限らず、部品・デバイス、ソフトウェアなどの製品の売買契約でも用いられている方法である。

① 品質保証の対象を、甲乙が合意して定めた仕様（合意仕様）とする。

② 品質保証の内容として、合意仕様を満たさないものを欠陥（契約不適合）と定義し、売主に帰責事由のある欠陥が発見された場合、買主に以下③の保証を、○○期間（品質保証期間）行う。

この例では、売主の過失責任にしているが、商品の特性や売主の品質保証方針により、一定期間（例えば、6～12ヶ月）は無過失責任、その後は、過失責任にするという方法もある。また、同じ欠陥が一定期間多数発生する場合（傾向不良という）を想定し、「重大な欠陥が傾向的に発見された場合」について、特別の保証条件を適用する方法もある。

③ 欠陥に対しては、甲乙協議の上、代替品の納入、製品の修理、製品の修理費用の負担、損害賠償のいずれかを適用する。

具体的な手段の選択と基準について詳細にルールを定めることも考えられる。

また、品質に対する欠陥のうち、製造物責任（product liability）や市場リコール（回収）の責任は、商品の取引額に対して、損害が大きくなる（例：1億円相当の部品を組み込んだ電気製品の例を部品メーカーが電気メーカーに販売するケースを例にすると通常の品質不良は仮に全品不良でも1億円の部品交換に相当する費用が賠償コストだが、PL事故が発生した場合は、損害により10億円単位の損賠コストになるケースもある。さらに、市場に多く流通している電気製品の場合、事故を予防するために市場からリコール（回収）する費用は、100億円単位の損害コストになる場合もある）。そのため、リスクファイナンスの手法として、保険による補填も検討しておく必要がある（契約と保険の関係については、P294-P295参照）

第3章 取引基本契約

1 取引基本契約とは

取引基本契約について、意義と条項の定め方は、以下である。

① 意義

取引基本契約は、企業間ないし商人間で反復継続して行われる商取引、特に動産取引等について、継続的取引全体に共通して適用される基本的事項をまとめて予め定めたものをいうことが多い。[注99] 取引基本契約書は、売買契約、委任契約、請負契約、賃貸借契約ないし使用貸借契約その他の典型契約のほか、非典型契約の要素を含む複合的な契約であることが通常であり、契約関係の画一的処理、取引関係の予測可能性、迅速で正確な処理、流通系列化のための営業組織化のための手段、債権保全・債権担保等のために用いられることが多いとされるが、それらに限らず、さまざまな目的で作成される。取引基本契約においては取引形態に応じてさまざまな条項が掲載されることとなるため、契約を締結する目的や必要に応じて、必要な条項を定めることが適切である。

② 条項の定め方

取引基本契約においては、とりわけ、当該契約における内容における特徴と、契約書の作成・取り交わしの具体的な目的を明確に把握することが重要となる。契約当事者間に信頼関係が醸成されており、契約締結の目的が取引の具体的な手順の確認や当事者間のビジネス上の行為規範の明確化にある場合と、初めて契約関係に入る場合で相手方の財務状況にやや懸念があり履行の担保と債権保全を図る必要がある場合とでは、自ずと定めるべき条項も異

注99) 江頭憲治郎『商取引法』6頁（弘文堂、第8版、2018）、滝川宣信『取引基本契約書の作成と審査の実務』9頁（民事法研究会、第6版、2019）等。

なることとなる。[注100)]

2 サンプル契約

次のサンプル契約は、継続的な売買に伴い、付属部品の売買や修理を行うことを想定してドラフトした取引基本契約書の例である。この取引基本契約について、三つのアプローチから、ポイントを解説する。

取引基本契約書[注101)]

○○会社（以下「甲」という。）と○○会社（以下「乙」という。）とは、相互利益の尊重の理念に基づき、信義誠実の原則に従って、甲乙間の継続的な売買及びこれに付帯する製品の製作、改造並びに修理に関する取引の基本的な事項について、次のとおり取引基本契約を締結する。

第1条（基本契約と個別契約）

この基本契約は、甲と乙との間の取引契約に関する基本契約事項を定め、甲乙協議のうえ定める個々の取引契約（以下「個別契約」という。）に対して適用され、甲及び乙は、この基本契約及び個別契約を守らなければならない。

第2条（個別契約の内容）

1 個別契約には、発注月日、品名、仕様、数量、納期、納入場所、検査その他受渡条件、代金の額、決済日、決済方法等を、また、材料及び部品等を支給する場合には、その品名、数量、引渡日、引渡場所、その他の

注100） 田中豊『法律文書作成の基本「第2版」』355頁（日本評論社、2019）等。

注101） 一般社団法人日本金型工業会「金型基本取引契約書」等を参考に作成。取引基本契約の個別の条項検討については、滝川・前掲、阿部・井窪・片山法律事務所編『契約書作成の実務と書式』（有斐閣、第2版、2019）23頁以下、北浜法律事務所編『民法改正対応　取引基本契約書作成・見直しハンドブック』（商事法務、2018）等。

引渡条件、有償又は無償の別、有償の場合は、代金の額、決済日、決済方法等を定めなければならない。

2 前項の規定にかかわらず、甲乙協議の上、個別契約の内容の一部を、予め基本契約の付属協定書その他の合意書等に定めることができる。

第3条（個別契約の成立）

個別契約は、甲より前条に定める取引内容を記載した注文書等を乙に交付し、乙がこれを承諾することによって成立する。

第4条（仕様、図面の確認等）

甲又は乙は、相手方から交付された図面、仕様書等又はその他の指示について疑義がある場合は、相手方に申し出るものとし、相手方はこれに対し、書面により指示等を行うものとする。

第5条（個別契約の変更）

1 個別契約の内容を変更する必要が生じた場合は、甲乙協議の上変更するものとする。この場合、既存の注文書、注文請書等を改訂し、又は新たにこれらの書面を作成し、差し替えるものとする。ただし、当該取引が下請代金支払遅延等防止法に規定する取引に該当する場合は、この限りでない。

2 前項の変更に伴い損害が生じた場合の負担等は、甲乙協議の上定める。

第6条（目的物の価格）

1 甲及び乙は、設計仕様、製作仕様、品質、納期、納入方法、支払方法、材料費、労務費、諸経費、検査方法、市場の動向などの諸要素を考慮した合理的な算定方式に基づき、見積書等により協議の上、目的物の価格を定めるものとする。

2 個別契約成立後、価格決定の基礎となった条件が変更される場合は、価格その他の個別契約の内容について再協議するものとする。

第7条（納期）

納期とは、乙が目的物を甲の指定する場所に納入する期日をいい、個別契約毎に甲乙協議して定める。

第8条（納期変更）

1 乙は、納期前に目的物を納入しようとするときは、予め甲の承諾を得なければならない。
2 乙は、納期に目的物を納入できないと認めたときは、事前に速やかにその理由及び納入予定等を甲に申し出て、甲の指示を受けなければならない。
3 個別契約成立後、甲の理由による設計変更や設計不備等による納期の変更は、乙と協議の上で決定する。この場合、甲は納期の適正化に配慮するものとする。

第9条（受領・検査及び引渡し）

1 甲は、乙から目的物の納入があったときはこれを受領し、受領を証する書面を乙に交付し、かつ、予め定めた検査方法により、速やかに検査しなければならない。
2 前項の検査に合格したときは、甲は目的物が検査に合格したことを証明する書面を乙に交付し、この時点で目的物の引渡しがあったものとする。
3 第1項に定める検査により不合格になったときは、甲は目的物が不合格になった内容・理由を証明する書面を乙に交付する。
4 受領にあたり検査をしない定めをした場合は、甲が目的物を受領した時点で目的物の引渡しがあったものとする。

第10条（不合格品の処理）

乙は、前条に定める検査の結果、不合格になったものについては、甲の指示に基づき、不合格箇所の修正等を行い、又は不合格品を乙の負担において引き取り、改めて目的物を納入しなければならない。この場合の検査については、前条による。

第11条（所有権の移転・危険負担）

1 目的物の所有権は、目的物代金の完済時に乙から甲に移転する。

2 目的物の危険負担は、目的物が第9条の引渡しにより、乙から甲に移転する。

第12条（代金の支払）

1 甲は、個別契約ごとに甲乙協議のうえ、原則として次のとおり目的物の代金（消費税を含む）を2回に分けてその支払期日を定めた上、各代金額を乙の指定する銀行口座に振込送金の方法により支払うものとする。この場合、支払完了日は第9条第1項の目的物の受領の日から起算して60日を超えてはならないものとし、支払にかかる費用は甲の負担とする。

① 個別契約成立時 目的物代金の2分の1相当額

② 目的物引渡し完了時 目的物代金の2分の1相当額

2 甲が乙に対する有償支給材の代金を相殺するにあたっては、既に納入された目的物に相当する支給材の代金に限り、目的物の代金の支払期日に相殺することができる。

第13条（担保責任）

甲は、乙からの目的物の引渡し及び検査があった後、当該目的物の種類、品質若しくは数量に関して基本契約又は個別契約に適合しないことが発見された場合は、乙に対し直ちにその旨書面をもって通知し、契約不適合の内容を発見した日から6ヶ月以内に限り、代替物又は不正分の引渡し、目的物の代金の減額又は損害賠償を請求することができる。

第14条（秘密保持）

甲及び乙は、基本契約及び個別契約により知り得た相手方の業務上の秘密及び技術上の秘密を相手方の承諾を得ない限り、第三者に漏洩してはならない。但し、次の場合は、この限りではない。
①既に相手方が知り得ていたもの
②既に公知であるもの
③相手方の責によらずに後に公知となったもの

第15条（図面等の管理）
甲及び乙は、相手方が貸与し又は提出した図面、仕様書等の保管管理については、厳重にこれを行うものとし、相手方の承諾がない限り、第三者に貸与又は閲覧等をさせてはならない。

第16条（知的財産権等）
1 甲乙の共同研究により取得した知的財産権の帰属は、甲乙協議して定めるものとする。
2 目的物の製作に関する設計上の考案・設計図面・製作情報に関する知的財産権は、原則として乙に帰属する。
3 甲又は乙は、相手方の図面、仕様書により製作された目的物又はその製作方法に関連し知的財産権の出願を行う場合は、事前にその旨を相手方に申し出て書面による承諾を得なければならない。この場合、知的財産権の帰属等に関しては、貢献度に応じて甲乙協議して定める。
4 甲又は乙は、目的物に関わる知的財産権を第三者に譲渡又は実施権設定の許諾を行う場合は、相手方の書面による承諾を得るものとする。
5 甲及び乙は、目的物につき第三者との間に知的財産権上の権利侵害等の紛争が生じたときは、相手方に書面で通知し、甲及び乙のうちその権利義務の帰すべき者が、その負担と責任において処理解決するものとする。

第17条（製作・販売の禁止）
甲又は乙は、相手方の書面による承諾を得ない限り、第三者に対し相手方の図面、仕様書による製作及び販売を行ってはならない。

第18条（再外注）

1　乙は、製造委託に係る目的物を第三者に製作を委託することができる。但し、甲の要求がある場合は、書面により委託先の名称、住所等所定の事項を通知しなければならない。

2　乙は、前項の場合、この基本契約及び個別契約に基づく乙の履行義務は免れない。

第19条（権利義務の譲渡）

甲及び乙は、相互に相手方の書面による承諾を得ない限り、この基本契約又は個別契約により生ずる一切の権利義務（債権及び債務を含む。）の全部又は一部を第三者に譲渡し、又は担保に供してはならない。

第20条（取引停止等の予告）

甲又は乙は、取引を長期にわたって停止又は著しく変更する場合は、相当の猶予期間をもって相手方に通知するものとする。

第21条（契約の解除）

1　甲又は乙は、相手方が次の各号の一に該当したときは、何らかの催告なしに、この基本契約及び個別契約の全部又は一部を解除することができるものとする。

①手形、小切手を不渡りとしたとき。

②支払停止、支払不能となったとき。

③監督官庁より営業の取消、停止等の処分を受けたとき。

④第三者から仮差押、仮処分、強制執行、租税滞納処分等を受けたとき。

⑤破産手続開始の申立て、特別清算開始の申立て、民事再生手続開始の申立て及び会社更生手続開始の申立てを受け、又は自ら申し立てたとき。

⑥甲又は乙が解散の決議をし、又は他の会社と合併したとき。

2　甲又は乙は、相手方がこの基本契約又は個別契約に違反したときは、書面をもって契約の履行を催告し、15日を経過しても契約が履行されないときは、この基本契約及び個別契約の全部又は一部を解除することができるものとする。

3 甲又は乙は、災害その他やむを得ない理由により契約の履行が困難と認めたときは、相手方の責に帰すべき事由の有無にかかわらず、相手方と協議の上、この基本契約及び個別契約の全部又は一部を解除することができるものとする。

第22条（期限の利益の喪失）

甲又は乙に、前条第1項の各号に該当する事由が一つでも生じたとき又はこの基本契約または個別契約が終了した場合は、当然に期限の利益を喪失し、相手方は他方当事者に対する債務全額を直ちに支払わなければならない。

第23条（損害賠償請求）

甲又は乙は、次の各号の一に該当する理由により損害を受けたときは、相手方に対し損害賠償を請求することができる。

① 相手方が、この基本契約又は個別契約に違反したとき。

② 自らが、第21条に基づきこの基本契約又は個別契約について契約の解除を行ったとき。

第24条（反社会的勢力の排除）[注102)]

1 甲及び乙は、それぞれ相手方に対し、次の各号の事項を確約する。

① 自らが、暴力団、暴力団関係企業、総会屋若しくはこれらに準ずる者又はその構成（以下総称して「反社会的勢力」という）ではないこと。

② 自らの役員（業務を執行する社員、取締役、執行役又はこれらに準ずる者をいう）が反社会的勢力ではないこと。

③ 反社会的勢力に自己の名義を利用させ、この契約を締結するものでな

注102） 警察庁組織犯罪対策・暴力団対策「不動産取引契約書の暴力団排除モデル条項・解説書」売買契約のモデル条項（2011）参照。反社会的勢力、暴力団等の定義等につき、法令を引用して示すことも考えられる。

いこと。

④ 自ら又は第三者を利用して、この契約及び個別契約に関して次の行為をしないこと。

ア　相手方に対する脅迫的な言動又は暴力を用いる行為

イ　偽計又は威力を用いて相手方の業務を妨害し、又は信用を毀損する行為

2　甲又は乙の一方について、次のいずれかに該当した場合には、その相手方は、何らの催告を要せずして、この契約を解除することができる。

ア　前項①又は②の確約に反する申告をしたことが判明した場合

イ　前項③の確約に反し契約をしたことが判明した場合

ウ　前項④の確約に反した行為をした場合

3　第2項の規定によりこの契約が解除された場合には、解除された者は、解除により生じる損害について、その相手方に対し一切の請求を行わない。

第25条（有効期間）

この基本契約の有効期間は、令和●年●月●日から令和●年●月●日までとする。但し、期間満了の6ヶ月前までに甲又は乙から書面による変更、解約の申入れのないときは、この基本契約と同一条件で、さらに更新するものとし、その後もこの例による。

第26条（残存義務）

甲及び乙は、この基本契約及び個別契約の期間満了後又は解除後においても、次の各号に関する義務を負うものとする。

① 第13条に定める担保責任

② 第14条に定める秘密保持

③ 第15条に定める図面等の管理

④ 第16条に定める知的財産権等

⑤ 第17条に定める製作・販売の禁止

⑥ 第19条に定める権利義務の譲渡

第27条（協議解決）

この基本契約及び個別契約の規定に関する疑義又はこれらの規定に定めのない事項については、甲乙協議して解決するものとする。

第28条（合意管轄）

この基本契約及び個別契約に関する紛争が起きた場合、その第1審裁判所は東京地方裁判所とする。

この契約の成立を証するため、本契約書を2通作成し、各自記名捺印の上、各1通を保有するものとする。

3 三つのアプローチ

(1) 法的アプローチ

取引基本契約においては、個別の条項について、取引の内容によりさまざまな条項が定められることとなるが、法律的観点から、例えば以下の論点を検討しておく必要がある。

① 取引基本契約で一般に定められる条項

取引基本契約で一般的に定められる条項としては、継続的取引契約において定められる事項[注103)]（契約の締結方法（契約の成立要件）、価格の算定方法、商品の納入方法、代金の支払方法、検査の条件（検査方法、検査基準、検査時期）、危険負担、所有権の移転時期、種類、品質、数量等に関する契約不適合の担保責任及び品質保証条件、免責条件、当事者の債務不履行時に相手方の取り得る措置、損害賠償または損害担保等）のほか、基本契約の有効期

注103） 江頭憲治郎『商取引法』6頁以下（弘文堂、第8版、2018）等。

間及びその更新等に関する条項、個別契約を成立させる法的義務を負うかどうかの拘束力に関する条項または誠実交渉義務に関する条項、個別契約締結の手続に関する条項、基本契約と個別契約の関係に関する条項、個別契約の履行に関する条項、危険負担及び担保責任（契約不適合責任）に関する条項、基本契約の有効期間中における解除及び解除原因に関する条項、期限の利益喪失に関する条項、権利義務の譲渡に関する条項、通期義務条項、契約終了時の清算方法に関する条項、秘密保持条項、合意管轄条項などが挙げられる。[注104)]

② 継続的取引契約の類型[注105)]

取引基本契約においては、個別に定めるべき条項が多くなりがちであるため、個別の条項の定め方に関心が向きがちであるが、当該契約が対象とする取引の法的性質について確認することが肝要である。

継続的取引契約は、性質としては、売買契約その他の典型契約と非典型役の性質を併せ持つものであることが多いが、その権利義務、特に継続的売買契約における供給義務の発生の仕方により、類型化して整理することができるといわれている。すなわち、以下の類型などが考えられるとされる。

1）包括的な継続的売買契約から直接具体的な供給義務が発生するもの
2）具体的供給義務は個別契約の成立によって発生するもの

a 個別契約は被供給者の一方的な意思表示によって成立するもの（被供給者に予約完結権）
b 個別契約は被供給者の申込と供給者の承諾によって成立するもの
　i 供給者の承諾は形式化・形骸化しており被供給者の意思表示によって成立するものと同視できるもの
　ii 個別契約の成立には供給者の現実の承諾が必要だが特段の事由が

注104） 田中・前掲324頁、滝川・前掲10頁等。
注105） 中田裕康『継続的売買の解消』（有斐閣、1994）。

ない限り供給義務を負うもの

iii 個別契約の成立には供給者の承諾が必要であり、供給者は個別契約の申込があったときには誠実に交渉する義務を負うが承諾義務までは負わないもの

取引基本契約を締結する際には、取引形態に応じて、部品購買取引における（大企業の）購入者側等、一方が提示するひな形に基づいて、あるいは、個々の論点について詳細な取決めをして契約書を作成することも考えられるが、取引の目的や実情、必要性に応じて、上記の類型などを参考に、いつどのように契約が成立し、具体的にどのような権利義務が発生することとなるかを意識してあたることが必要となる。ひな形による場合は、改正民法における定型約款に該当する可能性について、念のため確認することが適切である。

③ 契約の当事者

契約当事者についても、当初の交渉相手が当然に当事者となることを前提としてしまいがちであるが、相手方または自社側の交渉担当者が、権利義務の帰属主体として契約に調印して当事者となる者として適切であるかを確認することが必要となる。

すなわち、契約当事者として想定していた者が契約内容について権限を有しているか、あるいは、法的効果の帰属主体として適切であるかについて、調印当事者（役職者）の権限や必要となる手続を確認し、対象となる契約関係の当事者となるべき者が別会社や親会社・子会社ではないか等を確認する必要がある。

④ 契約の適用範囲

取引基本契約の対象となる取引の範囲、すなわち契約の適用範囲を明確にすることが必要となる。企業間においては、多種多様な商品やサービスについて、事業部門ごとにそれぞれ異なる条件で複数の取引を行っていることもあり、同一企業者間において複数の、かつ相互の立場が異なる取引基本契約

書が存在して、（契約条件のほか完全合意条項などの矛盾する）各契約書の効力の優劣について無用の争いを生む可能性もないわけではない。基本契約の対象となる取引において取り扱う商品やサービスなどの対象、取扱部署などを可能な限り契約書の前文や冒頭等において記載して確認し、当該契約の適用範囲を明確にしておくことが適切である。

⑤ 効果を発生させる要件の充足

また、売買、請負、委任、賃貸借、使用貸借等、典型契約と同等の効果を生じることを意図する部分を含む契約を締結するのであれば、当該効果を発生させるための法律上の要件を充足する内容となっているかについて、個別の条項においては、例えば商品の検査とその基準や不合格時の対応等であれば、不合格時には具体的にどのような効果を権利や義務として生じさせるのか、その効果を生じさせるための要件が当事者において実際に運用可能な基準や形式で定められているかについて、検証することが必要となる。

これらは、契約当事者間の行為規範を明確化すると共に、紛争発生時における裁判規範等としても意味を持つこととなる。[注106)]

⑥ 契約の終了について

取引基本契約においては特に、継続的契約であることが通常であるため、契約成立後、実際の取引関係が一定期間継続して契約の更新を重ねることにもなる。契約当事者において、取引関係が継続することによる経済的な利益等を生じることで、今後も相当期間は契約関係が継続することについて、当事者の一方が相手方とは異なる期待を持ち、その期待に相応の合理性が伴うことも考えられる。

そのため、契約関係を終了させるために何らかの理由が必要か否か、必要であるならばどのような理由が必要であるかを明確に定めることが重要とな

注106）　以上、植草・松嶋前掲66頁、田中・前掲316頁以下、原・前掲51頁以下、河村・前掲38頁以下等。

る。また、契約書に定めがあっても、その効力が制限されることがあることにも注意が必要となる。

判例上は、継続的契約の解消について、(a) 期間の定めのある契約については、i）契約の更新を拒絶することが公序良俗や信義則に反する等の特段の事情がない限り期間の満了とともに契約は終了するとするもの、ii）契約の更新を拒絶するには信頼関係の破壊等契約を継続しがたいやむを得ない事由が必要であるとするものがあり、(b) 期間の定めのない契約については、iii）一方当事者からの解約可能を原則とするが即時解約を許さず予告期間を要求するなどの制約を課すもの、iv）一方当事者による解約不可を原則とするが、継続的な契約関係の存続を困難にするような重大な事由がある場合にこれを許すものがあるとされており、契約類型や事案毎に異なった判断がなされていることから、注意を要する。[注107)]

⑦ 改正民法との関係

取引基本契約と個別契約との関係について、改正民法施行前に取引基本契約が締結され、改正民法施行日以後に個別契約が締結される場合、個別契約に関する民法の適用範囲は、改正民法が適用されるが[注108)]、個別契約が単に基本契約の履行に過ぎない場合は改正前民法が適用されることになるであろうとの指摘もある[注109)]。他方で、改正民法における売買等に関する改正の大半は任意規定であるところ、基本的には改正民法施行前に当事者間で締結された取引基本契約の定めによることとなり、改正民法施行前に締結した取引基本契約書に定めのない事項で改正民法が定めている事項については、改正民法の適用を受ける可能性があるとの指摘もある[注110)]。結局は解釈問題であって、基本契約と個別契約の具体的内容によるが、売買契約において目的物や代金額等が個別契約によって初めて特定されるような場合は個別契約締

注107） 加藤新太郎編『判例 Check 継続的契約の解除・解約』（新日本法規、改訂版、2014）等参照。
注108） 滝琢磨前掲9頁等参照
注109） 辺見紀男ほか編『法務担当者のための契約実務ハンドブック』（商事法務、2019）4頁等。
注110） 阿部・井窪・片山法律事務所編・前掲32頁以下等。

結時に目的物に関する売買契約が成立し、改正民法施行日以後に成立した個別契約の内容を補充するかぎりにおいて、改正民法施行前に締結されていた基本契約の内容にも改正民法が適用されるとの考えも示されている。[注111)]

また、改正民法施行前に締結された取引基本契約書を改正民法施行後に更新した場合に関して、当事者の合意により更新されたときは、更新後の契約には改正後の民法が適用されるとの期待があるといえるとして、更新後の契約には改正後の民法が適用されるとの解説がなされている[注112)]。

改正民法の施行前に既に締結されている取引基本契約書においては、改正民法が新規に規定しまたは修正をした任意規定の多くについて、契約書上、すでに何らかの規律がなされていることが多いと思われるが、いずれにしても、契約の当事者にとっては、法律の適用関係についての疑義をなくして無用のトラブルを防止する観点からも、今般の民法改正にあわせて、取引基本契約書の修正ないし確認をすることが適切であると考えられる。

なお、取引基本契約書が定型約款（改正民法548条の2以下）に該当する可能性があることについては、一方当事者にとっては、ひな形により取引内容を画一化することが合理的であっても、他方当事者にとってはそうでないことも少なくないと思われ、取引の「内容の全部又は一部が画一的であることが双方にとって合理的なもの」として定型約款として扱われることは通常はあまりないと思われる。すべての取引先との間でひな形どおりの概ね画一的な契約を締結していたとしても、当事者間の交渉力の格差が理由である場合などは、双方にとって契約内容が画一的であることが合理的であるとはいえず、定型約款には該当しないと解されている。[注113)]

(2) 交渉的アプローチ

取引基本契約では、上述のように契約の範囲が重要になるが、交渉の観点から見れば、その範囲は、取引基本契約により何を目指すか（ミッション）

注111） 鎌田薫ほか『重要論点　実務民法（債権関係）改正』（商事法務、2019）12頁等。
注112） 筒井ほか前掲一問一答383頁。
注113） 村松秀樹ほか『定型約款の実務Q&A』（商事法務、2018）46頁以下等。

により異なる。例えば、できるだけ多くの対象品目や取引をカバーすることにより、幅広い商品やサービスでの継続的取引契約を目指す場合は、広範囲を包含する基本取引契約となる。一方、商品は対象とするがサービスは除く場合や、特定の商品やサービスを対象とする場合は、範囲を特定する。サンプル契約において、関連するのは、第1条（基本契約と個別契約）である。

ここで重要なのは、将来の条件変更に対するルールを決めておくことである。取引基本取引契約は、サンプル契約第25条（有効期間）に見られるように、自動更新になっていることが多いが、柔軟な変化に対応するためには、例えば、以下の条文を入れておく方法がある。

サンプル条文

第25条（有効期間）

1　この基本契約の有効期間は、○年○月○日から、○年○月○日までとする。但し、期間満了の6ヶ月前までに甲又は乙から書面による解約の申入れがないときは、この基本契約と同一条件で、さらに更新するものとし、その後もこの例による。

2　甲及び乙は、何時でもこの基本契約の内容を変更する旨を書面により申し出ることができるものとし、申し出があった場合、その変更につき誠意をもって協議するものとする。

第1項は、一般的に使用される自動更新の条項である。サンプル契約第25条では、変更と更新を書面による申入れの対象としているが、このサンプル条文は、変更と更新を分けている。さらに、第2項により、いつでも当事者の一方が書面による変更の申入れができること、また、その場合は、協議する義務があることを明記している。協議する以上の義務がないとは言え、実務的に見直されることがないまま、自動的に更新されることも多い基本契約の条件について、変更のルールを規定したサンプル条文である。

協議できるということは、交渉できるということであり、取引基本契約のような継続を前提とした契約には、条件変更の交渉をするための機会を確保しておくという考え方である。交渉機会があれば、状況の変化に対応した契約条件ができる可能性があり、また、交渉の結果、目標とした条件に合意しなかったとしても、交渉の過程の内容を分析し、今後、取引関係を継続するか否かの意思決定の判断材料にできる。

(3) リスクマネジメント的アプローチ

さらに、取引基本契約の範囲が海外の事業にも及ぶ場合を考えてみよう。例えば、日本に本社を持ち各国に拠点を持つ日本企業と、米国に本社を持ち各国に拠点を持つ米国企業とが、基本取引契約を締結し、海外の拠点も対象とする場合である。この場合、基本取引契約の対象に双方の海外子会社や関係会社を含んでおく必要ある。契約において、対象となる法人の資本比率や連結しているかなど、基準を明記する方法と付表で具体的な法人名を定義する方法などがある。

ここで重要なことは、海外では国により法人の設立に対して、自国の政府や企業との合弁会社であることを法律で決めていたり、また、経営権に影響するレベルの出資比率を持つ現地資本が入っていることもある。これらを想定して、以下のようなフレームで提携しているグローバル契約がある。

① 基本契約（umbrella terms & conditions）

基本契約が対象とする取引の基本条件（基本条件）を定めている。ただし、基本条件では、個々のプロジェクトは特定せず、個々のプロジェクトの条件は個別契約で自由に決定できる。また、個別契約と地域特約が、基本契約の一部をなす契約であること、また、それらを変更するための条件を規定。

② 個別契約（project agreement）

個々の取引条件に限定せず、基本条件であっても、条件の変更や適応するか否かを個別に決めることができる。個別契約に規定していない条件は、基本条件が適用される。

③ 地域特約（area agreement）

基本契約、個別契約で合意した条件であっても、個々の地域や基本契約が対象とする子会社や関係会社により、条件の変更や適応するか否かを個別に決めることができる。

原則と例外を巧みに組み合わせ、実態に柔軟に対応できるように考えられたグローバル契約のフレームである。ただし、このフレームを実現するには、本社と各国の子会社や関係会社の役割分担を定めた運用基準を持ち、協力して取引を進める社内ルールと密接な実務の連携が前提となる。

第4章 業務委託契約

1 業務委託契約とは

業務委託契約は、ある一定の業務を外部の第三者に委託する場合に用いる契約であるといえるが、その内容は、経理、集金、商品管理、発送、コールセンター業務、警備、清掃、業務へのアドバイスや顧問業務、M&Aにおけるアドバイザリー等、多種多様の幅広い業務を対象として締結されている。また、法的には、その内容により、請負契約、準委任契約、雇用契約、売買契約、賃貸借契約等の典型契約のいずれかまたは複数の性質を有するため、業務の内容と契約によりもたらされる法的効果に齟齬がないかを検討する必要がある。

2 サンプル契約

次のサンプル契約は、業務の内容は確定していない段階で、一定の業務を社外の第三者に委託することを想定した業務委託契約の草稿の例である。

業務委託契約書

委託者甲と受託者乙は、以下のとおり業務委託契約（以下「本契約」という）を締結する。

第1条（委託業務）

甲は乙に対し、下記の業務（以下、「本件業務」という。）を委託し、乙はこれを受託した。

① ●●に関する業務
② ▲▲に関する業務
③ 上記各業務に付随する一切の業務

第2条（委託料）

1　本契約の委託料は月額金●●円とする（消費税額は別途甲が負担する）。

2　甲は乙に対し、翌月末日までに当月の委託料を乙の指定する口座に振り込んで支払う。振込みに係る手数料は甲の負担とする。

第3条（報告）

乙は甲に対し、本件業務の履行の状況について、甲から請求されたときは、速やかに報告しなければならない。

第4条（通知義務）

甲及び乙は、次の各号について相手方に対して本契約締結時に書面にて通知することとし、各号のいずれかに該当する事由が生じたときは、相手方に対して、あらかじめその旨を書面により通知しなければならない。

① 法人の名称、商号、屋号の変更
② 法人の代表者の変更
③ 本店所在地、主たる事業所の所在地又は住所の変更
④ 振込先口座の変更
⑤ 電話番号、ファクシミリ番号、電子メールアドレスの変更

第5条（相殺）

甲は、本契約その他の契約等に基づき、甲が乙に対して負担する債務と、乙が甲に対して負担する債務とを、対当額にていつでも相殺することができる。

第6条（再委託の禁止）

乙は、本件業務の全部又は一部を甲の事前の書面による承諾を得ることなく第三者に再委託してはならない。

第7条（解除及び期限の利益の喪失）

1 甲及び乙は、相手方が以下の各号のいずれかに該当したときは、催告を要することなく、直ちに本契約の全部又は一部を解除することができる。なお、損害賠償の請求を妨げない。

① 本契約の一に違反したとき

② 手形、小切手を不渡りとしたとき

② 支払停止、支払不能となったとき

③ 監督官庁より営業停止、営業許可又は登録の取消、停止等の処分を受けたとき

④ 第三者から差押え、仮差押、仮処分、強制執行、担保権の実行としての競売、租税滞納処分等を受けたとき

⑤ 破産手続開始、民事再生手続開始、会社更生手続開始又は特別清算開始等の申立てを受け、又は自ら申し立てたとき

⑥ 解散の決議をし、又は他の会社と合併したとき

⑦ 資産、信用又は支払能力に重大な不安を生じる客観的な事由が生じたとき

⑧ その他、本契約の履行を困難にする重大な事由が乗じたとき

2 甲が前項各号のいずれかに該当したときは、甲は当然に本契約その他の乙との間で締結している契約につきいずれも期限の利益を喪失し、甲は乙に対し、期限の利益を喪失した時点で甲が乙に対して負担する一切の債務を直ちに弁済しなければならない。

第8条（秘密保持）

甲及び乙は、本契約に基づき相手方から受領した相手方の業務上の秘密について、相手方の承諾を得ない限り、第三者に漏洩してはならない。但し、

次の場合は、この限りではない。
①既に相手方が知り得ていたもの
②既に公知であるもの
③相手方の責によらずに後に公知となったもの

第9条（損害賠償）
甲及び乙は、第7条により本契約を解除され、又は、本契約に違反して相手方に損害を生じさせたときは、相手方に対して、弁護士費用を含む一切の損害を賠償する責めを負う。

第10条（契約期間）
本契約の有効期間は、本契約締結の日から3年間とする。但し、本契約期間満了日の6ヶ月前までに甲又は乙から書面による変更、解約の申入れのないときは、本契約は本契約書に定めるのと同一条件で更新されるものとし、その後も同様とする。

第11条（契約終了後の処理）
1　甲及び乙は、本契約が終了したときは、相互に確定した債権債務について速やかに清算する。
2　乙は、本契約が終了したときは、直ちに本件業務を終了し、甲又は甲の指定する者に対して速やかに業務の引継ぎを行い、本契約に基づいて預託又は貸与された一切の資料（本契約に基づいて提供された電子データ及びこれらが記録された電子媒体を含む）を甲の指示に基づき廃棄又は返却する。
3　乙は、本契約終了後、甲の名称や商標を使用するなど、乙が甲から甲の業務を受託している者であると誤解されるような行為をしてはならない。

第12条（協議事項）

本契約の規定に関する疑義が生じたとき、又は、本契約に定めのない事項について疑義が生じたときは、甲乙誠実に協議して解決に努めるものとする。

第13条（合意管轄）

甲及び乙は、本契約に関して裁判上の紛争を生じたときは、甲の本店所在地を管轄する地方裁判所を専属的合意管轄とすることに合意する。

3 三つのアプローチ

(1) 法的アプローチ

業務委託契約について、法律的な観点では、例えば次の論点を検討しておく必要がある。

① 業務委託契約の性質と効果

業務委託契約は、ある一定の業務を第三者に委託する契約であるが、その内容は、経理、集金、商品管理、発送、警備、清掃、業務へのアドバイス等、幅広い業務を対象として締結される。その法的性質は、請負、委任、準委任、雇用、寄託、賃貸借の典型契約やその他の典型契約や無名契約、またはそれらの混合契約としての性質を有する。

例えば、委任（準委任）と請負とにおいては、一定の事務処理を目的とするのか、仕事の完成を必要とするのか、担保責任の有無や損害賠償請求の時効期間等においても相違があり、委任（準委任）・請負と雇用との間では、使用者の指揮命令に属するか否かの相違がある。

そのため、委託する業務の内容が反映された契約内容となっているか、合意・意図した内容に対して、相応する法的効果が生じる契約となっているか、意図する法的効果を生じるための要件を具備しているかについては、個別に

検討する必要が生じる。[注114)]

② 「偽装請負」との関係

業務委託において外部に作業を委託し、労働力を利用する場合は、労働者派遣とも類似し、実態としては労働者派遣であるにも関わらず契約上は業務委託や請負の形式がとられ、労働法の規制を潜脱する「偽装請負」等に該当するのではないかとの懸念も生じる。そのため、個々の事例において、適用を受ける法令に齟齬がないか、慎重に検討する必要がある。[注115)]

③ 下請法との関係

また、業務委託契約においては、下請代金支払遅延等防止法（下請法）の適用を受ける製造委託、修理委託、情報成果物作成委託、役務提供委託に該当することも考えられ、下請法の適用の有無と適用時の規制について留意することが必要となる。

④ 個人情報保護法及びマイナンバー法への留意

業務委託においては、顧客の個人情報等を業務委託先に提供することも多く、委託先からの情報漏洩が大きな問題となるケースも見受けられる。マイナンバー等の特定個人情報、その他の個人情報の取扱いについては、監督官庁から業態・業種毎に具体的なガイドラインが示されているため、個人情報取扱事業者として、委託先に対する必要かつ適切な監督がなされているか、法令やガイドラインに抵触する運用となっていないかを検証しておくことが求められる。

⑤ 改正民法との関係

業務委託契約においては、その法的性質に応じて、委任や請負などの民法

注 114）　取引基本契約書に関する前掲 106 頁参照。また、長谷川俊明編著『業務委託契約の基本と書式』（中央経済社、2017）、滝川宜信『業務委託（アウトソーシング）契約書の作成と審査の実務』（民事法研究会、2015）等。

注 115）　阿部・井窪・片山法律事務所編『契約書作成の実務と書式』173 頁以下（有斐閣、第 2 版、2019）。また、石嵜信憲『メーカーのための業務委託活用の法務ガイド』（中央経済社、第 2 版、2009）。

上の典型契約に関する規律をもとに、個別の実態に応じた契約における合意により調整を図ることが重要となる。改正民法により、解除については、原則として売買と同様の規律が及ぶこととなり、債務不履行による解除について相手方の帰責事由が要件とされなくなったこととの関係で、解除に関する条項において、相手方の帰責事由を要件としないことを確認的に規定しておくなどが考えられる。

請負については、出来高に基づく報酬請求権が条文上も明記され（改正民法634条）、請負人の担保責任（契約不適合責任）に関しては、契約不適合となるのはいかなる場合か、契約の目的に照らして、業務内容の仕様等を明確にすることが適切であると解される。請負人の担保責任の期間の制限について、引渡時から1年以内（改正前民法637条）ではなく、契約不適合の事実を知ったときから1年以内に通知することとされた点（改正民法637条等）は注意を要する。任意規定である改正民法とは異なる定めを設ける場合は、実態に応じて当事者間で合意して確認した内容を記載することとなる。

また、委任については、復受任者の選任や復受任者の権限と責任に関して、選任には委任者の許諾を要件として（改正民法644条の2第1項）、受任者と同等の義務を負うこと（同条第2項）などについては、既に契約書に規定していることが多いと解されるが、報酬に関して、合意により定めた場合（改正民法648条の2第2項）のほか、受任者が履行に応じた報酬請求ができる場合が明記されており（改正民法648条第3項）、業務委託契約における報酬支払の規定の調整の要否を確認することが適切である。委任の解除については、受任者の利益のためになされた委任契約であっても委任者が解除できるとされたことについて（改正民法651条2項2号）、業務委託契約において別途の合意をするかどうかを確認することが適切であると解される。[注116)]

(2) 交渉的アプローチ

前述のように、業務委託契約は、その内容が多岐にわたっている。そのた

注116) 筒井ほか前掲一問一答のほか、辺見ほか前掲105頁以下、滝前掲273頁以下等参照。

め、交渉の観点では、業務委託により何を目指すか（ミッション）を事前に良く検討しておく必要がある。委託側は、なぜ、この相手にこの業務を委託するのか、受託側は、なぜ、この相手からこの業務から受託するのかを考え、それぞれが、委託、もしくは、受託する価値とリスクのバランスを検討した上で、ミッションを設定する必要がある。

委託業務の対象と期間が限定された契約ではなく、幅広い業務を継続的に取引する委託契約（例えば、委託取引基本契約を締結し、別途、個別契約に定める業務を対象とする場合）は、取引基本契約と同様に将来の条件変更を想定し、ルールを定めておく必要がある（条件の見直しルールのサンプルは、P154参照）。また、請負により仕事の完成が対象となる請負契約では、売買契約と同様に、QDCS（品質、納期、価格、サービス）を組み合わせた論点が交渉になることも多く、ミッションを基準にこれらの論点を組み合わせ、幅を持ったゾーパの設定を行う必要がある。

(3) リスクマネジメント的アプローチ

リスクマネジメントの観点では、コンプライアンス（法令遵守）に注意する必要がある。上述の偽装請負の問題、下請法の問題、個人情報保護法の問題は、いずれも対応を誤ると法令違反となるリスクがある。法令違反に対する対応方法として、コンプライアンスプログラムによるリスクコントロールの手法があるが、第8章特許ライセンス契約の独占禁止法への対応において、詳しく説明する。

第5章 共同研究開発契約

1 共同研究開発契約とは

企業において、自社の力だけでは研究開発が難しい場合には、それを補完するために共同研究開発を行うことがある。共同研究開発は、基礎研究の段階、応用研究の段階、製品開発の段階等において行われ、その形態には、事業者間の共同研究開発や、産学連携・産学官連携等の共同研究契約がある。また、事業の構造に着眼すれば、川上・川下の事業者のアライアンスによる垂直型の共同研究開発、川上同士・川下同士の同業の事業者による水平型の共同研究開発や、技術等に着眼した異業種の業者間での共同研究開発などがある。[注117]

2 サンプル契約

次のサンプル契約は、事業者間での新製品開発に関する共同研究開発契約を想定したドラフトである。

共同研究契約書[注118]

第1条（目的）

甲及び乙は、本契約に基づき、共同で新しい■■■の研究開発（以下「本共同研究」という。）を行うこととする。

注 117） 梅澤邦夫『共同研究契約実務の要諦』（産業科学システムズ、2007）。また、重冨貴光ほか『共同研究開発契約の法務』（中央経済社、2019）参照。

注 118） 関東経済産業局「特許・ノウハウに関する共同研究開発契約の手引き」（2003）を基に作成。なお、独立行政法人工業所有権情報・研修館「知っておきたい特許契約の基礎知識」108 頁共同研究契約書例参照。http://www.inpit.go.jp/blob/katsuyo/pdf/info/tebiki_1009.pdf

第2条（定義）

本契約書において、次に掲げる用語は次の定義によるものとする。

1 「研究成果」とは、本契約に基づき行われた本共同研究の目的に関係する発明、考案、意匠、著作物、ノウハウ等の技術的成果をいう。

2 「知的財産権」とは、次に掲げるものをいう。

イ 特許法、実用新案法、意匠法、商標法、半導体集積回路の回路配置に関する法律、種苗法、著作権法に規定する各権利、及び外国における上記各権利に相当する権利

ロ 秘匿することが可能な技術情報であって、かつ、財産的価値のあるものの中から甲乙協議の上、特に指定するもの（以下「ノウハウ」という。）

第3条（期間）

本共同研究の実施期間は、令和○年○月○日から令和○年○月○日までとする。

第4条（研究の役割分担）

1 本共同研究において、甲は甲が製造した◆◆プラスチック（改良品を含む）を適正な（又は「甲乙双方が協議の上決定した」）価格で乙に提供するものとする。

2 甲及び乙は、甲から提供された◆◆プラスチックを使用して■■■の製造研究を行うこととする。

第5条（情報等提供）

1 甲及び乙は、本共同研究の実施のために必要な情報、資材・資料（以下「資料等」という。）を相互に無償で提供又は開示するものとする。但し、第三者との契約により秘密保持義務を負っているものについては、この限りではない。

2 提供された資料等（それに基づき新たに作成された資料等であって甲乙

協議して指定したものを含む）は、本共同研究完了後又は本共同研究中止後、相手方に直ちに返還するものとする。

第6条（秘密保持・用途制限）

1 甲及び乙は、本共同研究の実施にあたり、相手方より提供又は開示を受け、若しくは知り得た技術上及び営業上の一切の情報等（資料等を含む。以下同じ。）について、第三者に開示・漏洩してはならない。但し、次のいずれかに該当する情報等については、この限りではない。

① 開示を受け又は知得した際、既に自己が保有していたことを証明できる情報等

② 開示を受け又は知得した際、既に公知となっている情報等

③ 開示を受け又は知得した後、自己の責めによらずに公知となった情報等

④ 正当な権限を有する第三者から適法に取得したことを証明できる情報等

⑤ 相手方から開示された情報によることなく独自に開発・取得していたことを証明できる情報等

2 甲及び乙は、相手方より提供又は開示を受け、若しくは知り得た技術上及び営業上の一切の情報等を本共同研究以外の目的に使用してはならない。但し、書面により事前に相手方の同意を得た場合はこの限りではない。

第7条（研究費用の分担）

甲及び乙は、それぞれ自己の分担した研究の費用を負担する。但し、当事者にとって著しく負担となる研究費用については、甲乙協議してその分担を決定する。

第8条（進捗状況の報告）

甲及び乙は、本契約の有効期間中、定期的に本共同研究の進捗状況を互い

に相手方に報告する。なお、定期的な報告以外にも、甲乙協議の上、必要に応じて進捗状況の確認を求めることができるものとする。

第9条（第三者との共同研究の禁止）
甲及び乙は、第15条に定める本契約の有効期間中、相手方の書面による同意なしに、第三者との間で本共同研究と同一の目的となる研究を行ってはならない。

第10条（知的財産権の出願等）
1 甲及び乙は、本契約の有効期間中及びその失効後○年間においても、本共同研究により発明等が生じた場合は、速やかに相互に通報しなければならない。
2 前項に規定する発明等に係る知的財産権の持分については、原則として、甲乙双方の共有とし、その持分は原則として折半とするものとする。
3 前項に規定する発明等に係る知的財産権を出願等する場合には、共同で出願するものとする。
4 前項に規定する知的財産権の出願等の手続及びその権利保全に要する一切の費用は、原則として、甲乙が折半して負担するものとする。
5 甲又は乙は、前項に規定する費用を負担しないときは、当該知的財産権に係る自己の持分を乙又は甲に譲渡することとする。譲渡に必要な事項は、別途、甲乙協議して定める。
6 第3項の規定に拘わらず、甲及び乙は、外国において知的財産権を出願等する場合は、別途協議して、これを定める。

第11条（研究成果の公表等）
甲及び乙は、本契約の有効期間中及び契約終了後○年間は、本共同研究によって得られた研究成果を公表、又は第三者に開示しようとする場合には、その内容、時期、方法等について、予め書面により相手方の承諾を受けるものとする。

第12条（研究成果の実施）

1 甲及び乙は、本共同研究の成果及び第9条の規定による共有の知的財産権について甲又は乙以外の第三者（それぞれの子会社を含む）に実施させる場合には、予め双方協議し、実施の可否及びその条件等を定めるものとする。

2 第1項の規定に基づき、共有の知的財産権を第三者に実施させた場合の実施許諾料は、当該知的財産権に係る甲及び乙の持分に応じて、それぞれに配分するものとする。

第13条（甲が研究成果を実施しない場合の「研究成果の実施」）

1 乙が本共同研究の成果を実施しようとする場合には、その旨を予め文書により甲に通知しなければならない。

2 乙の実施に際して、甲は自己実施をしないことから、乙は、甲及び乙が別に定める実施契約に基づき実施料を甲に支払わなければならない。

第14条（持分の譲渡等）

甲及び乙は、本共同研究の結果生じた発明等に係る特許権の持分を第三者に譲渡する場合には、予め書面により相手方の承諾を受けるものとする。

第15条（利用発明等）

1 甲及び乙は、第10条に規定する発明の利用発明又は改良発明（以下「利用発明等」という。）をし、これらについて知的財産権の出願等をしようとするときは、その内容を相手方に文書で事前に通知しなければならない。

2 前項による通知があったとき、乙及び甲は、その都度協議し、当該利用発明等の取扱いについて決定する。

第16条（有効期間等）

本契約の有効期間は、第3条に定める期間とする。但し、第10条及び第

11条の規定は当該条項が定める期間、第12条から第15条の規定は第10条に規定するに発明に係る知的財産権の存続する期間中、第6条の規定は本契約の有効期間満了後もなお5年間有効に存続する。

第17条（協議）
この契約に定めのない事項又はこの契約の各条項の解釈、運用に疑義を生じたとき、あるいは重大な事情の変更があったときは、甲乙協議の上、これを処理するものとする。

この契約の締結を証するため、本契約書2通を作成し、甲、乙記名押印の上、それぞれ1通を保管するものとする。

3 | 三つのアプローチ

(1) 法的アプローチ

法律の観点から、以下の論点を検討する必要がある。

① 共同研究開発契約の目的

共同研究開発契約は、契約主体に着目すると、事業者、独立行政法人（公的研究機関）、大学等の間で、事業者間、または、産（官）学間、官・学間等で締結されているが、その目的は、一般には、研究開発の重複や無駄をなくし、効率良く研究開発を遂行することにある。従って、契約を締結するにあたっては、共同研究開発の目的に沿って、各当事者の役割分担、責任範囲を明確に規定することが肝要となる。

② 共同研究開発契約で定められる事項

共同研究開発契約において取り決めるべき基本的な事項は、契約目的、費用分担、情報交換、成果の帰属、企業（事業）化段階の取決め、撤退時の取

扱い、改良発明、契約期間等である。[注119)]

特に、共同研究開発契約の目的については、「○○の開発のため」等として概括的に記載されることも少なくないと思われるが、共同研究開発で取り扱う情報を巡っては、秘密保持契約との関係に留意する必要がある。すなわち、研究開発の目的の範囲で秘密情報を共有することとなると、第三者への秘密情報の漏洩の禁止、秘密情報の目的外使用禁止に関する条項との関係で、共同研究開発契約終了後の情報の扱いについて、秘密情報に該当することとなって相手方の同意がなければ利用できない情報の範囲が拡大するなど、その後の自社の研究開発や事業展開に支障を生じたり、相手方に自社技術の独占的な活用を許す結果となってしまう可能性もある。[注120)] また、共同研究開発による成果情報も秘密保持契約の対象となる点に留意が必要となる。[注121)]

責任分担の定めについては詳細な規定がなされることが多いが、共同研究開発契約の目的についてもどの程度まで詳細に記載するか、当該事項の他への影響にも鑑みて検討することが適切であると解される。

また、共同研究開発の対象となる技術や製品の特定についても、責任範囲の明確化、研究開発費や特許等の出願に関する費用分担、成果の帰属等に影響を与えることとなる。

共同研究開発契約の目的や対象技術・製品等についてどの程度特定して記載するかについては、法務・知財部門のみならず研究開発部門や事業部門との確認の上で検討することを要する。例えば、共同研究開発契約においては、量産化のための生産技術までは対象となっていないことなどもあるので、共

注 119)　梅澤・前掲 20 頁、奈良輝久ほか編『詳解 アライアンス契約の実務と条項』（青林書院、2016）、阿部・井窪・片山法律事務所編『契約書作成の実務と書式』（有斐閣、第 2 版、2019）448 頁以下等参照。。また、独立行政法人工業所有権情報・研修館「知っておきたい特許契約の基礎知識」112 頁の共同研究契約チェックリスト参照。http://www.inpit.go.jp/blob/katsuyo/pdf/info/tebiki_1009.pdf

注 120)　丸島儀一『知的財産戦略』192 頁、98 頁（ダイヤモンド社、2011）参照。

注 121)　鮫島正洋編『技術法務のススメ』261 頁（日本加除出版、2014）。

同研究開発に基づいて何を得ることを目的とするかによって、対象範囲の特定を吟味することが必要となる。

共同研究開発の成果の知的財産権等については、契約書では共有としているものの、具体的な扱いについては当初においては定めていないことも少なくない。しかしながら、成果が明らかになった後は利害が対立しがちであり、最初に将来の事業化に支障がないように共同研究の成果の扱いについて取り決めておくことが重要である。また、既存技術の扱いについても、各自に帰属するとしておくだけでは、共同研究の成果を事業化する際に、双方の既存技術を前提とする成果を当然には利用できないことにもなるため、既存技術の扱いについても調整を要することとなる。[注122)]

また、産官学連携における共同研究開発契約においては、事業者から大学側等に対する不実施補償の扱いが検討対象となることが少なくなく、関係者の状況に応じた柔軟な調整が求められる。[注123)][注124)]

(2) 交渉的アプローチ

交渉の観点から見れば、共同研究開発契約とは、将来の事業に対して、どのような提携を目指すかが重要になる。すでに存在している商品やサービスを対象とする取引であるが、共同研究開発契約は、将来価値を生む可能性がある製品やサービスを共同して研究したり、開発したりする提携である。また、秘密保持の観点からも、第1章の秘密保持契約書のサンプル契約と比較して、より秘密性の高い情報が交換される可能性があり、その点を考慮した条文を規定する必要がある。この観点に関連する条項は、サンプル契約の第6条（秘密保持・用途制限）である。

注122） 丸島・前掲91頁等。
注123） 丸島・前掲101頁。各大学等の共同研究契約書のひな形に関する分析と検討の例として、梅澤・前掲100頁以下。
注124） 以上のほか、大阪弁護士会知的財産法実務研究会編「共同研究開発契約の理論と実務（第1回～第8回）」NBL966-974号（2011-2012）参照。

また、共同研究開発が生み出す知的財産権については、開発の役割分担に従い、成果の権利が帰属する。そして、成果が生み出す利益を得るのであれば、それに対する損害賠償などのリスクも応分に負担する、というバランスが基本となる。このバランスを考慮して、契約条件を交渉することになる。この観点に関連する条項は、サンプル契約の第10条（知的財産権の出願等）、第11条（研究成果の公表等）、第12条（研究成果の実施）、第14条（持分の譲渡等）、第15条（利用発明等）である。

(3) リスクマネジメント的アプローチ

さらに、リスクマネジメントの観点では、共有に対する価値とリスクを考慮する必要がある。共同研究開発では、それぞれが持つ技術やノウハウを提供し、成果物を作るため、新たな価値を生み出すチャンスがある。一方、他社の技術やノウハウには、第三者の権利を侵害している、品質が安定していないなどのリスクが内在している可能性があり、また、成果物を作る過程で、権利侵害や品質不良などを生み出す可能性もある。

その中で、特に注意すべきは共有の問題である。共有すべきか否かを十分に検討せず、共同研究開発であることを理由に曖昧に共有を決めることは、上述のリスクを増大させる。さらに、特許権を例にとると日本では、第三者へのライセンスに共有者の同意が必要だが、米国や中国では非独占的ライセンスは不要、また、持分の譲渡についても各国で法律が異なる。海外展開も想定した成果物を作る場合は、これらを想定したリスク分析や必要な特約や協議事項を契約に織り込んでおく必要がある。

第6章 提携契約

1 提携契約とは

企業の提携とは、企業が共同で事業を行うことであり、各当事者が資金、技術、人材等の経営資源を提供し合って、既存事業の拡大や新規事業の立ち上げを目指すものである。[注125] また、提携の形態には、技術提携、生産提携、販売提携、調達提携、組織的提携などのさまざまな形態がある。[注126]

従って、具体的な提携の目的にかなった形態で提携契約を締結することが重要となる。また、提携の成立にとどまらず、実際に提携を成功に導くためには、提携成立後の運営管理等が肝要となる。[注127]

2 サンプル契約

次のサンプル契約は、事業者間において、特定の事業のための提携を行うことを想定したドラフトである。

提携契約書

株式会社○○（以下、「甲」という。）と、株式会社△△（以下、「乙」という。）とは、□□事業に関する甲乙間の提携に関して、次のとおり合意した。

第1条（提携）

甲及び乙は、□□事業において、相互に独占的に下記の事業提携（以下「本

注125） 淵邊善彦『シチュエーション別提携契約の実務』2頁（商事法務、第3版、2018）。
注126） 現代企業法研究会編著『企業間提携契約の理論と実務』（判例タイムズ社、2012）。
注127） 東京青山・青木法律事務所ほか編『合併・買収後の統合実務　シナジーを実現するPMIの進め方』（中央経済社、2006）、松江英夫『ポストM&A成功戦略』（ダイヤモンド社、2008）等。津田裕子「技術提携契約」辻本勲男ほか編『知的財産契約の理論と実務』516頁（日本評論社、2007）。

提携」という）を実施することに合意した。

① 甲及び乙は、□□事業の維持発展のために、お互いに誠実に協力する。

② 甲及び乙は、それぞれ□□事業に関する人材の交流として、相手方に対して、本提携期間中○名を相互に常時派遣するものとする。

③ 甲及び乙は、本提携の期間中、各自が保有する□□事業及び□□事業に関連する情報について相互に開示し、定期的に意見交換を行う。但し、第三者との契約に基づき守秘義務を負うものを除く。

第2条（秘密保持）

甲及び乙は、前条により取得した情報並びに本提携に基づいて相手方から取得した相手方の□□事業に関する以外の秘密情報について、第三者に開示してはならず、本提携の目的以外に用いてはならない。但し、以下の場合を除く。

① 相手方から開示を受けたとき、既に公知であったもの。

② 相手方から開示を受けた後、自己の責めによらず公知となったもの。

③ 相手方から開示を受けたとき、既に自己が所有しその旨を立証できるもの。

④ 相手方から開示を受けた後、自己が第三者から入手しその旨を立証できるもの。

第3条（勧誘禁止）

甲及び乙は、相手方の従業員を、雇用し、引き抜き、勧誘し、又は、その他自社への誘引行為等をしてはならない。

第4条（解除事由）

甲及び乙は、相手方に以下のいずれかの事由が生じた場合には、相手方に通知することにより直ちに本契約及び本提携を解除することができる。

① 本契約のいずれかの条項に違反したとき

② 破産手続開始、会社更生手続開始、民事再生手続開始の申立てをなし、

又は申立てを受けたとき
③ 解散し、又は他社と合併したとき
④ 株主構成又は役員に重大な変更があったとき
⑤ その他本提携を継続しがたい重大な事由が生じたとき

第5条（期間）
1 本契約及び本提携の期間は、本契約締結日より3年間とする。但し、期間の満了日の6ヶ月前までに甲乙が合意した場合には、さらに3年間更新されるものとし、以後同様とする。
2 甲又は乙は、本提携の期間中であっても、相手方に対して3ヶ月前に書面で通知することにより、本契約及び本提携を解消することができる。

第6条（協議事項）
甲及び乙は本契約及び本提携について規定のない事項又は解釈に疑義がある事項については、相手方に対して面談協議の機会を求めることができ、相互に信義誠実の原則に従って協議し解決に努めるものとする。

3 三つのアプローチ

(1) 法的アプローチ

法律的な観点から、以下の論点を検討しておく必要がある。

① 提携の目的

事業者間の提携においては、その目的如何により、契約の内容も大きく異なることとなる。「提携」と称するものであっても、対等平等性と互恵性を有する関係であるとは限らず、支配従属的な関係や実質的な買収であったり、下請としての契約となることもある。提携の目的には、例えば、新規事業への参入や、販売力の強化・補充、技術の相互補完、技術の共同開発、貿易摩擦の回避、効率化、地域展開の加速、人材確保等を含めて、さまざまなもの

があり、目的に応じた契約内容の調整をはかることが必須となる。[注128)]

② 提携の内容

事業者間の提携に関する具体的な内容は、技術提携、生産提携、販売提携、調達提携、組織的提携等さまざまであり、提携契約の内容を定めるにあたっては、その法的効力に留意しつつ、提携の成立、提携の成立後の管理運営を含む調整、提携の発展または解消等について検討することが必要となる。

提携契約における具体的な条項は、法律的には、各種の典型契約や無名契約の組合せや継続的取引契約や製作物供給契約、業務委託契約であったり、組織型契約として、合弁事業に関する新法人や組合等の法形態の検討を要するものであったり、株式譲渡や合併等に発展する基本合意を含むものであったりするため、提携契約の文言の簡略さに反して、合意から生じる法的効果については慎重な検討を要することが少なくない。提携によって資本関係を有するに至らない場合であっても、共同事業性やリスク共有性を持つこととなり、提携によるメリットだけでなく、リスクについても意識して相互の関係を規律することが重要となる。[注129)] また、民法改正との関係で、典型契約にかかる任意規定を中心とする改正に照らして、法的効果に疑義が生じないように文書を調整することも必要となる。

③ 提携交渉

事業者間の提携は概ね、提携のための情報収集・分析検討、提携候補先への打診、情報交換、条件交渉、中間的な合意等の経過を経て最終的な合意に至ると解されるが、最終的に提携するか否かは当事者の自由であり、提携の検討自体による情報の流出や秘密保持、提携交渉の不当破棄や告知義務違反、独占交渉条項等を含む中間的な合意の法的拘束力等が問題となり、情報開示の段階や内容に慎重な配慮が必要であり、検討の進め方等については裁判例

注128） 中島茂『企業提携の契約事例』（商事法務研究会、1990）等。
注129） 金丸和弘ほか編著『ジョイント・ベンチャー契約の実務と理論』（きんざい、新訂版、2017）等参照。

の動向に注意を要する。[注130)]

④ 提携の解消

提携契約においては、継続的な契約となることから、その解消の内容が問題となることが少なくない。提携成立後の状況に応じて、契約の更新や、事業目的の達成による発展的解消を含む提携の解消に関する定めについても、適切に対応できるように調整することが重要である。[注131)]

(2) 交渉的アプローチ

提携契約は範囲が広く、提携で何を目指すか（ミッション）を決めることが基本である。以下の三つの視点が重要になる。

① 提携相手は、どのレベルのパートナーか？

パートナーには、spot partner、stable partner, strategic partnerのような段階がある（定義の詳細は、**第4部第1章**で詳しく説明する）。提携契約は、継続取引を前提としており、stable partnerか、strategic partnerが該当するが、お互いのミッションを共有し、同じ方向を目指して役割分担をすることが、提携関係の成功のカギとなる。そのため、契約交渉の段階から、どのレベルのパートナーを目指して提携交渉を行うのかを決めておくことが重要である。

② 独占的な関係か否か？

提携相手と対象の事業について、独占的な関係を持つか、非独占的な関係を持つかは重要な論点になる。サンプル契約の第1条（提携）では、相互に独占的に事業を実施する条件が規定されているが、独占とは、他を排除した関係になる訳であり、この相手と提携する価値とリスクを総合的に考慮し、

注130）　金丸和弘「企業提携交渉をめぐる法的諸問題」現代企業法研究会編著『企業間提携契約の理論と実務』298頁（判例タイムズ社、2012）。

注131）　奈良輝久「企業間提携契約の更新条項に関する若干の考察」及び「企業間提携契約における段階的撤退に関する一考察」現代企業法研究会編著『企業間提携契約の理論と実務』190頁及び478頁（判例タイムズ社、2012）。

ミッションを決める必要がある。

③ 提携関係の定期見直しは可能か？

ミッションを共有し、良好な提携関係が開始したとしても、外部環境や内部環境の変化により、状況が変わることはあり得る。その場合は、契約条件の見直しや提携関係自体の見直しが必要になる。サンプル契約第5条（期間）では、基本期間が3年間、6ヶ月前に合意すれば、さらに3年間継続する条件が規定されている。だたし、3ヶ月前の通知により、いつでも提携が解消できる条件も規定されている。

この条件は、保険として必要だが、提携関係から生じる問題を迅速に把握し、柔軟に対応する方法を契約に規定する方法もある。国際的なメーカー間の技術提携や合弁会社の設立契約には、定期的に見直しルールを契約で決めている事例がある。ルールを決めておくことが重要である。例えば、年1回、双方の○○レベルの責任者が集まり、議論すべきアジェンダを決め、定期的な会議を行うことを契約で義務付けているのである。実務的には行われるであろう会議であるが、契約に明文化することにより、長期的な関係によりお互いの責任者や担当者が変わっても、引き継がれること、また、定期性があるため、双方の状況の変化が共有でき、問題が発生した場合にも迅速に対応できるメリットがある。このような会議は、progress meetingと呼ばれ、継続取引における外部環境や内部環境の変化に対する迅速な対応のためのルールとして有効な方法である。

(3) リスクマネジメント的アプローチ

さらに、契約期間の更新や大幅な変更に対しては、契約締結の段階で、何を基準に判断するかを決める方法がある。例えば、バランストスコアカード（BSC, Ballanced Score Card）による評価モデルを活用する方法がある。BSCは、ハーバードビジネススクールのロバート・S・キャプラン教授らが1992年にHarvard Business Reviewに発表した業績評価システムである。

BSCのような評価基準を用いて、取引関係を継続するか否か、取引条件を見直すか否かを決めるのである。この方法を用いるとお互いにどのような場合に、提携関係に変化が起こり得るかを予め知ることができ、経営に影響するリスクを予想し、予防策を取ることができる。その点で、リスクマネジメントとしても有効な方法である。

第7章 システム開発契約

1 システム開発契約とは

システム開発ないしソフトウェア開発に関する契約は、開発対象がスタンドアローンで使用することを予定したソフトウェアの開発をソフトウェア開発といい、開発対象がソフトウェア、ハードウェア、ネットワーク等で構成されるシステムの構築であればシステム開発という表現を用いることが適切であるとも解されるが、ITの実務ではソフトウェア開発とシステム開発の語は必ずしも明確に区別して使用されている訳ではないとされ[注132]、本稿では両者を厳密に区別することなくシステム開発として扱う。

システム開発契約は、要件（要求）定義、システム設計、プログラム設計、プログラム作成、テスト等の基本工程を経て行われ[注133]、大規模なものから小規模なものまでさまざまであるが、工程に応じて適切な契約をすることが求められる。なお、情報システムの専門家を有しない中堅・中小企業を想定した経済産業省「情報システム・モデル取引・契約書追補版」では、開発工程を①業務分析、要件定義などの上流工程、②外部設計、プログラミング、構築、③データ移行、運用テスト、支援、教育、④保守、運用支援の四つに分類している。

2 サンプル契約

次のサンプル契約は、中小規模のシステム開発の委託契約を締結することを想定したドラフトである。

注132）　東京地方裁判所プラクティス委員会第二小委委員会「ソフトウェア開発関係訴訟の手引」判タ1349号4頁（2011）、司法研修所編『民事訴訟における事実認定―契約分野別研究（製作及び開発に関する契約）―』91頁（法曹会、2014）。
注133）　吉田正夫『ソフトウエア取引の契約ハンドブック』39頁（共立出版、1989）。

システム開発委託契約書[注134)]

ユーザー：株式会社○○○○（以下「甲」という。）とベンダー：株式会社△△△△（以下「乙」という。）とは、甲のコンピュータシステムの開発業務の委託に関して、次のとおり契約する（以下「本契約」という。）。

第1条（定義）

本契約において使用する次の各号に掲げる用語の意義は、当該各号に定めるところによる。

① 本件業務

本契約に基づく別紙委託業務目録記載のコンピュータシステムの開発業務

② 本件システム

本件契約に基づき別紙委託業務目録記載のとおり開発されるシステム

③ 本件プログラム

本件システムのうち本契約に基づき新たに開発されるプログラム

④ 本件成果物

本契約に基づき別紙委託業務目録記載のとおり作成されるもの

⑤ ユーザー資料

本契約に基づき本件業務のため甲が乙に提供する別紙記載の資料

⑥ 本件システムの検査

本契約に基づく総合テスト終了後乙が甲に納入する本件システムに関する成果物について甲が行う検査

第2条（業務委託）

甲は、本件業務を乙に委託し、乙はこれを受託する。

注134） 吉田正夫『ソフトウェア取引の契約ハンドブック』（共立出版、1989）等を参考に作成。ユーザー側、ベンダー側それぞれの側からのモデル契約例につき、後掲・注）138の各文献等参照。

第3条（成果物の納入）

1 乙は、甲に対し、別紙委託業務目録記載のとおり、本件成果物を納入する。

2 次の各号の一に該当する場合には、乙は、甲に対し本件成果物の納入期限の変更を求めることができる。

① ユーザー資料その他本件業務遂行に必要な資料、情報、機器等の提供の懈怠、遅延、誤りのため本件業務の進捗に支障が生じたとき

② 本件システムの仕様の変更その他本件業務の内容に変更があったとき

③ 天災その他不可抗力により納入期限までに本件成果物を納入することが困難になったとき

第4条（委託料及び支払方法）

1 甲は、乙に対し、本件業務の対価として別紙委託料目録記載の委託料及び付帯費用を同目録記載の方法で乙の指定する金融機関口座に送金して支払う。

2 次の各号の一に当たるときは、乙は、再見積を行って甲に対し委託料及び支払方法の変更を請求することができる。

① 本件システムの仕様、設計が変更されるとき

② 本件成果物の納入期限が変更されるとき

③ ユーザー資料その他甲の提供すべき資料、情報の遅延、誤りにより乙の費用が増加したとき

④ 本件業務において定めるシステム基本設計の作業の結果システム詳細設計以降の工程の見積額が不相当であると判明したとき

3 甲は、乙に対し、前項④に基づく乙の再見積が、本件業務において定めるシステム詳細設計以降の原見積額より●%以上増加したときは、前項の請求を受けた日から●日以内に書面で通知することにより、本契約の未了部分を解約することができる。この場合、甲又は乙は、この解約に関して、相手方に対し、損害賠償請求をなすことができない。

4 乙は、本条第3項の規定により本件業務の未履行部分について解約された場合、本件業務に定めるシステム基本設計までの業務に関して甲に納

入すべき成果物があるときは、上記システム基本設計までの業務にかかる対価の支払と引き替えに当該成果物を甲に納入する。

5 前項に基づき納入された本件成果物の権利帰属は第17条の定めに従うものとする。

第5条（再委託の禁止）

乙は、本件業務を第三者に再委託することができない。但し、甲の書面による事前の承諾を得た場合はこの限りでない。

第6条（ユーザー資料等の提供及び返還）

1 甲は、乙に別表記載の条件に従いユーザー資料を無償で貸与、開示等を行い提供するものとする。

2 甲は、乙に対し本件業務遂行に必要な原資資料以外の資料、機器等を乙から要請があり次第すみやかに乙に無償で貸与、開示を行い提供する。

3 甲は、前2項に規定するものの外、乙に対し本件業務遂行に必要な情報を開示する。

4 本件業務の遂行上不要となったユーザー資料その他の資料、機器等があるときは、乙は、別表に条件に従い遅滞なくこれを甲に返還し、又は、甲の指示により廃棄する。

第7条（ユーザー資料等の管理）

1 乙は、甲から提供された本件業務にかかるユーザー資料その他資料、情報、機器等を善良なる管理者の注意義務をもって管理保管し、かつ本件業務以外の用途に使用してはならない。

2 乙は、甲から提供された本件業務にかかるユーザー資料その他の資料、情報を甲の書面による事前の承諾なくして複製してはならず、甲の指定する本件業務の作業場所から持ち出してはならない。

第8条（作業場所）

乙は、本件業務を乙の事業所内で行うものとする。但し、甲がユーザー資料、その他の資料、情報、機器等を乙に貸与、開示等を行って提供するときその他乙の事業所外で本件業務を行う必要があるときは、本件業務の作業場所は、別途甲乙協議の上甲の指定により決定する。

第9条（指揮命令）

本件業務の遂行に携わる乙の作業従事者に対する指示、労務管理、安全衛生等に関する一切の指揮命令は、乙が行うものとする。

第10条（主任担当者）

1 甲及び乙は、それぞれ本件業務の履行に関する連絡、確認を行う主任担当者を予め定め書面を以て相手方に通知する。主任担当者に変更が生じる場合も同様とする。
2 甲及び乙は、本件業務の履行に関する連絡、確認は、原則として主任担当者を通じて行うものとする。

第11条（秘密保持）

1 甲及び乙は、相手方から秘密と指定された事項及び本契約に関して知り得た甲の秘密を第三者に漏らしてはならない。ただし、以下に掲げる事項を除く。
① 既に知り得ていたもの
② 既に公知であるもの
③ 甲又は乙の責によらずに後に公知となったもの
2 甲及び乙は、本件業務を履行する自己の従業員、その他の者との間で、前項の義務を遵守させるための秘密保持契約を締結するなど必要な措置を講ずるものとする。
3 本条の規定は、本契約終了後も有効に存続する。

第12条（事故等の報告）

乙が本件業務の遂行に支障が生じる虞がある事故等があることを知ったときは、その事故等の発生の帰責の如何に関わらず、直ちにその旨を甲に報告し、速やかに応急措置を加えたのち、甲に対し、遅滞なく書面により報告し、対応につき協議するものとする。

第13条（危険負担）

1 納入前に本件成果物に滅失毀損が生じた場合には、甲の責に帰すべき場合を除き、その滅失毀損は乙の負担とする。

2 納入後に本件成果物に滅失毀損が生じた場合には、乙の責に帰すべき場合を除き、その滅失毀損は甲の負担とする。

第14条（検査）

1 甲は、乙より本件成果物の納入がなされた日から●日以内に別紙仕様書に基づき検査を行い、不適合箇所があったときは直ちに乙に通知する。

2 前項の期間内に甲から乙に通知がなされないときは、本件成果物は前項所定の検査に合格したものと見なす。甲が正当な理由なく本件成果物の受領を拒否し、乙が甲へ当該成果物納入のため提供した日から前項の期間を経過したときも同様とする。

第15条（保証及び責任の範囲）

1 乙は甲に対し、本件システムが別紙仕様書のとおり開発されることを保証する。

2 乙は本件プログラムその他の本件成果物が第三者の著作権のその他の権利を侵害していないことを保証する。但し、甲の責に帰すべき事由に起因して権利侵害となる場合は除く。

3 本件システムが別紙仕様書のとおり開発されておらず、かつ乙の責に帰すべき事由による場合は、別紙記載の保証期間内に甲より乙に請求があったとき、乙は、無償で本件システムの過誤の訂正その他の修補をなすものとする。（但し、乙が合理的範囲で修補の努力を尽くしても修補できないことが明らかなときは、この限りでない。）

4 甲は乙に対し、乙の本契約の履行に関し、乙の責に帰すべき事由により直接の結果として現実に被った通常の損害に限り、第6項規定の限度内で損害賠償請求をすることができる。

5 前項の損害賠償請求は、第14条に定める本件システムの検査合格の日から●日以内に行われなければ、請求権を行使することができない。

6 乙の損害賠償責任は、債務不履行、法律上の担保責任ないし契約不適合責任、不当利得、不法行為その他請求原因の如何にかかわらず、●円を限度とする。

7 甲及び乙は、本条の規定は、本件システムに関し乙の保証責任の全てを規定したものであることを確認する。

第16条（保守等）

甲及び乙は、本契約とは別途、次の各号に掲げる保守等に関する契約を締結することができる。

① 保証期間経過後の本件システムの不稼働を含む稼働不良に対する技術対応サービス

② 保証期間経過後の本件プログラム、本件成果物の契約不適合に対する修補

③ 乙の責に帰すべからざる事由による本件システムの不稼働を含む稼働不良に対する技術サービス

④ バージョンアップ機能追加その他本件システムの改良のための技術サービス

⑤ 本件システムの運用又は使用に関する技術サービス

第17条（プログラム等の権利帰属）

1 本件システム開発に関する発明、考案等の工業所有権を受ける権利及びこれに関する著作権その他の権利は、発明、考案、著作等を甲が行った

場合は甲に、乙が行った場合には乙に、甲乙共同で行った場合には甲乙共有（持分は別段の定めないかぎり均等とする）に帰属する。

2 本件プログラムに関する権利（著作権法第21条から第28条に定める全ての権利を含む）及び成果物の所有権は、甲より乙に委託料が完済されたとき乙から甲に移転する。但し、本件プログラム中、同種プログラムに共通に利用されるノウハウ、ルーチン、モジュール（乙が従来より権利を有していたもの及び本件システムの開発により新たに取得したものを含む）に関する権利は、乙に留保されるものとし、乙は、それらを利用して本件プログラムと同種のプログラムを作成することができる。

3 乙は、甲から請求があるときは、甲に対し本件プラグラムに関する権利移転についての登録手続を行う。但し、登録手続に関する一切の費用は甲の負担とする。

第18条（契約内容の変更）

本件業務その他本件契約の内容は、甲乙双方記名した書面によってのみ変更することができる。

第19条（解除）

1 甲又は乙は、相手方に次の各号に掲げる事由の一が生じたときには、何らの催告なく直ちに本契約を解除することができる。

① 重大な過失又は背信行為があったとき

② 支払の停止があったとき、又は仮差押、差押、競売、破産手続開始、民事再生手続開始、会社更生手続開始、若しくは特別清算開始の申立てを受けたとき

③ 手形交換所の取引停止処分を受けたとき

④ 公租公課の滞納処分を受けたとき

2 甲又は乙は、相手方の債務不履行が相当期間を定めてした催告後も是正されないときは、相手方の責に帰すべき事由の有無にかかわらず、本契約を解除することができる。

第20条（合意管轄）

本契約に関し訴訟の必要が生じた場合には、甲の本店所在地を管轄する裁判所を専属管轄裁判所とする。

第21条（協議）

本契約に関して疑義が生じたときは、甲乙信義誠実の原則に従い協議する。

本契約作成の証として、本契約書2通を作成し、甲乙記名捺印の上、各自1通を保有する。

3 三つのアプローチ

(1) 法的アプローチ

システム開発契約について、法律的な観点から、次の論点を検討する必要がある。

① システム開発契約の法的性質について[注135)]

システム開発契約の法的性質については、請負契約、準委任契約、労働者派遣契約、売買契約その他の性質を有するとされ、システム開発の責任を負う者は誰か、業務の独立性がどの程度あるか、等により、ケースバイケースで、また、開発工程の段階毎に分割して分析的に検討される。[注136)]

そのため、契約の性質の違いによる効果を確認し、業務委託契約全般に関するのと同様に、仕事の完成の要否、請負に基づく無過失の担保責任となるのか、債務不履行に基づく過失責任としての損害賠償請求となるのか、消滅時効期間等にも留意して検討する必要がある。[注137)]

注135）　吉田正夫『ソフトウェア取引の契約ハンドブック』39頁（共立出版、1989）。
注136）　鮫島正洋編集代表『技術法務のススメ』（日本加除出版、2014）。
注137）　東京地方裁判所プラクティス委員会第二小委委員会「ソフトウェア開発関係訴訟の手引」判タ1349号4頁（2011）等。

② 契約形態と契約条項について

システム開発契約書の形態については、(a) 中小規模で開発期間が一年以内となるような短期間のものや過去に行った開発と同種のシステム開発を行う場合などは、開発工程毎の個別契約締結の有無に拘わらず、システム開発開始時点でベンダーに一括発注する一段階契約が適しているとされ、(b) 大規模なシステム開発や、中小規模でも当初に開発費用について合意できていない場合には、第一段階でシステム開発開始時点で開発工程全体に適用される基本契約と要件定義に関する個別契約を締結し、第二段階で、要件定義終了後、外部設計から運用テストに至るまでのすべての工程をベンダーに一括発注する二段階契約が適しているとされる。[注138)]

また、必ずしも、ステップバイステップで段階を踏んで工程が進むとは限らず、設計変更等に伴い、従前の工程に対して重ねて作業を行うことも少なくない。工程毎の検査・検収についても、最終段階で実際にテストを行うまでは、システムを動作させて検証することができないこともあり、検証の内容等についても注意を要する。

③ 紛争となる類型について

システム開発契約における紛争の類型については、例えば、1) 紛争の主体面から、ユーザーと元請ベンダー間、元請ベンダーと下請ベンダー間の紛争に分けた上で、紛争の内容につき、(a) 仕事の完成の有無、(b) 契約の追加・変更の有無、(c) ソフトウェアの契約不適合または不完全履行の有無、(d) 完成の遅延についてのベンダーの帰責事由の有無、(e) 締結した契約が請負か準委任か、(f) ベンダーのした作業の出来高、等を挙げるものがある。[注139)]

注 138) 西本強『ユーザを成功に導くシステム開発契約　クラウドを見据えて』124 頁（商事法務、第 2 版、2016）。一般社団法人電子情報技術産業協会（JEITA）によるモデル契約の解説として、「ソフトウェア開発モデル契約の解説【2020 年 4 月 1 日施行 改正民法対応版】」(2019)。また、伊藤雅浩ほか『ITビジネスの契約実務』（商事法務、2017）、池田聡『システム開発 受託契約の教科書』（翔泳社、2018）等参照。ユーザー側の視点からのシステム開発契約締結に関して、西本・前掲書のほか、上山浩『弁護士が教える IT 契約の教科書』（日経 BP、2017）。

注 139) 東京地方裁判所プラクティス委員会第二小委委員会「ソフトウェア開発関係訴訟の手引」判タ 1349 号 5 頁（2011）。

また、2）紛争の原因に着目して、(a) 正式なシステム開発契約を締結する前に開発作業に着手した場合（契約未締結・作業開始型）、(b) システム開発契約は締結したが契約内容や委託範囲が特定されておらず不明確である場合（契約内容不明瞭型）、(c) システム開発契約を締結し開発に着手後に失敗ないし遅延したが、その原因がベンダーが適切なプロジェクトマネジメントを行わなかったためか、ユーザーが必要な協力を十分に行わなかったのかが問題となる場合（プロジェクトマネジメント義務違反・協力義務違反問題型）、(d) 納品されたシステムに問題があり不具合を巡って紛争となる場合（システム不具合問題型）、(e) ソフトウェアの著作権の帰属が問題となる場合（著作権帰属問題型）、の各類型に分類して検討するものもある。[注140)]

システム開発契約においては、当初段階では、確定している部分と不確定な部分が混在する契約であることが多く、紛争が生じやすく、また、ひとたび紛争が生じると、専門的知見の必要性、全体像の把握困難性、約束した仕様の不明確性、ソフトウェアの不可視性、立証の困難性、IT分野に加えてユーザーの業務についても理解しなければならない二重の専門性、実体法上未解決の問題が多いことなどから、訴訟においても審理の困難をもたらし、開発工程を中心として争点を整理することの重要性が指摘されている。システム開発プロジェクトが立ち上がる時点では、どのような開発工程をたどるシステム開発であるかを把握し、契約形態が適切かを検討してあたり、仕様変更や設計変更等に対応できる内容とすることが重要である。

④ 改正民法との関係

システム開発契約は、業務委託契約の請負型や準委任型の一形態であるともいうことができ、改正民法との関係では、業務委託契約におけるのと同様の留意が必要となる。特に、担保責任（契約不適合責任）については、改正民法では、不適合の内容を知ったときから1年以内に通知することとなるこ

注 140） 西本・前掲 15 頁以下。なお、システム開発・保守・運用等における論点を裁判例に照らして分析するものとして松島淳也『システム担当者のための法律相談』（インプレス、2012）、松島淳也・伊藤雅浩『システム開発紛争ハンドブック』（第一法規、新版、2018）、難波修一ほか『裁判例から考えるシステム開発紛争の法律実務』（商事法務、2017）等。

とから（改正民法637条等）、納品後、長期間経過後に影響の大きい不具合等が発見されて追加対応等が必要となった場合などには、ベンダー側の負担が多大となる可能性もある。そのため、改正民法施行後においても、担保責任（契約不適合責任）の起算点については、引渡時または検収時、として定めることも考えられる。システムの開発とその後の保守契約の内容や契約不適合責任が生じる場合となるのかどうかについて、契約の目的に関して、仕様・要件定義を明確にすることや、開発内容が変化していく場合などについては、完成すべき内容を確認することのほか、報酬の決定方法において調整することなどが考えられる。[注141)]

(2) 交渉的アプローチ

交渉の観点から、システム開発契約については、開発により何を目指すか（ミッション）が、委託側と受託側で共有され、方向が一致しているか否かが重要である。特に、システム開発契約では、契約の初期段階で要件定義を定め、それに基づき開発と納品が行われる。そのため、要件定義で如何に具体的な仕様を決めるかが重要になる。しかしながら、ソフトウェアの開発等、技術分野によっては、要件定義を決める段階では、開発の製品の完成に必要な条件が決まらない、または、開発の過程で複数のパラメーター（変数）が変わることは珍しくなく、構造的な問題と言える。そのために、いつ、何が必要で、それにより、いつ何が決まるか、というルールを交渉することが重要になる。

特に、システム開発契約では、要件定義の交渉が重要である。あるソフトウェアの開発者が、新しいシステムを開発する前に技術仕様を決める要件定義の交渉において、次のような話をしていた。「開発の初期段階で、技術仕様を決める際に、現段階で必要な機能や用途のみではなく、将来、期待している拡張性や用途展開があるのであれば、すべて教えて欲しい。勿論、費用

注141） JEITA前掲「ソフトウェア開発モデル契約の解説【2020年4月1日施行　改正民法対応版】」、池田前掲等参照。

対効果や時間などを考えて、最初から拡張性や用途展開を要望どおり実現できる訳ではない。しかし、自分は設計者として、全体像をつかんだ上で、設計に入りたい。その方が､バグ(プログラムの欠陥)が生まれにくい。さらに、拡張する場合に必要なインターフェースを作っておくこともできる。」これは何を意味しているのだろうか。

プログラムのようなソフトウェアは、ハードウェアと異なり、最終形がどのような形になるかがわかりにくい。そのため、初期段階の交渉で、お互いにコンテキストを十分共有し、どのような機能が必要なのか、それは、なぜその機能なのか、というところまで、議論し、要件仕様を決める必要がある。また、開発当初の段階では、パラメーター（変数）が決まらないため、確定しない仕様もある。そのために、今後、パラメーターを決める基準、時期等について、お互いに交渉してルールを決めることが重要である。

(3) リスクマネジメント的アプローチ

リスクマネジメントの観点からも、要件定義とシステムの完成の問題は重要である。さらに、システム開発契約では、発生した特許権や著作権の帰属の問題もある。委託側の観点から考えれば、発注し、費用を負担する開発であれば、その過程で生み出された権利は、発注側に帰属すべきと考えるのが通常である。一方、受託側の観点から考えると発の過程で汎用的に活用可能な発明や著作権が生み出される場合もある。また、特許権は、本来、特許性を生み出した発明者に帰属する性格のものである。また、著作権も、原則として創作者に帰属する｡そのため､譲渡に対しては､相応の対価が必要になる。

委託側の標準的な契約条件には、納品や支払完了に伴い譲渡される条件が規定されていることが多く、受託側は、システム開発全体の対価が、生み出された知的財産権の譲渡価値を含むか否かを良く検討する必要がある。ただし、契約時点では、どのような価値の知的財産が生み出されるかを予想するのが難しい。そのため、例えば、サンプル契約の第17条（プログラム等の権利帰属）において、受託側がすでに所有していた知的財産権に加え、受託側から見て汎用性があると判断した場合、譲渡の対象外、もしくは、協議事項にする等の予防策を契約条件に組み込んでおくことが重要である。

第8章 特許ライセンス契約

1 特許ライセンス契約とは

特許ライセンス契約（実施契約）は、特許権者等（ライセンサー）が、特許発明等を実施する者（ライセンシー）に対して、特許権を実施する権利を許諾し、一般に、ライセンシーはライセンサーに対して実施料（ライセンス料、ロイヤリティ）を支払うこととする契約である。

ライセンス契約は、なぜライセンス契約を締結するのか、契約の目的や方針が明確になっていることが必要である。すなわち、事業戦略上は特許権者等はライセンスをせずに知的財産権の排他権としての強みを活用して事業競争力を持続的に高めるのが理想であるが、現実には、自社の有する知的財産権においても第三者の知的財産権の影響を受ける弱みを有していることが少なくなく、事業化する前に弱みを解消しなければ事業の持続的な競争力は得られない。事業を強くするためのライセンス戦略を検討する必要がある。[注142)]

2 サンプル契約

次のサンプル契約は、特許をライセンスしてライセンス料収入を得ることとする場合のライセンス契約書のドラフトである。[注143)]

注 142）　丸島儀一『知的財産戦略』201 頁（ダイヤモンド社、2011）。なお、鮫島・前掲のほか、飯田圭『知財マネジメントの要点　企業のための地図と羅針盤』（清文社、2018）等。

注 143）　ライセンス契約については、吉川達夫ほか『ライセンス契約のすべて　基礎編』（第 2 版、レクシスネクシス・ジャパン、2011）、同『ライセンス契約のすべて　実務応用編』（レクシスネクシス・ジャパン、2009）、山本孝夫『知的財産・著作権のライセンス契約入門』（第 2 版、三省堂、2008）、長谷川俊明編著『ライセンス契約の基本と書式』（中央経済社、2017）等のほか、多数の文献がある。

特許ライセンス契約書[注144)]

ライセンサー：株式会社○○○○（以下「甲」という）とライセンシー：株式会社△△△△（以下「乙」という）とは、以下に定める発明に関して、次のとおり実施許諾契約（以下「本契約」という）を締結する。

第1条（定義）

本契約における用語については、以下の定義によることとする。

① 「本件特許権」とは、甲が保有する日本国特許第○○○○○号をいう。

② 「特許発明」とは、本件特許件の明細書及び図面に記載の本件特許権に係る発明をいう。

③ 「許諾製品」とは、乙が日本国内で販売、賃貸、リース、レンタル又は有償無償の如何を問わず第三者に引き渡し、若しくは、その利用を認める製品のうち、特許発明を組み込んでいるものをいう。

④ 「技術情報」とは、甲が乙に対し、特許発明の実施に有用な甲の技術知識・経験を伝達する可視的及び電磁的記録を含む非可視的媒体・サービスのうち、本契約の期間中に提供することができるものをいう。

⑤ 「販売価格」とは、乙による許諾製品の販売価格、リース料及びレンタル料その他、許諾製品の引渡し又は利用に伴う有償の対価の合計（消費税を含まない）をいう。

第2条（実施権の許諾）

甲は特許発明を実施するための通常実施権を乙に許諾する（以下「本件実施権」という。）。ただし、本件実施権は、許諾製品の製造・販売（リース又はレンタルも含む）に必要な限りにおいてのみ実施されるものとする。

注144） 吉川達夫ほか『ライセンス契約のすべて　基礎編』（第2版、レクシスネクシス・ジャパン、2011）等をもとに作成。他に、特許ライセンス契約と解説の例として、奈良輝久ほか編『詳解　アライアンス契約の実務と条項』（青林書院、2016）353頁以下、阿部・井窪・片山法律事務所編『契約書作成の実務と書式』（有斐閣、第2版、2019）473頁以下等。

第3条（実施権の範囲）

本件実施権の範囲は、次のとおりとする。

地域　　日本国内

期間　　令和×年×月×日より令和□年□月□日まで

内容　　特許発明の全部

第4条（他者に対する実施権の許諾）

1　甲は、乙の同意を得ることなく、特許発明の実施を乙以外の者にも許諾することができる。

2　前項の場合、甲は、事前に乙にその旨書面にて通知する。

第5条（再実施許諾の禁止）

乙は、第三者に特許発明の実施を許諾することができない。

第6条（権利の登録）

甲は、本契約の締結後30日以内に、乙の費用負担により、本契約に基づく権利を日本国特許庁に登録するために必要な手続を行うものとする。

第7条（技術情報の提供）

1　甲は乙に対し、本契約締結後○日以内に特許発明の実施に必要な技術情報を文書によって提供する。

2　乙が前項以外に特許発明の実施に必要な技術情報の提供を望むときは、甲にその技術情報を提供するよう依頼できる。

3　前2項に規定する技術情報の提供に要する費用は、乙が負担する。

第8条（実施料）

1　乙は甲に対し、本件実施権の対価として、本契約の期間中乙が日本国において販売等がなされたすべての許諾製品にかかる販売価格の5%に相当する実施料を甲に支払うものとする。

2 乙は甲に対し、毎年6月30日及び12月31日から1ヶ月以内に、直前6ヶ月間の許諾製品の売上高及び前項により計算された実施料について、甲及び乙により別途合意した書式による報告書を提出するものとする。
3 当該6ヶ月間において前項の売上げがない場合には、乙は甲に対し、当該6ヶ月間について売上げがない旨を明記し誓約した報告書を提出するものとする。
4 乙による実施料の支払は、第2項に定める報告書提出期間と同一期間内までに、甲が定める銀行口座への振込により行われるものとする。
5 前項に定める支払期限までに実施料の支払が行われなかった場合には、甲は乙に対し、支払期限の翌日から支払日までの日数に応じ、年14%で計算した延滞金を請求できるものとする。
6 甲に支払われた実施料は、いかなる理由があっても返還されないものとする。

第9条（帳簿）

乙は、実施料額を算定する際の基準とされ、かつ直前1年間に行った日本国内における許諾製品の製造・販売に関する正確かつ完全な帳簿を保管する。甲は乙に対し、合理的な時間帯に、合理的な予告をなした上で、当該帳簿を甲による査察に供させることができるものとする。

第10条（甲の免責）

乙は、乙が第三者の所有する権利を侵害し、又は乙と第三者との間に法的な紛争が発生した場合、甲が乙又は第三者に対し何ら責任を負わないことに同意する。

第11条（権利侵害への対応）

甲及び乙は、本件特許権の侵害の事実又は侵害のおそれがあることを知ったときは直ちに相手方に通知しなければならない。

乙は、甲からの要請に基づき、本件特許権の侵害の排除又は防止に必要とされる一切の合理的な支援を提供する。

第12条（改良）

甲又は乙は、特許発明に基づく改良、発明、考案又は意匠に関して、日本国内で特許出願、実用新案登録出願又は意匠登録出願を行う場合には、速やかに相手方に通知することに同意し、その結果生ずる特許権、実用新案権又は意匠権の使用許諾に関して相互に協議する。ただし、甲が開発した改良であって、乙が許諾製品を製造・販売するために必須のものについては、追加の実施料を支払うことなく、実施が許諾されるものとする。

第13条（契約の変更）

甲及び乙は、業況に重大な変動が生じたときは、書面による合意により本契約を変更・修正することができる旨合意する。

第14条（解除）

1 甲又は乙は、相手方に以下の事由のいずれか一が発生したときは、相手方に事前に通知することなく、本契約を解除することができる。
 ① 支払不能となったとき、又は差押、競売、破産、民事再生手続開始、会社更生手続開始又は特別清算開始の申立てを受け、又は申立てが行われ、60日以内に取消又は取下げが行われないとき。
 ② 手形交換所の取引停止処分を受けたとき。
 ③ 公租公課の滞納処分を受けたとき。
2 甲又は乙は、相手方が本契約上のいずれかの義務に違反した場合には、違反をした相手方に通知を行い、当該通知の日付から30日以内に違反を是正するよう求めることができる。違反をした相手方が当該期間内に違反を是正しなかったときは、甲又は乙は、相手方に対し、本契約を解除することができる。
3 甲又は乙が前項により本契約を解除したときは、相手方に対して、違反をした相手方が生じせしめた損害に対する賠償請求権を失わないものとする。

第15条（契約の期間）

1　本契約は、本契約締結後直ちに効力を生じ、その後3年間有効に存続する。ただし、当事者の一方から相手方に対し、本契約を更新せず、現行期間の満了をもって本契約を満了する旨を予め書面で通知した場合を除き、1年間自動的に更新されるものとし、以後同様とする。

2　本契約は、前項の定めにもかかわらず、本件特許が無効となったとき、及び前項の定めにもかかわらず、前条が適用されたときは、本契約の期間中であっても終了する。

第16条（契約費用）

本契約の締結に関して必要な費用は、甲及び乙がそれぞれ自己の経費を負担する。

第17条（協議）

本契約に規定なき事項については、甲及び乙が協議して定めるものとする。

第18条（裁判管轄及び準拠法）

1　本契約に関する訴えは、東京地方裁判所を第一審の専属的管轄裁判所とする。

2　本契約の成立及び効力、並びに本契約に関して発生する問題の解釈及び履行等については、日本国の法律に準拠するものとする。

本契約の締結を証するため、本契約書2通を作成し、甲及び乙がそれぞれ1通を保管する。

3 | 三つのアプローチ

(1) 法的アプローチ

特許ライセンス契約について、法律の観点から、次の論点を検討する必要がある。

① 特許ライセンス契約において定められる条項

特許ライセンス契約の締結にあたって問題となる点は多いが、事前調査、対価の決定、改良発明の取扱い、特許保証、の各点が特に問題となると指摘されている。[注145)] 個別の論点における権利関係や優位性のみにとらわれることなく、自社の事業戦略にかなったライセンス契約となっているかを検証することが重要である。

また、ライセンス契約は契約毎に相手方やその事業内容、相手方が有する知的財産権も異なり、事業に照らした具体的なライセンスの目的も異なるため、ライセンス契約において一般的に定められる内容のほか、案件毎に相手方との調整の検討を要する。

特に、許諾する権利については、技術や製品による定義の仕方を工夫するなどし、事業部門や研究開発部門と連携して、将来の技術動向等を意識して自社の事業展開に資するように検討することが求められる。また、実施についても、その定義ないし形態・態様を具体的に示し、実施に該当するか否かの紛争をできる限り回避することが適切である。ライセンスの対象が法律上の実施を超える範囲を含む場合には､その法的効果につき特許法等ではなく、契約条項に定める限度で保護されるにとどまる可能性がある。

また、紛争を回避して契約の履行の確保を重視する観点からは、実施料の

注145)　竹田和彦『特許の知識』484頁（ダイヤモンド社、2006)。また、ライセンス契約における一般的・通有的な問題の想定につき、原秋彦『ゼロからわかる契約書のつくり方』111頁（PHPビジネス新書、2009）等。

額や料率等のみにとらわれず[注146]、履行しやすい契約内容とすることも重要である。すなわち、実体に照らして、実施料報告書の確認ないし監査が正確かつ容易にできるようにすることや、無用の紛争を回避するため、完全合意条項、契約上の地位の譲渡禁止、許諾特許の譲渡条件、許諾特許に対する不争義務等のほか、準拠法、裁判管轄、調停、仲裁条項について十分に注意する必要がある。[注147]

ライセンシーがサブライセンス権を有するかどうか、また、have made権（ライセンスされた製品を下請製造させる権利）を有するかどうか、改良発明の扱い等についても、事案に応じて検討する必要がある。

特許保証については、許諾・提供される技術等の品質や生産能力、許諾・提供される技術等による第三者の権利侵害、第三者による特許権の侵害、特許権の有効性等について、調整が必要となる。

そして、独占禁止法等の関係については、不争義務やグラントバック条項、原材料の購入先制限、パッケージライセンス義務等については特に、「特許・ノウハウライセンス契約に関する独禁法の指針」等に照らして、独禁法に抵触することがないように留意する必要がある。

(2) 交渉的アプローチ

交渉の観点から、特許ライセンス契約では、特許権という排他権を持つライセンスを与える者(ライセンサーという)が強く、ライセンスを受ける者(ライセンシーという）は、持てる者と持たざる者の間の交渉であり、一見、ライセンサーが有利な関係に見える。しかし、単純にそう考えるのは危険である。メーカーA社が持っている特許権をメーカーB社にライセンスするケースで考えてみよう。

注146） 実施料に関する参考として、発明協会研究センター『実施料率』（第5版、発明協会、2003)、経済産業省知的財産政策室『ロイヤルティ料率データハンドブック』（経済産業調査会、2010）等。
注147） 丸島・前掲214頁。

B社がなぜ、A社の特許権のライセンスを受けたいのか、というコンテキストが重要になる。B社は類似の研究開発をする過程で、A社の特許権の存在を知り、時間とコストを考えると回避するより、ライセンスを受けることを選択した可能性がある。また、B社は特許の出願準備をしていたが、A社に先を越されたため、やむを得ずライセンスを受けることを選択した可能性もある。または、以前から注目していたA社に対して、今回のライセンスを通して取引関係を作り、今後の技術提携のパートナーになり得るかを見極めたい可能性もある。

例えば、特許力に差があり、過去にライバル会社に多額のライセンス料を支払った会社があったとしよう。この会社は、捲土重来、技術開発とパテントポートフォリオを見直して特許力を強化し、今度は、過去のライセンス料を取り戻す勢いで強い立場でライバル会社と交渉していた。ところが、交渉中、急激な外部環境の変化（例えば、共通のライバル企業が現れ、争うよりも協業した方が良いと判断した場合）や内部環境の変化（従来技術では対立していたが、将来技術では共同開発する方針に転換した場合）により、提携に転じた、というケースもある。

相手の出方はこれしかないという先入観や特許ライセンス契約の交渉は、このスタイルのみで行う、という固定的な方法では、外部環境や内部環境の変化に柔軟に対応するのは難しい。交渉シナリオを考えるときには、状況の変化を考慮し、複数アプローチ方法を考えて準備しておくことが重要なのである。

(3) リスクマネジメント的アプローチ

ライセンサーがライセンシーの取引を制限したいと考えた場合、上述のように独占禁止法のリスクを考慮する必要がある。ただし、独占禁止法が具体的にどのケースに適用されるかの判断は、微妙なケースも多い。そのため、コンプライアンスガイドラインを作り、法務部や知財部のような専門部門や社外の弁護士・弁理士と連携して、業務を推進する方法がある。例えば、以下のような方法である。

① コンプライアンスの基準を定める。その中に、禁止取引、個別審査対象取引、個別審査不要取引（信号機の色に合わせて、レッド、イエロー、グリーン取引という場合もある）という三つのガイドラインと具体的な対象取引と基準を明確に書面化する。

② その上で、個別審査対象取引は、法務部や知財部が法律の専門部門として、適否を審査する。判断に迷うケースは、社外弁護士や弁理士に相談する。また、法務監査として、事業部門が基準に従った運用をしているかを審査する共に、予防のために必要な基礎知識とケーススタディーの教育研修を体系的に行う方法である。

この方法は、Do's & Don'ts ガイドラインとも呼ばれており、独占禁止法に限らず、強行法や事業においてリスクが高い法律へのリスクコントロールの手段としても有効である。

第9章 代理店契約

1 代理店契約とは

卸売業者または小売業者の中には、メーカーまたは他の卸売業者（商品供給者）から買い取った商品を転売する形をとりながら、商品供給者である著名な商人の販売チャネルとして系列化された「特約店」または「代理店」、「販売店」「取扱店」等の名称で呼ばれる者が少なくない。

この代理店ないし特約店等と商品供給者の間では、通常、競業避止義務、一手販売権、テリトリー制、販売先指定、商標・サービスマークの使用許諾、販売ノウハウの伝授、信用供与等の事項を含む代理店契約ないし特約店契約等の基本契約が締結される。代理店ないし特約店等は、経済的に商品供給者に従属することが多く、その法的地位は代理商に類似することが多く、フランチャイズとも類似性がある。[注148)]

2 サンプル契約

次のサンプル契約は、一般的な商品の販売に関する代理店権を想定した検討前のドラフトである。

商品販売代理店契約書[注149)]

株式会社○○○○（以下「甲」という。）と株式会社○○○○（以下「乙」という。）とは、甲の商品の販売について次のとおり代理店契約を締結する。

注148）江頭・前掲272頁。
注149）大村多聞・佐瀬正俊・良永和隆編『契約書式実務全書』第1巻343頁（ぎょうせい、第2版、2014）等参照。

第1条（販売代理委託）

甲は乙に対し、次条に定める商品の販売業務を委託し、乙はこれを受託した。

第2条（対象商品）

1 本契約により乙が販売業務を行う商品は、別紙商品一覧記載の商品（以下「本件商品」という。）とする。

2 本契約の契約期間中、甲は、その裁量により、別紙改訂表所定の形式により別紙商品一覧を改訂し、改訂した最新の別紙商品一覧を書面をもって乙に通知することにより、本件商品の内容を変更することができる。

第3条（代理店業務）

乙は、委託者の名を持って本件商品の販売を行うものとし、具体的には下記の業務を行うものとする。

① 本件商品の販売に関する交渉及び売買契約の締結。但し、乙は売買契約を甲の代理人として締結するものとし、売買契約の効果は甲と買主との間に直接生ずるものとする。

② 本件商品の納入

③ 売買代金の請求、回収及び受領

④ 本件商品販売後の買主に対するアフターサービス

第4条（販売条件等）

1 乙が本件商品の販売を行うにあたっては、本条及び別紙商品一覧記載の条件のほか、甲がその裁量により指示する事項の一切を遵守しなければならない。

2 本件商品の販売価格は、別紙商品表記載のとおりとし、甲の承諾がない限り、乙において値引販売や買主又は買主の関係者に対するリベートの提供等をしてはならない。

3 甲は、毎月○○日までに翌月の本件商品の最大販売量をファクシミリ又は郵送の書面により乙に通知するものとする。乙が当該月の最大販売量を超える商品を販売するためには、乙のファクシミリ又は郵送の書面による申し出に対する甲の同意を必要とする。但し、乙のファクシミリ又は郵送の書面到達後7日以内に甲の回答がない場合は、甲の同意があったものとみなすものとする。

4　乙は、毎月○○日まで翌月の販売予定量を甲に通知するものとする。

第5条（広告・宣伝）

乙が本件商品の販売について広告宣伝その他の販売促進活動を行う場合には、甲の別途定める基準その他甲の指示を遵守するものとする。

第6条（販売地域等）

1　乙が本件商品の販売を行うのは関東地方（東京都、神奈川県、千葉県、埼玉県、群馬県、栃木県）とし、それ以外の地域において販売をしてはならない。

2　甲は前項の乙による本件商品の販売地域において自ら本件商品を販売してはならない。

第7条（競業の禁止）

乙は、本件商品と競合する製品の販売をし、若しくは販売代理店又は販売店となってはならない。

第8条（報告）

1　乙は、毎月○○日を締日として、本件商品の毎月の販売量、代金回収額その他乙が定める内容及び形式による販売実績報告書を作成し、○○日までに甲に送付（必着）しなければならない。

2　前項の報告に加え、甲は適宜、必要と認めた内容につき、乙に対して報告を求めることができる。

第9条（販売手数料）

1　販売手数料は、別紙商品一覧記載のとおりとする。但し、第2条第2項の規定に従って甲が商品一覧を改訂する場合、同一商品について手数料を改定するためには、乙の同意を必要とする。

2　乙は、毎月○○日までの本件商品の販売数に基づく販売手数料を計算し、月末までに甲に通知する。

第10条（代金回収）

1　乙は、本件商品の買主から販売代金を受領することができる。

2　受領した販売代金は毎月○○日までに受領した代金を、翌月○○日までに甲に送金するものとする。送金手数料は乙が負担する。

第11条（債務不履行）

甲又は乙が本契約上の義務に違反したときには、違反した当事者に対して、相手方は義務の履行を催告し、催告の発信の後30日の期間が経過してもなお履行がなされない場合には、相手方の責に帰すべき事由の有無にかかわらず、本契約を解除することができる。なお、本契約の解除は損害賠償の請求を妨げない。

第12条（契約の解除）

甲又は乙において、下記の事由が生じたときは、相手方は何らの催告を要せず本契約を解除できるものとする。

① 支払停止の事実が生じたとき、又は自らが振り出した手形が不渡りとなったとき。

② 破産手続開始、会社更生手続開始、民事再生手続開始その他これに準ずる手続の申立てがなされたとき、解散したとき、又はこれらの手続の原因となる事由が発生したとき。

③ 公租公課滞納による強制処分のあったとき。

④ 何らかの財産に対して、差押え、仮差押又は仮処分がなされたとき。

第13条（契約期間）

本契約の有効期間は、締結後3年とし、期間満了の日より6ヶ月前までにいずれかの当事者が書面をもって契約を更新しない旨の意思表示をしない限り、さらに3年間の間契約は更新されるものとし、その後も同様とする。

第14条(秘密保持)

本契約の当事者は、本契約に関し、相手方から受領し、又は入手した相手方の秘密情報を他に漏らしてはならず、また、本契約の実行の目的以外の目的に使用してはならない。

第15条

本契約に関する紛争については、東京地方裁判所を第一審の専属管轄裁判所と定める。

本契約成立の証として、本書2通を作成し、各自署名押印の上、各その1通を保有する。

3 三つのアプローチ

(1) 法的アプローチ

代理店契約について、法律上の観点では、次の論点を検討しておく必要がある。

① 代理店契約等

代理店契約において、代理店はメーカーの代理ないし委任の関係にあるとすると、本来、売買契約の主体はメーカーと顧客であり、メーカーと代理店との間では売買契約は成立しないことになる。従って、顧客に対する販売価格はメーカーが決定し、顧客に対する代金回収リスク、在庫リスクはメーカーが負担し、代理店は販売手数料収入を得ることとなる。他方、形式的にはメーカーと販売店、販売店と顧客との間でそれぞれ売買契約が成立することとなる場合には、正確には代理店契約ではなく販売店契約等となるとも解される。[注150)]

もっとも、実際には、取引関係はさまざまであり、契約の名称も商品供給者の事情により定めたものを踏襲しているに過ぎず、その法的性質とは必ずしも一致していないことも少なくない。代理店契約、販売店契約、特約店契約等の区別は、その契約書の表題だけでは必ずしも明確でなく、代理店契約と題される契約書であっても、代金回収リスクや在庫リスクを事実上代理店が負担するように見える例もある。そのため、本稿ではその法的性質のいかんに関わらず、上記の特約店等を総称して代理店の語を用いているが、代理店契約を締結するにあたっては、取引形態や実態に即して契約条項を検証し、その法的効果についても契約の名称にとらわれずに検証することが求められる。

また、代理店契約の機能として、メーカーにとっては、新規顧客開拓のほか、代理店を介したアフターサービス等による既存顧客つなぎとめの機能などがある。反面、メーカーと販売店との間では、広告宣伝やブランドイメージのための設備投資等の販売宣伝活動や顧客管理のための体制整備等の負担分担の問題があり、販売店が相応の負担をする場合、販売店としては当該負担・コストの回収を図る必要も生じることとなる。販売店からは独占的な契約や一定の契約期間の確保が求められる一方、メーカー側としては販売店に対して一定の義務を課すことが考えられるが、独占禁止法や各国の代理店保護法との関係を考慮する必要がある。[注151)]

② 独占的契約等

特に、一定期間・一定地域等での独占的な代理店（販売店）契約となる場合や、反面、代理店（販売店）による一定期間の最低販売（購入）数量が定

注 150）　阿部・井窪・片山法律事務所編『契約書作成の実務と書式』299 頁以下（有斐閣、第 2 版、2019）参照。代理店契約・販売店契約一般につき、小島国際法律事務所編『販売店契約の実務』（中央経済社、2018）。なお、IT サービスにおける販売店契約・代理店契約に関して、伊藤雅浩ほか『IT ビジネスの契約実務』164 頁以下（商事法務、2017）。

注 151）　中尾智三郎『英文契約の考え方』（商事法務、2018）60 頁以下等。

められる場合については、取引条件の具体的な調整について、実態に即した適切な形態で継続できるように、あるいは、状況に応じて契約関係を解消できるようにすることが必要である。

また、独占禁止法等との関係についても、総代理店に関する独占禁止法上の指針を含む流通・取引慣行に関する独占禁止法上の指針や、下請法への抵触の可能性などに留意し、優越的地位の濫用、再販売価格の拘束等になることがないよう留意する必要がある。

③ 契約の解消について

代理店契約等においては、日本企業が海外代理店との間で代理店契約を締結する場合には、特定の国または地域内の市場における一手販売権を付与する総代理店契約を締結することが多い。欧州や発展途上国においては、代理店等の従属的地位に鑑み、特に契約終了時には代理商・特約店・代理店等を保護する立法例が見られるので注意が必要となる。[注152)]

契約の解消を検討するにあたっては、契約締結段階を含めて、上述の流通・取引慣行に関する独占禁止法上の指針や下請法などにも留意の上、契約解消の効力がスムーズに認められるか、信頼関係の破壊等が問題になるか、一定の予告期間や損害賠償を要する可能性があるか等、裁判例により契約関係解消に制限がなされた事例との異同等を含めて検証し、対応を検討しておくことが必要となる。[注153)]

④ 改正民法との関係

代理店契約において、メーカー側で予め用意された定型の契約書のひな形を用いる場合には、改正民法との関係で、定型約款（改正民法548条の2以下）に該当する可能性があることに注意する必要がある。もっとも、メーカーにとってはひな形により取引内容を画一化することが合理的であっても、代理

注 152）　江頭・前掲 264 頁、前掲 63 頁等。
注 153）　加藤新太郎編『判例 Check 継続的契約の解除・解約』350 頁以下等（新日本法規、改訂版、2014）。なお、フランチャイズ契約に関する裁判例の分析として、同・224 頁以下及び金井高志『フランチャイズ契約裁判例の理論分析』（判例タイムズ社、2005）等。

店にとってはそうでないことも少なくないと思われ、取引の「内容の全部又は一部が画一的であることが双方にとって合理的なもの」として定型約款として扱われることは通常はあまりないと思われる。すべての取引先との間でひな形どおりの契約を締結していたとしても、当事者間の交渉力の格差が理由である場合などは、双方にとって契約内容が画一的であることが合理的であるとはいえず、定型約款には該当しないと解される。[注154)]

また、代理店による復代理人の選任については、メーカーの許可を条件とすることが通例であると解されるが、復代理人を選任した代理店（任意代理人）の責任について、復代理人の選任及び監督に限らず、債務不履行の一般規定によって規律されることとなったことから（改正前民法105条の削除）、復代理人を選任する場合の責任については、契約書案に規定がない場合には確認しておくことが適切となる。

代理店・販売店がメーカーから商品を購入して商品を再販売する形態や、商品の検収などに関しては、売買契約における改正民法の規律に照らし、債務不履行における任意規定として追加された買主の追完請求権（改正民法562条）や代金減額請求権（改正民法563条）との調整や、契約不適合責任における契約の目的に照らした解決について定めることが適切であると解される。

(2) 交渉的アプローチ

交渉の観点では、代理権を付与する立場から見ると契約で重要な項目は、以下である。

注154) 筒井ほか・前掲一問一答147頁。また、代理店契約と改正民法と関係について、辺見ほか・前掲178頁以下等参照。

① 代理店にどのような業務を任せるか。
② 代理店にどのような業務を禁止するか。
③ これらを、いつまで、どのような条件で行うか。

代理店側から見れば、何を目指して契約するかにより、受ける価値があるか、受けた場合のリスクを検討し、契約条件を決めることになる。さらに、商品やサービスの代理店契約では、独占権の問題を考える必要がある。代理店に付与する代表的な権利には、以下のような例がある。サンプル契約では、第1条（販売代理委託）と第3条（代理店業務）が関連する条文である。

① 独占権（exclusive right）

対象の商品やサービスについて、対象の地域において、他の代理店への提供を排除できる権利。

② 第一拒否権（first refusal right）

対象の商品やサービスについて、対象の地域において、最初に購入もしくは担当するかを意思決定でき、拒否した場合のみ、他の代理店と交渉できる権利。国内契約では珍しいが、国際契約では良く見られる。

③ 優先権（priority right）

対象の商品やサービスについて、対象の地域において、契約した条件（例えば、価格やサービス条件）より有利な契約が他の代理店と締結された場合、自動的に現在の契約に適用される権利。最恵顧客待遇（The Most Favorable Customer）とも呼ばれる。国内契約では珍しいが、国際契約では良く見られる。

④ 非独占権（non-exclusive right）

対象の商品やサービスについて、対象の地域において、他の代理店に自由に提供できる条件。

これらには、それぞれ価値とリスクがあり、ミッションを基準にどのような契約条件を締結すべきかを考える必要がある。

(3) リスクマネジメント的アプローチ

リスクマネジメントの観点から、独占権は、他の代理店との取引を排除するものであり、第一拒否権は、他の代理店との取引を取引制限するものである。従って、独占禁止法違反のリスクを考慮しておく必要がある。その予防には、前述のコンプライアンスガイドラインが有効である。

また、このような強い権利を与える場合、厳しいノルマ(例:年間販売数量、一定金額の広告宣伝義務等)が契約義務になっており、目標に到達しない場合、契約条件が更新されないか、または、第一拒否権や優先権、非独占権に変更されるような付与される権利の変更が連動している場合もある。また、前述のBSCを基準として、契約条件を更新するか否かを決める方法もある。

第4部

タイプ別の方法論

第4部では、5タイプの契約交渉について、交渉学研究に基づき、契約交渉の成功確率を上げるための方法論を解説する。解説には、Do's（すべきこと）とDon'ts（すべきでないこと）形式を用いる。この形式は、企業がコンプライアンスの制度や教育を実施するときに活用している方法である。社員に対して、法律と会社の方針に基づき、Do's & Don'tsを具体的に明示した上で、コンプライアンス教育を行う。その上で、該当しないケース、判断に困るケースなどを法務部門や社内弁護士に相談する仕組みである。

契約交渉についても、タイプ別にDo's & Don'tsがある。対象となる契約交渉は、以下のタイプである。

・提携交渉
・クレーム交渉
・代理人交渉
・国際交渉
・多数当事者間交渉

交渉の結果は、自らが設定した交渉で何を実現したいか（ミッション）に対して、評価するものである。また、企業の組織であれば、上司、会社経営であれば、株主などの利害関係者に対して、説明責任を果たせる必要がある。そのため、必ずこの方法が正しい、というような正解がある訳ではない。ただし、実際の交渉事例を分析した研究に基づき、成功確率を上げる方法論はあり、その方法論と背景となる理論を紹介する。

第1章 提携交渉

提携交渉とは、どのような交渉シーンだろうか。「企業提携（アライアンス）とは、企業が共同で事業を行うことであり、各当事者が資金、技術、人材等の経営資源を提供し合って、既存事業の拡大や新規事業の立ち上げを目指すものである。一般に、自社だけで当該事業を行うよりも、時間的、資金的にメリットがあり、リスクも軽減できる。法律的には、各当事者間で企業提携に関して契約が締結され、技術提携、生産提携、販売提携などの業務提携ではビジネス上の関係が生まれ、資本提携においては相手方の株式を保有する資本関係が成立する。これらを組み合わせて、包括的提携を行うことも多い」[注155] つまり、企業間の提携交渉は、それぞれの企業が中長期的な視点から、パートナーシップを組むための交渉である。

その契約形態として、提携の種類により、以下のような契約例がある。

① 技術提携 — ライセンス契約（特許、著作権、商標権等）、共同研究開発契約等
② 生産提携 — 製造委託契約、技術支援契約等
③ 資本提携 — 合弁契約、出資契約、株主間協定等
④ 販売提携 — 販売代理店契約、販売委託契約、サービス委託契約等

これらは、いずれも、それぞれの経営資源を活用して、共通の目標に対して、価値とリスクを共有し、役割分担するパートナーシップの形態である。このような企業間のパートナーシップには、一定の案件や条件下で制限的に提携を行うspot partnerと安定的で継続的な提携を行うstable partnerとお互いの事業戦略や経営戦略に基づくstrategic partnerの3段階が考えられる。

注155） 淵邊善彦：シチュエーション別提携契約の実務〔第2版〕、商事法務、2011, p.2 参照

それでは、エレクトロニクス業界において、完成品メーカーと部品・デバイスメーカーが提携する場合の例を見てみよう。

【図８：段階的パートナー構図】

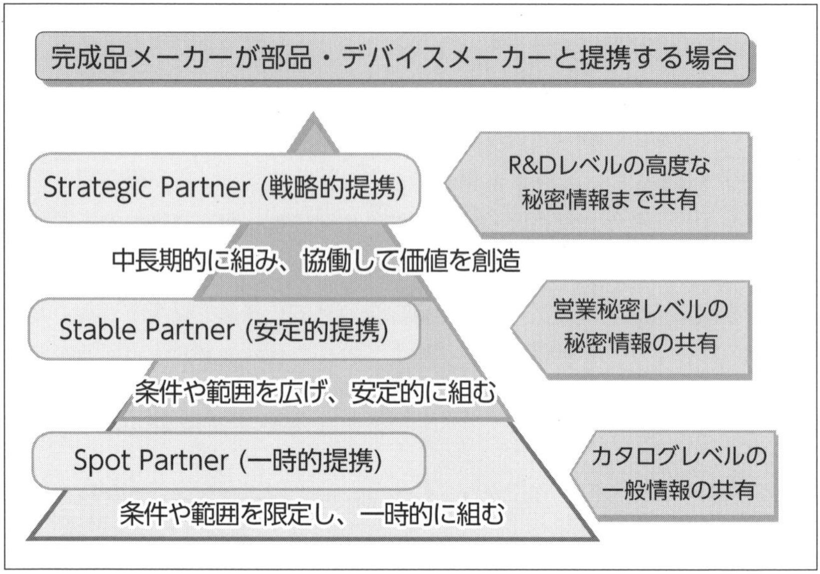

まず、spot partnerとは、完成品メーカーが部品・デバイスメーカーのカタログレベルの技術仕様に基づき、自社の製品の設計や仕様とのマッチングを評価した上で、QDCSの条件が合えば、その部品・デバイスを採用する関係である。製品や期間が限定されているが、完成品メーカーから見れば、他社が開発した技術を自社の製品に導入するものであり、一定レベルのパートナーとなり得る相手かを評価して、意思決定することになる。例えば、携帯電話メーカーが、通信モジュールのような製品にとっての基幹部品を自社開発ではなく、他社の技術や部品を採用するケースである。

次に、stable partnerとは、特定の商品を安定的に取引する関係である。例えば、携帯電話メーカーが、自社製品に採用している一般電子部品の80％を特定の電子部品メーカーの製品を採用し、複数年の契約を締結する取引である。完成品メーカーにとって、一定率の部品を特定企業に依存することは、QCDSにおいて有利な条件の適用を交渉できる価値がある反面、依存率が高いため、品質問題や対応のトラブルが発生した場合、リスクも増大することになる。stable partnerでは、spot partnerと比較して、提携の関係が密接であり、価値も高くなるが、反面、リスクも高くなる提携関係である。

さらに、strategic partnerは、お互いに一歩踏み込んだ提携関係になる。例えば、お互いの先端技術を共有し、新しい技術や製品を生み出すための共同研究開発契約や人、物、金等の経営資源を注ぎ込み共同して、事業会社を設立する合弁契約を締結するレベルの関係である。この三つの段階を技術情報の秘密保持レベルで考えてみよう。spot partnerでは、いずれ公開する予定のカタログレベルの技術情報の交換が想定され、stable partnerでは、営業秘密のレベルから、より高度な技術情報の交換が想定される。さらに、strategic partnerでは、R&Dレベルの研究開発や先端技術情報を交換が想定される。

企業間のパートナーシップの具体例として、航空機メーカーと部品メーカーによる国際共同開発体制の事例を見てみよう。「近年特に、民間航空機開発の大型化・高度化が進み、新機種開発に要するコスト・人員等の負担が膨大なものになってきたことから、過重な開発リスクを1社で負うことが困難になってきた。そのため、B747以降は、関係者がリスクを分け合う国際共同開発が主流となっている。共同開発パートナーの種類としては、「リスク・アンド・レベニュー・シェアリング・パートナー（RSP）」、「プログラム・パートナー」、「サプライヤー」、「サブ・コントラクター」の4種類がある。」[注156)]

RRSP（RSPと同義）がstrategic partner、プログラム・パートナーが、stable partner、サプライヤーとサブ・コントラクターがspot partnerに相当

注156）　日本公庫総研レポートNo.2010-3 2011年3月8日：航空機産業における部品供給構造と参入環境の実態～機体・エンジンから個別部品分野に至るサプライヤーの実像～、日本政策金融公庫総合研究所、2011, p.7 参照

する。その違いは、役割分担以上に、どの程度のリスクを享受するかがポイントになっている。例えば、RRSPは、開発の初期から技術と作業を分担するため、技術の提携レベルと投下資本が大きくなり、リスク負担が大きい。一方、その貢献に対して、航空機が完成した後は相応の収益のシェアができるという関係である。リスクと収益は表裏一体であり、企業間のパートナーシップにおいて、最も重要な判断要素の一つである。プログラム・パートナーは、開発から生産までの役割を担い、開発・生産・販売・為替リスクなどの契約義務を負担するが、サプライヤーやサブ・コントラクターは、指定された仕様に基づき、開発や生産を行うため、リスクは相対的に小さい。そのため、得られる収益価値も相応になる。

以上から、提携契約の成功確率を上げるためのポイントは、以下である。

提携交渉の成功確率を上げるためのDo's & Don'ts

① 相手とどのレベルのパートナーを目指すかを見極める。取引関係や提携関係の実績がない段階から、相手に過度に期待しすぎるのは危険である。

② 中長期の関係を目指す場合、外部環境や内部環境が変化するのは当然であり、契約条件において、定期的な条件見直しのルールを決める必要がある。一度決めた契約条件に完璧性を求めすぎず、お互いに何を目指して提携したかの原点に戻り、ルールを決めて定期的に見直す。

③ 如何に良好な関係でも、紛争は発生するリスクがある。紛争が発生した場合に円満に対応するのは難しい。そのため、契約交渉の段階において紛争解決のルールは、どのようなケースで、誰が、どのように、いつまで協議するのかを具体的に決める。その上で、裁判や仲裁等の第三者による紛争解決に至る条件を決める。

Episode 1 紛争解決条項を提示した意外な理由！

あるヨーロッパのメーカーと日本のメーカーの技術提携の交渉シーンである。お互いに過去にスポット的な取引はあり、今後、stable partnerからstrategic partnerを目指すか否かとその具体的な条件を交渉していた。次のステップでは、お互い技術を出し合って共同開発を行い、さらに、その成果物を事業化するための合弁会社の設立までを視野に入れていた。

基本的なフレームが決まりLOI（Letter of Intent）を締結し、共同開発と合弁設立の具体的な条件交渉に入ろうとしたところ、ヨーロッパのメーカー側のプロジェクトリーダーから、次のような提案があった。「御社とはステップを踏んで、ここまで順調に提携が進んでいることは我社としても、喜ばしいと思っている。さらに、お互いが中長期的に良い関係を構築するために、予定していたアジェンダにはない検討して欲しい契約条文がある。」そして、社内弁護士から、2枚ほどの文書が提示された。そこには、「conflict（紛争解決）」と題された条文が記載されていた。社内弁護士から、将来の紛争解決に対するルールを決めたい趣旨であるとの説明があった。

日本メーカー側は、その条文を見て戸惑った。通常、紛争解決条項は、契約締結の最終段階で、お互いに弁護士が作成したドラフトを交換しながら詰めることが多く、LOIの後、これから条件を詰めようとする段階に交渉テーブルに挙げられることはなかった。しかも、弁護士が作成したドラフトであり、これは、シングル・ネゴシエーション・テキスト（コラム21参照）ではないかとも疑った。日本メーカーは、法務課長は参加していたが弁護士に相談すべき内容と判断し、次の日に回答したい旨を説明し、いったん保留した。その条文は、紛争が発生した場合の段階的な協議プロセスとそのプロセスを経た上での第三者による紛争解決（裁判、国際商事仲裁等）のルールが記載されていた（同趣旨のサンプル条文は、**第5部演習2**参照）。

日本メーカー側は、その夜、日本に連絡を入れ、顧問弁護士とこの条件を受ける価値とリスクを分析した。第三者による紛争解決までに手順と時間を要するリスクはあるが、お互いに手順を踏んで、納得感のある紛争解決ができることを重視し、翌日、本内容で了解する旨を伝えた。その後、交渉は、円満に進み、中期的に合弁会社の設立を目指すが、共同開発契約の成果を評価するプロセスを経て、お互いに条件が合致した場合に、次のステップに進むことなど、ルールの条件を定めた提携契約を締結した。

締結後、ヨーロッパのメーカー側に、もし、こちらがconflict条項の検討についての提案を拒否した場合について、聞いてみた。そうすると、「この条件は、中長期的なパートナーになり得る相手にしか提示していない。そのため、交渉の途中で意図的に提案したものである。もし、納得できる理由以外で拒否された場合は、他の契約条件のレベルを変えたり、期限の限定や見直し条件を厳格にするつもりだった。我々にとっては、合弁会社の設立にはリスクもあり、そのレベルまで提携できる相手か否かを見極める基準と考えていた。」との説明があった。

この事例の結果は、正解でも不正解でもない。ただし、中長期的な提携関係には、価値もあるが必ず、リスクもある。スタート段階が円滑に開始しても、途中でトラブルが発生することは珍しくない。その時に備え、また、冷静に問題を解決するためには、紛争解決条項の交渉は、重要である。また、このヨーロッパのメーカーのように、特定の契約条件を提携関係のレベルを決める判断基準としていることもあるので、注意が必要である。

第2章 クレーム交渉

クレーム交渉とは、どのような交渉シーンだろうか。クレーム本来の意味は、主張や異議であるが、日本では苦情という趣旨で受け取られることが多い。ここでは、契約関係にある企業間に対して、第三者からクレームが発生し、その対応に迫られているシーンからクレーム交渉の本質を考えてみる。

二つのメーカーが共同開発した製品に対して、第三者が品質クレームや権利クレーム（特許権の侵害等）を申し立てたとする。対象の製品が機能不全を発生した場合は品質問題であり、生命・身体・財産に損害が発生する場合は、製造物責任（PL責任）の問題になる。特許権などの知的財産権を侵害した場合は、権利侵害の問題である。いずれにしても、共同開発した製品であれば、クレームに対して、複数の要因が想定され、クレーム対応は複雑になる。

一般的な品質・PL責任の対応フローは、次のような手順となる。

【図９:「品質クレームの対応フロー」】

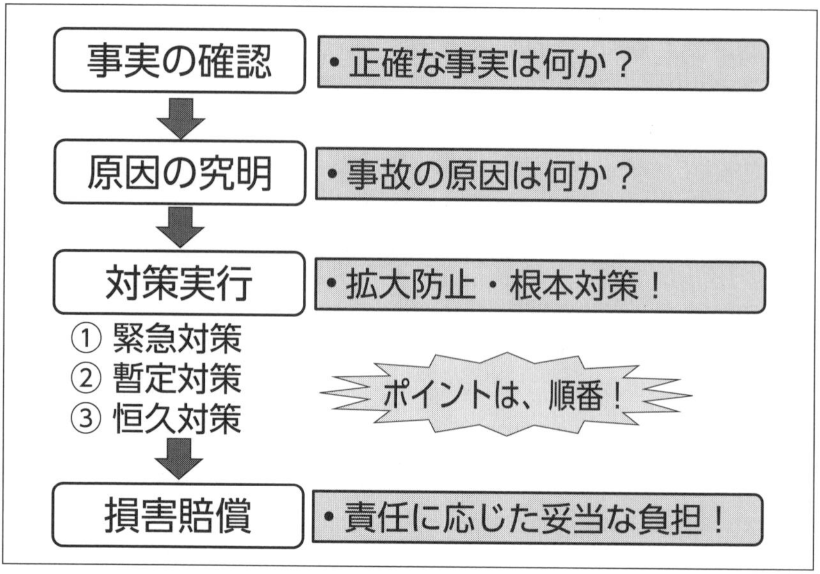

最初に、事実の確認が行われる。正確な事実が何かを把握することである。次に、事故原因は何か、という原因の究明を行うことになる。この段階をしっかりと行うことが、次のステップにおいて重要である。そして、拡大防止や根本対策のために、まず、緊急対策、次に、暫定対策、そして、恒久対策、という手順で対策が実行される。クレームが発生した段階で、対応する費用や時間が掛かることを考慮すると一定の損害はすでに発生している。その損害をできるだけ小さくする対応をリスク・コントロールでは、ダメージ・コントロールと呼ぶ。ダメージ・コントロールの段階で、損害を縮小できるか否かは、その後のクレーム交渉に大きく影響する。

また、事実の確認から、原因の究明は重要だが、クレームの種類によっては、損害の拡大を防ぐために、事実関係や原因究明が不明確なまま、対応をせざるを得ない場合がある。例えば、PL事故が発生するリスクが高い場合、時間を掛けて分析する前に、損害の拡大を防止するために、市場に提供されている製品をリコールして回収する必要が生じる場合も多い。また、第三者の権利を侵害し、販売差止めが提起された場合は、十分に時間を掛けて、事実と原因究明できないケースもある。このようなクレーム交渉では、必要なアクションをどの順番で行うかが重要になる。

例えば、事実の確認と原因の究明が不明確なまま、記者会見を開き、市場から製品をリコールすることを発表せざるを得ないケースを考えてみよう。製品の不安全率が高い場合、原因は不明だが、市場に製品を放置するとユーザーの生命や身体に損害が発生するリスクが高く、企業の社会的責任が果たせない場合が想定される。このような場合にすべきことは、確認できた事実を発表し、そして、確認できていない事実は、いつ、どのように発表するかを明確にすることだ。一方、すべきでないのは、責任への言及や回避である。最もリスクが高いのは、事故の事実や原因が不十分なうちに、当事者以外に責任を転嫁することである。さらに、共同開発した製品であれば、パートナーとして提携した相手に責任を転嫁することである。パートナーとの責任関係について、少なくとも以下の5つのケースが考えられる。

① ケース1：相手の会社に全責任があり、自社に全く責任がない
② ケース2：自社に全責任があり、相手の会社に全く責任がない。
③ ケース3：自社でも、相手の責任でもなく、第三者に責任がある。
④ ケース4：自社と相手の複合責任である。
⑤ ケース5：いずれの責任であるかがわからない

仮に、ケース1か2の場合であっても、それを相手に証明できなければ、確定しない。ケース3も同様である。ケース4の場合は、何が、どの程度の比率で責任があるのかは、時間を掛けた分析や協議が必要になる。つまり、不明確な事実関係を基盤に、一定のアクションを起こすことを求められているのである。もし、このケースで、ケース1から3を主張した場合、責任転嫁された相手は、当然、自社を防衛するために、事実や情報を提示しない、逆に、クレームする等、非協力的、もしくは、敵対的行動を取ることになる。

そうなると当初生じた損害は、拡大を防止するどころか、その行為により拡大してしまう。昨今、発生した製品やサービスに対する謝罪会見において、責任を転嫁する主張により、その後、対象製品のマーケットが縮小する、経営に影響のある程の損賠賠償を負担する、という大きな問題に発展するリスクがある。

従って、第1章の提携交渉でも言及したが、予め契約において、紛争解決ルールを決めておくことは、法学・法務、交渉学、リスクマネジメント論のいずれの視点からも、重要である。

また、クレーム交渉の場面は、情報が不明確だが、状況が切迫し、利害関係者に通常より強いプレッシャーが掛かっていることが多い。このような場合は、通常以上に、利害関係者間のコミュニケーションが重要になる。クレーム交渉で重要なコミュニケーションのパターンに関する二つの研究がある。

一つは、アサーティブネスである。アサーティブネスは、心理学の研究であり、相手の立場を考えた主張である。英国の心理学者であるアン・ディクソンは、新しいコミュニケーションのパターンとして、まず、会話を始める前に、以下の基本的な質問を自分に行うことを推奨している。[注157)]

① 何が起こっているのか？
② それについて自分はどう感じているのか？
③ どのような具体的変化を望むのか？

その上で、交渉相手が強い態度は感情的にアプローチしてきたとしても、“相手が自分を見下している”、と考えるのではなく、“何かの理由があるのだ”、と理解し、背景にあるコンテキストを把握すべきだと考えるアプロー

注157)　アン・ディクソン：それでも話し始めよう　アサーティブに学ぶ対等なコミュニケーション、アサーティブジャパン監修・監訳、クレイン、2006, p.59 参照

チを推奨している。アサーティブなアプローチは、通常のコミュニケーションでも有効だが、クレーム交渉のような切迫した状況では、さらに、有効性が高い。相手の立場に仮説立てを行い、その上で、相手が受容しやすい内容と表現を用いてコミュニケーションするのである。アプローチする前に、自分に三つの質問を投げかけ、冷静に問題の本質を整理することから始めている。これは、クレーム交渉において、言うべきことを主張しながら、相手のコンテキストを引出し、自分の主張が相手に受容される可能性を高めるために必要なアプローチである。

一つは、難題の本質分析とそれを乗り越えるためのパターン研究である。ハーバード大学では、交渉学研究を通じて分析した数千という会話例を研究し、人の考えや感情を以下の三つのパターンに分類している。[注158)]

① 何があったかを巡る会話
—課題：状況はどちらの側からみるよりも複雑である。
② 感情を巡る会話
—課題：状況が感情的に緊迫している。
③ アイデンティティを巡る会話
—課題：状況が私たちのアイデンティティを脅かしている。

この分類に基づき、メッセージをぶつけ合う対立的コミュニケーションではなく、お互いのコンテキストを共有する学びの姿勢のコミュニケーションを推奨し､質問の方法や会話の表現方法を解説している。クレーム交渉では、どうしても、相手に攻撃型のコミュニケーションを取りやすい。これについても、攻撃型のコミュニケーションのリスクとして、「“責め”に焦点をあてることがまずいのは、私たちが問題の本当の原因になっているものが何かを知り、それを修正するための行動を起こすことの妨げになるからである。そ

注158） ダグラス・ストーン、ブルース・パットン、シーラ・ヒーン、序文＝ロジャー・フィッシャー：話す技術・聞く技術、日本経済新聞出版社、2012, pp.60-61 参照

してまた、“責め”は、往々にして、的はずれで、アンフェアなものだからだ。」[注159] と指摘している。また、会話パターンでは、会話の順番の重要性も指摘している。例えば、クレーム交渉において、事実の確認、原因の究明ができていない段階で、最初に責任問題を議論すれば、紛糾することは確実であり、問題の解決がより困難になる。

さらに、ハーバード大学では、非言語コミュニケーションの研究も行われている。非言語コミュニケーションとは、顔の表情、身振り、手振り、動きなどに発する言語以外のメッセージの送受信によるコミュニケーションである。交渉における非言語コミュニケーションについて、「対面コミュニケーションにおいては、非言語シグナルは、話し言葉より強力ではないにせよ、同じくらいの力を持つ。実際に、いくつかの調査によれば、話し手の言葉とボディ・ランゲージが矛盾する情報を伝えるように見えるとき、聞き手は非言語シグナルの方に注意を払うだろうと言われている。その他の非言語コミュニケーションを構成する行動や動作と同じく、聞くことも強力なメッセージとなり得る。誤解があれば、関係を損なったり責任追及に結びついたりするおそれがあるが、注意深く聞けば、コミュニケーションの回線がつながったままになり、誤解されにくい。」[注160] と指摘している。クレーム交渉では、相手の主張のコンテキストを引出すのが重要だが、言葉のみからでは引出すのが難しい。そのため、非言語メッセージを如何に有効に受信するかが重要である。また、立場やタイミングにより、本意ではないが、厳しい主張をすべき場合もある。従って、非言語メッセージを如何に有効に送信するかも交渉の成功確率を上げるカギとなる。

以上から、クレーム交渉の成功確率を上げるためのポイントは、以下である。

注 159) ダグラス・ストーン、ブルース・パットン、シーラ・ヒーン、序文＝ロジャー・フィッシャー：話す技術・聞く技術、日本経済新聞出版社、2012, p.115 参照
注 160) ハーバード・マネジメント・アップデート編集部：ハーバードビジネススキル講座　対話力、DIAMOND ハーバード・ビジネス・レビュー編集部訳、ダイヤモンド社、2006, pp.11-12 参照

クレーム交渉の成功確率を上げるためのDo's & Don'ts

① 利害関係者が協力して、できるだけ迅速に、正確な事実を確認し、原因の究明を行う。一方、必要に応じて、損害を拡大させないための措置を行うと共に、利害関係者や第三者に責任を転嫁せず、初期段階は、損害の縮小を優先する。

② 相手へのアプローチは、冷静に、何を、どの順番で、どのように表現するか、について、事前に十分に準備して行う。特に、相手の立場を考えて、受容可能性の高いアサーティブなアプローチを心がけると共に、相手が自分を見下しているなど、固定観念や一方的な見解に基づく判断は避ける。そして、非言語コミュニケーションを有効に活用する。

③ 交渉のアジェンダ（協議項目）は、何を、どの順番で、どのように表現するかを予め準備して交渉する。アジェンダの選択はロジカルに、表現はアサーティブに行う。そして、事実関係と原因究明が不明確なままで、責任問題をアジェンダには挙げず、できるだけ最後に議論する。

Episode 2 突然の条件変更は乗り越えられるか？

契約交渉も終盤に入り、文章を確認し、モレがないかをチェックすれば終了、という段階になって、突然、相手が一旦合意したはずの、しかも、基本的な条件や重要な条件を変更したい、変更しないとこれ以上交渉が進められない、と言ってくることがある。契約交渉では、このようなアプローチに遭遇した人も多いであろう。これは、ニブリング（いわゆるおねだり戦術。一旦合意した後、相手の気が緩んだ時を狙って、相手に追加条件を出し、その条件を合意させてしまう交渉術）ではないのか、または、ブラフ（いわゆる脅し戦術。事実でないことを断言したり、確信している立場を取り、相手を騙す戦術）ではないのかと疑心暗鬼になることもあると思う。そのような場合には、どのようにすれば乗り越えられるのであろうか。

交渉学を継続学習し、実際に活用しているSE（システムエンジニア）がいる。SEのAさんは、顧客からシステム開発を受注する仕事を担当している。システム開発の初期段階で行われる要件定義の交渉において、ミッション、ゾーパ、バトナのフレームワークに基づき事前に準備し、交渉の場面では、相手の立場に配慮したアサーティブなアプローチに心がけていた。交渉は順調に進み、価格、納期、仕様、保証などの主要条件が確定し、システム開発契約の条件に合意し、法務部門のチェックも終わり、締結の手続のみの段階になっていた。通常納期より短い案件であったので、すでに、必要な手配を終了し、後は、開発をスタートするのみの段階になっていた。

ところが、そんなある日、交渉相手のBマネージャーから、こんな連絡があった。

「スケジュールが決まっているところ申し訳ないが、合意したスケジュールより、さらに1ヶ月納期を短縮してもらえないだろうか。契約も締結手続のみであり、価格などの条件は、できればそのままでお願いしたい。今後の長いお付き合いもあるので、ぜひ、前向きに検討して欲しい。」

すでに手配は終了しており、これから短縮するとなるとかなり無理をすることになる上に、予定を超えたコストが掛かり、想定していた利益が取れない可能性があった。

あなたなら、どうするだろうか。すでに確定した条件ではあるが、契約寸前の顧客であり、また、今後の長いお付き合いを期待して、YESと答えるだろうか。

Aさんは、このような要望をしてくるには必ず、背景となる理由があると考えて、相手のコンテキストを引出してみた。そうすると以下の事実が判明した。

・相手が1ヶ月納期を短縮したい要望には、やむを得ない事情があった。ただし、この案件は、大型のシステム開発であり、他の4社にも部分的なシステム開発契約の締結が進められていた。

・1ヶ月の納期短縮は、システム全体で必要であったが、ギリギリで無理な納期短縮を要望しても、受けてもらえないのではないかと思ったBマネージャーは、5社すべてに1ヶ月納期短縮できないかと問い合わせていた。

このコンテキストを知ったAさんは、Bマネージャーに5社すべてが集まる合同会議を開催し、それぞれが協力して、トータルで1ヶ月短縮する方法を検討したい旨を提案した。早速、Bマネージャーは他の4社の担当者を集め、事情を説明した上で、打合せが実施された。幸いにも、発注側が少し早めに必要なデータを提供すること、受注側の5社が協力して、それぞれ関連する業務の効率化や重なる業務の調整などを行うことにより、1ヶ月の納期短縮を実現できる目途がついたのである。

このタイプの交渉では、相手がニブリングやブラフを掛けてくることもあり、必ずしも、今回のケースと同じとは限らない。しかし、相手が急に条件を変えてきた場合は、必ずその背景に何か事情があるはずである。従って、コンテキストを引出し、創造的な選択肢（クリエイティブ・オプション）を考えれば、お互いに価値ある合意に至る可能性はあるのだ。

第3章 代理人交渉

当事者本人が行う本人交渉と弁護士に依頼して行う代理人交渉は、何が同じで、何が異なるのだろうか。依頼する側の企業法務の立場、依頼を受ける側の弁護士の立場から見てみよう。

企業法務の立場として、瀧川英雄氏（ミスミグループ法務室ジェネラルマネージャー）は、著書の中で、企業が弁護士に依頼する場合として、以下の7つのケースを挙げている。[注161)]

① 紛争の代理を依頼する
② 複雑で重要な手のかかる案件を依頼する
③ 法的な意見書を求める
④ 専門法分野での回答を求める
⑤ 客観的な立場からの意見を求める
⑥ 調べたけれどわからない、自信がないところがある
⑦ 他社の対応事例を知りたい

加藤新太郎判事は、著書の中で、弁護士の取り扱う交渉を、次のように列挙している。[注162)]

① 要求を法的に構成し、それを法的手段を通じて主張し、その成果を法的利益として獲得する交渉
② 法的基準に則りつつ、適用可能な法的規準の中から、自分が正当と信じる規準を駆使して行う交渉
③ 主として紛争解決交渉

注161）　瀧川英雄：スキルアップのための企業法務のセオリー　実務の基礎とルールを学ぶ、レクシスネクシス・ジャパン、2014, pp.139-140参照
注162）　加藤新太郎：リーガル・ネゴシエーション、弘文堂、2004, p.122参照

④ 多くの場合、裁判所、行政委員会その他第三者である仲介人の存在がある。

⑤ 紛争解決交渉に限らず、異種への交渉にも応用可能である。

依頼を受ける弁護士として、小林秀之氏（弁護士・一橋大学大学院教授）は、著書の中で、弁護士と依頼者の意思決定モデルを伝統型モデルと依頼者参加型モデルに区分している[注163)]。「伝統型モデルでは、交渉の方法は弁護士に一任され、原則として依頼者への相談なしに実行される。しかし、交渉の方法に関する依頼者の情報は重要であるため、依頼者参加型モデルにより、交渉の目的と手段の相互作用や依頼者の利益について弁護士と依頼者で十分議論することが望ましい。」と述べている。また、米国では、医者と患者のコミュニケーションと同様に、インフォームドコンセントを導入し、依頼者の側にも、自らから適切な意思決定を行い得るよう弁護士にも情報を提供し説明する義務がある例を紹介している。

弁護士には、社内弁護士という立場もある。日本組織内弁護士協会によると同協会は、2001年に設立され、会員数は1,612人（2018年12月31日現在。うち現役の組織内弁護士1,285人）である[注164)]。社内弁護士の経験が豊富な芦原一郎氏（アフラック弁護士）は、著書の中で、社外弁護士と社内弁護士の違いについて、社外弁護士は、リスクや対策を説明して、会社の判断に委ね、仮に反対の結論であっても、余程の重大案件の場合を除き、会社の意思決定を覆すことは難しいとした上で、「社内弁護士は会社と運命共同体です。予見可能性と回避可能性のいずれもが社外弁護士とは比較にならないほど高いため、会社や株主に損害を与えた場合には責任を負わせられる可能性が高いのです。場合によっては、弁護士資格にまで影響があるかもしれません。ですから社内弁護士の場合、担当部門が反対の結論を出した場合であっても『はい、そうですか』と簡単に引き下がるのではなく、法的により安全で好まし

注163）　小林秀之：交渉の作法　法交渉学入門、弘文堂、2013, pp.269-270 参照
注164）　日本組織内弁護士協会（Japan In-House Lawyers Association）http://jila.jp/　より

い状態が実現するように努力し、適切なリスク・コントロールをしなければならないのです。」[注165)] と述べている。

また、同じ弁護士でも、役割を変えた2種類の弁護士を活用する交渉もある。ロバート・M・ムーキン（ハーバード大学交渉学研究所所長）は、著書の中で、攻撃的で競争的な弁護活動を、法廷を通じて行う法廷弁護士（litigator）と法廷で争いが継続中でも、相手方と協力的な和解交渉を行う和解交渉弁護士（settlement counsel）の2種類の役割を紹介し、交渉戦略の中で、有効に役割を使い分けるべきであることを述べている。[注166)]

これらを踏まえて、代理人と本人の関係を図式化してみよう。

【図10：代理人と依頼人の関係】

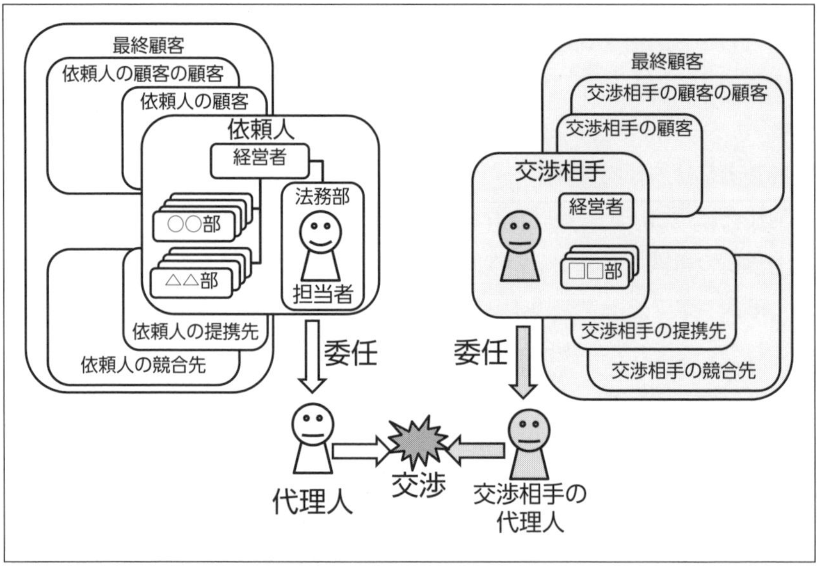

この図は、企業間の交渉において、それぞれが社外弁護士に交渉を委任し、利害の対立を乗り越える問題解決の交渉をしているシーンである。双方は、

注165） 芦原一郎：社内弁護士という選択 インハウスカウンセルの実際の仕事を描いた15講、商事法務、2008, pp.8-9 参照
注166） Robert H.Mnookin : Beyond Winning Negotiating to create value in deals and disputes, Belknap Harvard, 2004, p.181 参照

企業から依頼を受けているが、一定規模の企業であれば法務部があり、依頼は、法務部より顧問契約等を締結している社外弁護士に対して行われるのが一般的である。依頼人である企業の法務部の担当者には、上司がおり、また、企業内には関係部門、そして、最上位者として経営者がいる。つまり、依頼人の利害関係人が階層的に存在している。さらに、企業の背景には、提携先、競合先、顧客、顧客の顧客、最終顧客などが、同様に階層的に存在している。この構図が、依頼人の意思決定に対する利害関係人であり、影響者でもある。

また、交渉相手についても、同様の背景が存在している。これらの利害関係人には、それぞれのコンテキストが存在し、そして、それらがすべて、代理人間の交渉を通じて問題解決をするための意思決定に影響しているのである。問題解決の交渉において、創造的な選択肢を考え、本質的な問題を解決するためには、この関係性をよく理解しておく必要がある。

また、代理人と依頼人は、委任関係にある。ここで最も重要なことは、代理人と依頼人がミッションを共有することである。委任の対象となる案件に対して、交渉により何を目指すかが共有されていないとトラブルの要因となる。それぞれの階層には、背景にコンテキストがある。また、依頼人の上位階層のミッションは、依頼人が今回の交渉でゴールとするミッションと関連している。代理人がどこまで依頼人の背景にあるコンテキストを知り得るか、また、知る必要があるかは、交渉案件によるが、重大な案件であればある程、できるだけコンテキストを理解し、その上で、ミッションを共有する必要がある。代理人と依頼人のトラブルが発生する原因の多くは、ミッションが有効に共有できていないためであると思われる。

前述した田中章弘弁護士（**第1部第3章参照**）は、交渉学が依頼者に真の利益となる交渉の進め方を教えてくれること、破滅的な交渉を望んでいる依頼者への説得の道具になり得ること、依頼者が、最終的には当該事件限りでの解決を望む場合でも、弁護士が負う善管注意義務は、依頼者がとり得る選択肢を示すこと要求しており、そのために有効であること、以上を指摘している。これは、代理人と依頼人との間で取るべきアプローチである。

また、この階層構造は、交渉相手も同じであり、代理人は、依頼人との間の内部交渉と交渉相手との外部交渉を並行して行う必要があり、高度な交渉戦略と技能が要求される役割である。

以上から、代理人交渉の成功確率を上げるためのDo's & Don'tsは、以下である。

代理人交渉の成功確率を上げるためのDo's & Don'ts

① 依頼人と代理人は、交渉で何を目指すか（ミッション）を共有する必要がある。

依頼人と代理人は委任関係であるが、交渉により問題を協力して解決する関係でもある。従って、交渉で何を目指すかのミッションは、共有する必要がある。ミッションが共有されていないと依頼人と代理人との委任関係は、トラブルの原因となる。

② 代理人は、依頼人のコンテキストまで共有する必要がある。

さらに、依頼人の背景には、階層化したコンテキストがある。代理人にとって、委任を受けた交渉の成功確率を高めるため、また、依頼人の顧客満足を高めるためにも、依頼人の背景にあるコンテキストをできるだけ共有しておくのが望ましい。

③ 依頼人と代理人は、共通の目標に対して、それぞれが役割分担する必要がある。

依頼人と代理人は、交渉による問題解決のために、役割分担をする必要がある。例えば、交渉の最終意思決定の段階において、依頼人の上位意思決定者に正しく状況を伝えることが考えられる。また、交渉相手に対して、依頼人と代理人が役割分担し、対立的な交渉と和解的な交渉を並行して行う方法もある。両者の役割分担は、交渉の成功確率を上げるためにも有効である。

Episode 3　依頼人の本当の利益は何か？

交渉において、依頼人と代理人弁護士（以下、代理人）が異なる見解を持つ場合がある。例えば、依頼人が、ある企業に対して訴訟を提起し、裁判が開始されたとしよう。争点の整理が終わり、裁判官からは、原告側代理人に対して、和解勧告があり、代理人が依頼人と相談することになった。代理人の見解では、本事案は、法的には微妙であり、勝訴できる場合もあれば、敗訴するリスクもあり、和解勧告を受け入れることを勧めたいと考えていた。しかし、依頼人は、かなり感情的になっており、たとえ負けても、訴えは取り下げたくないという強い意志であった。この場合、依頼人の本当の利益とは何であろうか。

事案の内容が、特許権の侵害のような違法行為であったとしても、裁判において、法的に立証できない場合は、勝訴判決は得られない。契約違反の場合、明確に契約条項に規定があり、さらに、それに違反した事実の証拠が明確であれば、違反の事実を立証し、損害賠償を請求できるが、証拠が不明確、損害額の算定が難しいという事案であるから、当事者間の交渉で問題が解決できず、裁判による解決が選択されているのが通常である。

また、依頼人が企業であれば、費用対効果という視点もあり、裁判を継続する費用、及び裁判継続のために受ける事業への影響を考慮すると判決まで裁判を継続するよりも、早期に和解した方が、依頼人の利益になる場合もある。代理人は依頼人の委任を受けており、依頼人の利益を実現する必要がある。また、代理人は弁護士として、弁護士法に基づく守秘義務と利益相反の禁止に加えて、弁護士職務基本規程に基づく弁護士倫理を遵守する必要がある。このようなケースにおいて、代理人が依頼人の本当の利益を実現するために、何かできることはないのだろうか。

例えば、依頼人が法務部長であり、代理人と依頼人は、和解を選択することで見解が一致していたとしよう。ただし、多くの企業で、和解するか裁判するかの意思決定は、法務部の責任者が最終意思決定者であるとは限らない。事業に関する事案であれば、事業部長や担当役員であろう。また、経営に影響するような事案であれば、最終的には、代表取締役社長、もしくは、取締役会の決議事項となっていることも多い。例えば、決定権を持っている事業の担当役員は、訴訟の継続にこだわっていたが、会社の経営全体から見れば、和解勧告を受け入れた方が、依頼人の企業の利益になる、と依頼人の法務部長と代理人の弁護士の意見が一致していたとしよう。この場合、担当役員がなぜ、訴訟の継続にこだわるのか、コンテキストの背景となる意思決定の基準は何かを共有した上で、依頼人と代理人が担当役員に合理的な意思決定を促すために協力する方法がある。依頼人の背景は、図10のような構図になっており、それぞれにコンテキストが存在する。そのため、交渉的アプローチにおける5段階プロセスに従い準備し、依頼人と代理人が共通の目標に基づき、役割分担する方法が有効である。

交渉の結果として、和解勧告を受け入れる場合もあれば、訴訟を継続し、敗訴する場合もあるだろう。しかしながら、いずれの結果であったとしても、このプロセスを経ることにより、依頼人は、法務部長として可能な方法はすべて行ったという社内での説明責任が果たせる。また、代理人は、弁護士として依頼人の本当の利益を守るべく可能な方法はすべて行ったという依頼人への説明責任が果たせる。さらに、このプロセスを共有した依頼人と代理人の関係は良好に継続する可能性が高い。依頼人の立場から見れば、今後も委任したい代理人弁護士ということになり得る。代理人の立場から見れば、他の事案にも適用できる問題解決のナレッジを得られると共に、依頼人から信頼される弁護士としての評判にも影響することが期待される。

この方法が正解でも不正解でもない。しかしながら、このアプローチは、代理人が依頼人の本当の利益を実現する可能性を高める方法である。

第4章 国際交渉

日本人同士の交渉と国際交渉は、何が同じで、何が異なるのだろうか。異文化交渉については、興味深い研究が二つある。

一つは、ポール・エクマン教授の研究である。エクマン教授は、心理学を専門とする医学博士である。過去40年の研究成果により、特定の表情には、民族、性別、年齢等に拘わらず、万国共通のパターンがあることを見出している。例えば、交渉中において、自分が提示した条件に対して、相手が言語メッセージを発しなくても、肯定的か否定的かを非言語メッセージである表情から分析することができれば、非常に有効である。交渉中に分析できると有効な“嫌悪”の表情の特徴を見てみよう。「嫌悪とは、忌避の感情である。嫌悪とは、ふつう、排除反応と回避反応を含む。嫌悪の対象が取り除かれるか、それが避けられるかのいずれかである。」[注167] と述べている。そのため、交渉者が提供した情報や提示した条件に対して、嫌悪の表情が見られる場合は、要注意である。この表情を見落として、次の情報提供や条件提示を行うと難局に陥るリスクが高まる。また、嫌悪は、軽蔑、怒り、驚き、恐怖、悲しみなどの感情と組み合わさっている。エクマンの研究によると嫌悪の表情は、以下のパターンを含んでいる。[注168]

① 上唇が引き上げられる。
② 下唇も引き上げられ、上唇の方に押し上げられるか、下げられ、わずかに下に突き出る。
③ 鼻にしわがよる。
④ ほほは持ち上げられる。
⑤ 下まぶたの下にしわができ、まぶたは押し上げられるがぴんと張って

注 167） P・エクマン、W・V・フリーセン：表情分析入門　表情に隠された意味をさぐる、誠信書房、1997, p.86 参照
注 168） 同書、pp.98-99 の合成写真による表情サンプル参照

いない。

⑥眉は下げられ、上まぶたを下方に下げている

言葉だけではわかりにくいかもしれないが、著書には、紹介した嫌悪を含む六つの表情（驚き、恐怖、嫌悪、怒り、幸福、悲しみ）が混在した33種類の表情について、合成写真を用いた具体的なサンプルが紹介されている。また、顔写真のサンプルによる練習問題もあるので、参照して欲しい。また、著書の「顔は口ほどに嘘をつく」[注169)]の中で、人間が1万以上もの表情を作れることを発見したこと、人間は言葉で嘘をつくことはできるが、顔で嘘をつくのは難しいこと、を述べている。エクマン教授は、FBIやCIAなどの政府機関の感情表現アドバイザーとして、この研究を用いて、犯人逮捕などに協力している。

従って、表情には万国共通のパターンがあり、それを理解し、契約交渉に活用できれば、相手の民族、性別、年齢等に関係なく、非言語メッセージを送受信できる可能性が高まるのである。ただし、エクマン教授もこれが万能の方法であると言っている訳ではなく、トレーニングによりコントロールしているケースもあるとしており、そのことを理解した上で、表情分析すべきである。

もう一つは、エドワード・T・ホール教授の研究である。ホール教授は、比較文化論を専門とする人類学者（博士）であり、大学の研究以外に、米国国務省の依頼で、国際交渉の役割を担う外交官等の海外派遣要員のトレーニングを行った経歴もある。ホール教授は、「文化の機能の一つは、人間とその外界との間に、高度に選択的なスクリーンを設けることにある。従って、文化は、その多くの形態において、人間が何に注目し、何を無視するかを指示するのである。」[注170)]とした上で、システムが複雑化した状況における問題

注169)　P・エクマン：顔は口ほどに嘘をつく、河出書房新社、2006, p.57 参照

注170)　エドワード・T・ホール：文化を超えて、TBS ブリタニカ、1993, p.108 参照、同書では、Context をコンテクストと訳されているが、本書では、コンテキストで統一。

解決には、個人や組織のプログラミングがカギとなり、そのためには、コンテキストの理解が重要であると述べている。

また、コンテキストには、コンテキスト度の高いコミュニケーションと低いコミュニケーションがあると区分し、「コンテキスト度の高いコミュニケーションまたはメッセージでは、情報のほとんどが身体的コンテキストの中にあるか、または個人に内在されており、メッセージのコード化された、明確な、伝達される部分には情報が非常に少ない。一方、コンテキスト度の低いコミュニケーションは、まさにこの反対である。つまり、情報の大半は明白にコード化されているのである。一緒に育った双子(高コンテキスト)の方が、裁判中の法廷(低コンテキスト)における弁護士二人、または、コンピューターのプログラミングをしている数学者、法案を起草中の政治家二人、条例を作成中の行政官二人、あるいは喧嘩の原因を母親に説明しようとしている子供などより、言葉少なにコミュニケートすることができる。」[注171)]と述べている。

さらに、民族により高コンテキスト文化と低コンテキスト文化があることを明示した上で、「コンテキスト度が高い文化もあれば、低い文化もあるが、極端に高かったり、低かったりする文化はない。米国文化のコンテキスト度は最低とはいかなくとも、かなり低いが、日常生活において必要とされるコンテキスト化の度合いから言えば、ドイツ系スイス人、ドイツ人、スカンジナビア人よりは比較的高い。複雑でさまざまな制度を持っている文化（つまり技術的に進歩している文化）は、当然コンテキスト度が低いかと言えば必ずしもそうではない。中国は偉大で複雑な文化を持っているが、コンテキスト度は極めて高い。」[注172)]と述べている。

従って、民族によりコンテキストには、特徴的なタイプがあり、それを理

注 171）ダグラス・ストーン、ブルース・パットン、シーラ・ヒーン、序文＝ロジャー・フィッシャー：話す技術・聞く技術、日本経済新聞出版社、2012, pp.60-61 参照
注 172）ダグラス・ストーン、ブルース・パットン、シーラ・ヒーン、序文＝ロジャー・フィッシャー：話す技術・聞く技術、日本経済新聞出版社、2012, pp.60-61 参照

解し、契約交渉に活用できれば、相手のコンテキストを共有し、より深い議論を行う交渉ができる可能性が高まる。ただし、この分析により、○○人は××タイプ、というようなバイアスが掛かってしまうと逆効果であり、注意が必要である。

また、国際交渉では、どの言語を選択して交渉するのが良いかを迷うことも多い。外国語としての英語を選択することも多いが、双方が母国語でない場合、言葉の問題で誤解が生じ、交渉が難局に陥ることもある。一方、通訳を介した交渉では、非言語メッセージを有効に送受信するのが難しく、コンテキストが共有できず、言葉というコンテンツのみの交渉になるリスクもある。言語の選択を考える前提として、母国語と外国語とコミュニケーションの問題について、考えてみよう。

岡秀夫教授（言語学者、元東京大学教授、現目白大学教授）は、著書の中で、「脳の容量は限られていて二つの言語を学ぶと半分づづになるという古い考え方は否定されました。それに代わる新しい解釈として、二つの言語は共通の認知体系に基づいて相互に依存しているというものです。それゆえ、同じことを2回学ばなくて良いし、両方言語で学ぶのに2倍の時間が掛かる訳でもない、という新しい説が提唱されるようになりました。ただし決めつけることは危険で、誰でもそうなるかと言う条件があるのです。二言語習慣がプラスに働くためにはクリアすべき敷居があり、日常的なBICS（Basic International Communicative Skills）と呼ばれる生活言語のレベルではなく、CALP（Cognitive-Academic Language Proficiency）と呼ばれる学習言語レベルにまで第二言語の力が達していることが条件になるということです。」[注173] と述べている。

また、山田雄一郎教授（言語学者、広島修道大学教授）は、バイリンガル

注 173）　岡秀夫：コミュニケーション能力を育てる英語教育へ、英語展望 112 号、英語教育協議会、2005 参照

教育で著名なカナダの研究者であるカインズとスウェインのモデルを参考に、バイリンガルの言語能力モデルとして、次のような図を作成している。共通基底能力は、3種類の知識（単語・発音・文法）と四つの技能（聴く・話す・読む・書く）である。

【図11：「バイリンガルの言語能モデル」注174)】

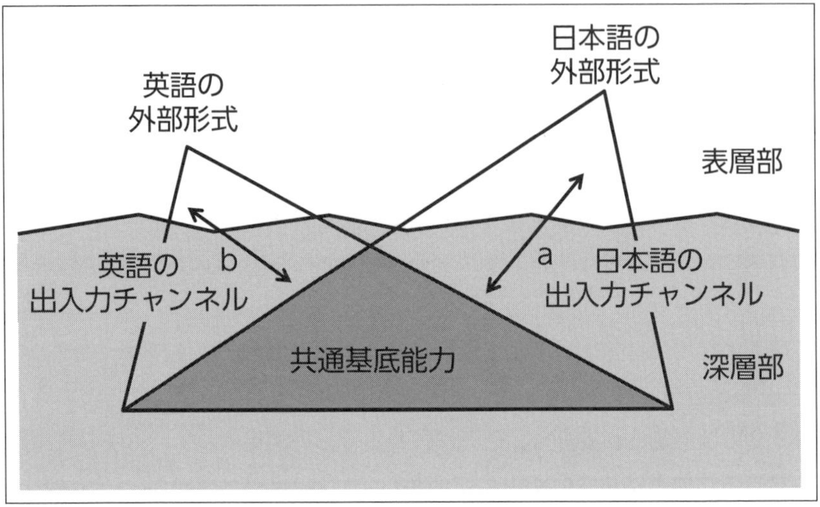

この図から、母国語と外国語は、同じ共通基底能力がベースとなっていること、母国語の出入力チャンネルと外国語の出入力チャンネルは、深層部から表層部まで距離に違いがあり、また、外部形式として、具体的に表現される内容の量やレベルにも違いがある。従って、外国語として表現されているコンテンツは、コンテキストの表現率が、母国語を用いた場合より低いと言える。このことは、国際交渉において、交渉における言語の選択、及び相手が使用している言語のコンテンツを理解する際に考えておく必要がある。

例えば、それ程厳しく表現するコンテキストではないと想定される主張で

注174） 山田雄一郎：英語力とは何か、大修館書店、2006, p.30 参照

も、相手が外国語を用いて表現している場合、十分に表現しきれていないことがある。また、想定外の厳しい書面を受領したので意図を口頭で確認すると言葉の選択が実際の主張と合っていない、というケースもある。国際交渉の場合、契約書の作成段階になれば、英語が最も多く選択され、リーガルイングリッシュを理解した弁護士にドラフトを依頼すれば、文章上の表現の問題は解決できる。ただし、最終文書作成に至るまでの交渉においては、交渉に外国語を選択するか否か、相手が英語を話している場合でも、母国語なのか外国語なのかは確認の上、相手のコンテンツをより正確に認識するアプローチが重要になる。

以上から、国際交渉の成功確率を上げるためのDo's & Don'tsは、以下である。

国際交渉の成功確率を上げるためのDo's & Don'ts

① 固定観念を持たず、コンテキストを引出す。

相手の民族、人種により一定の特徴はあるが、○○人は××タイプである、という固定観念を持つのは危険である。固定観念や偏見を持つとそれがバイアスになり相手のコンテキストが引出せなかったり、誤解の多いコミュニケーションになるリスクがある。相手が誰であっても、交渉では、まず、相手の行動や見解には、必ず隠された背景や事情があることを認識し、冷静にコンテキストを引出す必要がある。

② 交渉の使用言語は慎重に選択し、非言語コミュニケーションと組み合わせる。

交渉の使用言語を決める時は、その交渉者にとって、母国語か外国語か、外国語の場合、どの程度の習熟度であるかに基づき、相手とのコミュニケーションが円滑に進む言語を選択すべきである。また、外国語は母国語と同じレベルの表現が難しいことを認識し、言葉や文章などのコンテンツのみではなく、非言語コミュニケーションにより情報を送受信し、総合的に意思決定するのが重要である。

③ 交渉の基本ロジックは同じ、異なるのはインターフェース。

交渉は、問題解決のプロセスであり、契約交渉も同じである。従って、交渉の基本となるロジックは国内交渉でも国際交渉でも変わらない。ただし、異なるのはインターフェースである。民族や言語が異なることによる類似点と相違点を理解し、配慮することにより、円滑なコミュニケーションを取ることができる。

Episode 4 〇〇人は××タイプは、本当か？

ある中国人の企業経営者から、こんな話を聞いたことがある。この経営者は、日本企業と複数の合弁契約の交渉をした経験があるそうだ。合弁契約では、交渉の最初に、基本的な提携の条件を議論し、LOI（Letter of Intent）を基本条件として作成後、詳細の条件を詰めていくプロセスが多い。基本条件に合意後、具体的な条件を詰める中で、基本条件で合意したことであっても、最終合意に至るためには、見直すべき場合もある。このような事例で、この経営者は、日本企業の事業責任者から、何度か、次のような発言を聞いたという。

「最初に合意した条件を変更したいと提案するとは、信頼を裏切る行為だ。議論には一切応じられない。」

または

「なぜ、中国人は、約束したことを守らないのだ。契約をする気がないのか。」

そして、何も具体的な議論をしないまま、相手の交渉チームが帰国してしまい、交渉は決裂してしまった経験が何度かあるそうだ。この経営者は、帰国した日本企業の交渉チームは、きっと中国人は約束を守らない、信用できない、という噂を広めているのではないか、と残念そうに語っていた。さて、この事例は、何が問題なのだろうか。

まず、○○人は××タイプという考え方は正しいだろうか。アメリカ人は、いつも高いところから条件を出し、その後、落としどころを探ってくる、ヨーロッパ人は、なかなか本題に入らず、背景や理由ばかりしつこく聞く、と言う人もいるが、本当にそうだろうか。もちろん、その人たちは、実際にこのようなアプローチを受けた経験があるのだろう。しかしながら、その経験が、再現確率が高いものであるか、本当に民族の行動特性に基づくものであるかは、大いに疑問である。前述のエクマン教授は、研究に基づき、表情という非言語メッセージは民族による差がないと述べている。また、ホール教授も、高テキスト文化と低テキスト文化は、民族による特徴はあるが、極端な差がある訳ではないと述べている。

ところが、自分と異なる民族である外国人に対しては、○○人は××タイプである、というバイアスに基づき、固定観念を持っている人がいる。このような固定観念を持つことは、交渉の成功確率を下げる可能性が高い。企業間の契約交渉を、パートナーになり得るかの交渉と考えると基本のロジックは、民族により異なる訳ではなく、相手のミッションにより異なるのである。ただし、相手や民族により特徴的な表現方法やインターフェースが必要な場合はあり得る。その点は知っておく必要がある。

異なる民族や国籍を持つ相手との国際交渉において、固定観念を持ち、さらに、その固定観念を基準に具体的な意思決定することは、交渉の成功確率を下げる行為であることを認識しておく必要がある。

第5章 多数当事者間交渉

多数当事者間交渉とは、共通の問題に対する複数の利害関係者による交渉や、複数の交渉メンバーから構成される複数の交渉チーム間の交渉である。例えば、次のような契約交渉は、多数当事者間交渉である。

① 複数の利害関係が対立する企業が、共通の問題を巡り行う交渉

例えば、技術の標準化を巡る交渉、共通の環境基準を決める交渉、パテントプールやコンテンツプールを作るための交渉など。

② 複数の利害関係が対立する企業から、複数の代表者が参加して行う交渉

例えば、お互いの会社が交渉チームを作り、複数の交渉メンバーが参加して行う交渉。

③ 同じ企業内で利害関係が対立する複数のメンバーや組織間で行う交渉

例えば、部門内のメンバーが共通の問題を解決する交渉、ある部門と別の部門が利害の対立を乗り越えるために行う交渉など。

以上のような多数当事者間交渉では、複数の当事者がプレイヤーとして登場する。それぞれの当事者は、各自のコンテキストを持って交渉参加している。このコンテキストを如何に引出すかが重要になる。そこで重要なことが、質問である。質問は、予め設計しておく必要がある。質問の設計では、アジェンダ（協議事項）の設計と同様に、何を、どの順番で、どのような表現で質問するかを決めるのが基本である。

米国の国務省や大手企業の交渉力トレーナーであるジム・キャンプは、著書の中で、質問をする能力について、イエス、ノーで答えるクローズド・クエッ

ションより、5W1Hを問うオープン・クエッションの有効活用を推奨した上で、交渉における効果について、「「5W1H」型の質問には、相手の世界を映し出すテレビのスイッチをつける働きがある。と同時に、相手が自分のビジョンをはっきりさせ、明確な絵を描くことも助ける。つまり、「5W1H」型の質問は、双方が同じ絵を見られるようにするのだ。これは、交渉が前に進むために欠かせないプロセスだ。」[注175] と述べている。

谷原誠弁護士は、著書の中で、オープン・クエッションとクローズド・クエッションは、時と場合で使い分けるべきだとした上で、以下の8つの場面における質問の型を紹介している。[注176]

①相手の本音を聞き出す場合
②聞きにくいことを聞く場合
③相手に決断を迫る場合
④論理的に攻める必要がある場合
⑤人をうまく動かす場合
⑥相手と早く打ち解けたい場合
⑦話をうまく切り出したい場合
⑧相手を思い通りに誘導したい場合

場面毎に質問を設計し、準備しておくことは、非常に有効である。ハーバード大学交渉ネットワーク研究所長のウィリアム・ユーリーは、さらに、相手が満足する質問を一つか二つ必ず用意すること、相手が自分の質問に対して沈黙した場合は、不安にならず、質問が功を奏したと考えて粘り強く待つべきだとした上で、「たった一つの効果的な質問が、行き詰まった交渉を大きく前進させ、打開の道を開いてくれる。そのためには、頭を絞っていくつもの質問を考えだし、根気強く相手に向かって投げかけ続けることが大切であ

注175)　ジム・キャンプ：交渉は「ノー!」から始めよ、ダイヤモンド社、2003, p.80 参照
注176)　谷原誠：「問題」を1秒で解決する　するどい「質問力」!、三笠書房、2008, pp.60-61 参照

る。」[注177)]と述べている。

また、企業の人事部が採用面談の場面で用いるコンピテンシー質問という方法がある。コンピテンシーは、ハーバード大学デイヴィッド・C・マクレランド教授により提唱された概念である。コンピテンシーとは、ある職務において卓越した業績を生む原因となる個人の根源的な特性である。マクレランド教授は、多くの人材の行動特性を分析し、高業績者に共通するスキルや行動特性があることを見出した。現在では、企業の人事評価や人材教育のモデルとしても活用されている。[注178)]

採用面談の場面では、このコンピテンシーを用いた以下のような質問が行われている。

以下は、大学で○○クラブのキャプテンをしていた学生がそのことを話しているシーンだ。

応募者：「私は、○○クラブのキャプテンをしており、リーダーシップを担った経験があります。」

面接者：「なる程、それでは、キャプテンになった経緯を教えてもらえますか。例えば、自薦ですか、他薦ですか？」

応募者：「キャプテンは、監督が指名します。」

面接者：「そうですか。チームの皆さんは、祝福してくれましたか、それとも、厳しい味方をしたメンバーもいましたか？」

応募者：「支持してくれたメンバーもいましたが、私が実力No.1という訳ではなく、何かと私の意見に反対するメンバーもいました。」

面接者：「なる程、それでは、反対するメンバーたちとどのようにコミュニケーションしてきましたか？」

……（会話が続く）

注 177） ウィリアム・ユーリー：ハーバード流 “NO” と言わせない交渉術、三笠書房、2000, p.181 参照
注 178） David C.McClelland: Testing for Competence Rather Than for “Intelligence”, American Psychologist January 1973 参照

面接者は、クローズド・クエッションを避け、応募者のコンテキストを引出すために、オープン・クエッションを用いている。さらに、最初の質問と次の質問を関連づけ、階層化しているコンテキストから、3階層まで情報を引出そうとしている。この方法は、交渉において、相手のコンテキストを引出すためにも、非常に有効である。

また、多数当事者間交渉では、交渉シーンで、どの位置に座るかというシーティングも重要である。企業間の交渉において、4名対4名が交渉している多数当事者間交渉のイメージ図から考えてみよう。

【図 12：「多数当事者間交渉のイメージ図」】

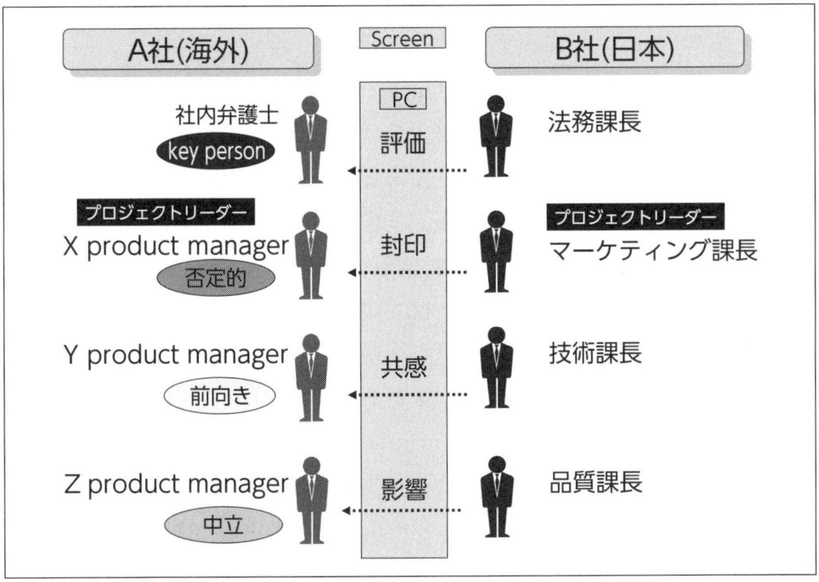

このケースは、二つの海外メーカーA社と日本メーカーB社が、お互いに4名の交渉チームを作り、提携交渉しているシーンである。海外A社からは、プロジェクトリーダーと社内弁護士、プロダクトマネージャーが2名参加している。日本B社からは、プロジェクトリーダーと法務課長、技術課長と品質管理課長が参加している。このケースを、何度かの交渉を経て、提携する

か否かの意思決定をする交渉シーンとし、日本B社の立場で考えてみよう。

例えば、この交渉に至るまで交渉経緯、もしくは、この交渉の事前交渉、または、相手4名との個別交渉を通じて、海外A社の4名のコンテキストを引出したとしよう。その結果、プロジェクトリーダーは、日本B社のライバル企業と長年付き合いがあり、今回の提携には否定的、Y product managerは、日本B社の技術レベルを高く評価しているので、提携に前向き、Z product managerは、中立だが、商品特性から品質に関わりがあり、評価できる品質管理体制があるのであれば、賛成に回る可能性あり、社内弁護士は、実は、3名のproduct managerより社内のポジションが上であり、また、社長の信頼が厚く、意思決定のkey personであることがわかった。

そのため、日本B社は、Y product managerに共感を呼ぶために技術課長が参加、Z product managerに影響力を与えるために品質管理課長が参加した。そして、プロジェクトリーダーであるマーケティング課長は、相手のプロジェクトリーダーを封印しながら、全体をリードし、法務課長は、隠れたkey personである社内弁護士が、提携価値を評価するようにアプローチする。このような役割分担を行うために、図12のようにシーティングを設定した。これが正解、不正解という方法ではないが、実際の多数当事者間の国際交渉で行われた例をモチーフにしたケースである。

この交渉で重要なことは、事前交渉、個別交渉を通じて、相手のミッションと共に、各交渉者のコンテキストを引出し、その立場と理由に仮説を立てることである。そして、その仮説に基づき、交渉チーム全体がミッションを共有すると共に、それぞれが役割を分担し、チーム交渉を行うことである。このようなケースで成功確率が低いのは、交渉チームでミッションが十分に共有されていない場合（例えば、何を目指して海外A社と提携するのかが共有されていない）、味方であるはずの交渉チームに反対者がいるが、事前の社内交渉で気が付かず、交渉戦略を決めている場合（例えば、技術課長の上司が、海外A社との提携に反対であり、そのことを隠して参加している）である。

多数当事者間交渉のような集団における人間の行動特性について、グループ・ダイナミックスという研究がある。1930年代のクルト・レヴィン教授（マサチューセッツ工科大学（MIT）グループ・ダイナミックス・センター所長、社会心理学者）に始まる研究である。レヴィン教授に師事した釘原直樹教授（大阪大学大学院人間科学研究科教授）は、その著書の中で、レヴィン教授の研究について、これまで導入が困難だと思われていた人間行動や感情の分野に実験的手法を導入したことを功績として挙げ、この理論により、ある環境である人がどのように行動するかを説明できる、と述べている。[注179]
それでは、この研究をベースに、多数当事者間の合意形成について、社内交渉のショートケースで具体的に考えてみよう。

例えば、あなたが、部門長に今までにない新しい価値を生み出す施策の提案を企画したとしよう。意思決定者である部門長は、組織のコンセンサスを重視するタイプであり、新しい施策には、必ず、部下などの利害関係者の意見を聞き、多数意見を尊重することがわかっていた。利害関係者は、あなたを含み合計10名であった。この状況下で、あなたなら、どのような多数当事者間交渉のシナリオを考えるであろうか。

成功確率の高い交渉シナリオを考えるには、あなたを除く9名のコンテキストを引出す必要がある。一つのサンプルモデルを紹介しよう。以下の3ステップで、多数当事者間の合意形成をする方法である。

① ステップ1：コンテキストを引出す

9名の利害関係者のコンテキストを引出し、賛同者（味方）、反対者（敵）、

注179）　釘原直樹：グループ・ダイナミックス　集団と群衆の心理学、有斐閣、2011, p.29 参照

未決定者（中立）に分類する。例えば、味方2名、敵2名、中立者5名だとしよう。

② ステップ2：味方を固める。

最初に、ミッションが共有でき、役割を分担してくれる味方を固める。ただし、なぜ、賛同してくれるのかを基準を引出した上で、味方であると判断しないと、条件の変化により、中立や反対になるリスクがあるので注意が必要である。

③ ステップ3：中立者を固める

新しい取り組みは、価値を生む可能性がある反面、意図するか否かに拘わらず、誰かの既得権益を侵している可能性がある。そのため、味方の数と同程度の敵がいるのが通常と考える方が良い。そのため、味方を固めた後、無理に敵を説得するよりも、まず、中立者になり得る相手を見つけ、その意思を固めるのが重要である。固めるとは、最初の段階では、中立を維持してくれるようにアプローチすることだ。初期段階で、意思決定が未定や判断に迷っているという相手に対して、安易に味方になるようにアプローチすることは、無理な説得になったり、過大な交換型交渉になりやすいからである。中立を固めることは、多数当事者間の合意形成では、重要なプロセスである。

ただし、中立者は、どの条件が変わったら、または、何がクリアされたら賛成に回るのか、というコンテキストは引出しておく必要がある。

④ ステップ4：敵の説得を試みる

敵の説得は、チャレンジはするが、無理しないことが重要である。なぜ、反対するのかのコンテキストを共有することは重要だが、初期段階で、一気に説得しようとアプローチすることは、中立者へのアプローチ以上に、無理な説得になり、感情的な対立を残したり、過大な交換条件を持ち出され窮地に陥るリスクが高いからである。敵を味方にするのではなく、最低でも、中立にできれば十分である。

以上のステップを経て、あなたの提案に対する多数派の形成を試みる。中立が1名以上味方になり、残り4名が維持すれば、賛成3（あなたを含む）、棄権4、反対2の多数派になる。または、敵の1名が中立になり、残り5名が維持でも、棄権6名、賛成3、反対1で多数派になる。

この方法は、国連や国際条約、技術標準化などの国際交渉、議会における多数派形成などにも用いられている多数当事者間交渉のアプローチの一つである。コンテキストを引出し、分類し上で、最初の段階では、無理に説得しないことにより、交渉の成功確率を上げる方法論である。

以上から、多数当事者間交渉の成功確率を上げるポイントは、以下である。

多数当事者間交渉の成功確率を上げるためのDo's & Don'ts

① 利害関係者内のミッションの共有

多数当事者間交渉では、複数の利害関係者が関わり、その利害が対立している場合もある。そのため、利害関係者間で、交渉により何を目指すのか（ミッション）を議論し、共有する必要がある。中長期的なミッションは一致していても、交渉では、今回のゴールを明確にしておかないと交渉の成功確率は上がらない。

② 利害関係者のコンテキストの把握

複数の利害関係者は、それぞれの組織のミッションや責任者の方針など、別のコンテキストを持っていることも多い。そのため、多数当事者間交渉では、利害関係者のコンテキストを引出し、相互の関係性を分類し、整理する必要がある。コンテキストが不明確なまま交渉を進めると味方だと思っていた同じ社内の交渉チームに交渉の足を引っ張られるような不幸な交渉になるリスクがあるのだ。

③ 事前、個別交渉の有効活用

事前交渉、個別交渉というと悪いイメージがあるかもしれないが、全体の交渉シナリオに基づき行う事前、個別交渉は、交渉の成否を左右する重要なプロセスである。多数当事者間交渉では、事前、個別交渉にコンテキストを引出すこと基本として、相手の意思決定の基準まで共有できれば、交渉の成功確率が上がる。

Episode 5 敵は本能寺にあり！

技術提携や合弁会社の設立などの企業間の提携契約は、複数の部門から代表者によるチーム交渉になることも多い。この場合、どうしても交渉相手に目がいくが、社内交渉の方が難しかったり、トラブルが起こったりする。次のような多数当事者間交渉のケース教材がある。

二つのメーカーが、それぞれが持つ技術を提供し、相手と中・長期的な提携契約ができるか否かを争うケースである。交渉は、それぞれ、各部門からの代表者からなる4対4のチーム交渉である。教材は、両社の共通情報、それぞれの会社の個別情報（相手の会社が知らない秘密情報）に加え、同じ会社のメンバーにも秘密にしている個人の個別情報という3階層になっている。そして、それぞれ4名個人の個別情報の中には、この交渉の推進派、中立派、反対派の条件が含まれている。特に、反対派には、上司の指示で、この交渉を決裂に導くように指示されているのである。

このケース教材を用いた模擬交渉は、最初に同じ会社の代表4名が、どのような交渉シナリオを作るかの社内交渉を行い、その後、2社間の4対4交渉に移るが、いつも社内交渉の方が紛糾する。過去の研修では、何チームかは、社内交渉が決裂し、2社間の交渉に至らない、2社間の交渉に至るが、交渉の途中で、内輪もめが生じ、相手と交渉が継続できない、というシーンもあった。このケース教材は、実際のいくつかの事例から開発されている。それらの事例の中には、社内でミッションを共有でき、相手との提携交渉に臨んだ事例、社内交渉で決裂して、提携交渉に至らなかった事例、交渉中に内輪もめして、交渉が中断した事例が含まれている。このような事例は、決して少なくない。まさに、敵は本能寺にありである。

多数当事者間交渉では、社内、社外に拘わらず、それぞれの交渉者にコンテキストがあり、それを共有した上で、共通のミッションを持てるか否かが重要になる。このケース教材は、このような失敗事例を繰り返さないための予防であり、また、シミュレーションプログラムである。

Column 23　交渉力の育成方法①「ディベートとロール・シミュレーション」

コラム23～28は、交渉力の育成方法を紹介する。ディベートとロール・シミュレーションは、いずれも交渉力の育成に有効な学習方法だが、類似点と相違点が誤解されやすいので、以下に説明する。

項　目	ディベート	ロール・シミュレーション
目　的	主張が論理的か否かを検証	交渉シナリオの実効性を検証
ルール	当初の主張は変更不可	ミッションに合致していれば、自由に変更可
	共通情報のみを使用可	共通情報と秘密情報があり、秘密情報を開示するか否かは自由

ディベートの原則は、「①ディベートは、自分の意見を言い合うのではない。②オープンで、フェアな議論をしなくてはならない。③相手を説得するのではない。④勝ち負けを決めるのが目的ではない。」[注180)]である。立場を変えず、

注 180)　茂木秀昭：日経文庫　ビジネス・ディベート、日本経済新聞社、2012, pp.68-70 参照

相手を一方的に説得するための学習であると誤解されているが、論理的な議論であるか否かを検証し、学習する方法論である。論理的であるか否かは、三角ロジック（トゥルーミン・ロジックともいう、演繹法、帰納法など）を基準に検証する。

一方、ロール・シミュレーションは、準備した交渉シナリオに基づき、ミッションを実現できる条件か否かを検証し、学習する方法論である。ミッションを基準として、合意した場合、実現できる交渉結果であったか、不合意の場合、利害関係者に説明責任を果たせる結果であったかなどを基準に検証する。

契約交渉の成功確率を上げるため、いずれも必要な検証及び学習方法である。

Column 24 交渉力の育成方法②「ロール・シミュレーション（模擬交渉）」

模擬交渉は、以下の5段階で行われる。この方法は、ハーバード大学の交渉学に基づき、日本人向けに開発された交渉力を育成するためのオリジナルプログラムである。

① 事前準備

模擬交渉のケースは、共通情報（双方が事前に知っている情報）と個別情報（交渉相手が知らない秘密情報）に分かれている。学習者は、交渉学の理論講義を受けた後、5段階プロセスに基づき、各自が交渉シナリオを作成する。学習目標と学習対象により、ショートケース演習、ストレッチ演習、マップ化演習（コラム26～28参照）を行う場合もある。

②作戦会議

同じ役割のグループ（4～5名）で、お互いの交渉シナリオを共有し、議論する。1対1の模擬交渉では、グループで統一した見解を出すのではなく、創造的な選択肢を考えるために、多様な意見を共有し、なぜ、その考えに至ったのかを議論する。2対2チームなどの模擬交渉では、最初に同じ役割で、次にチームで作戦会議を行う。個人の交渉シナリオに基づき、多様な意見で議論した後、チームの交渉シナリオを議論して、方針を決めるのである。段階的に交渉シナリオをレビューし、磨くプロセスを模擬体験する。

③模擬交渉

学習目標と学習対象により、1対1から4対4の多数当事者間交渉まで、多様な模擬交渉を段階的に行う。すべて、交渉学の理論に基づき、日本企業の実例を素材に開発されたオリジナルケースを用いる。また、前半と後半との間に、強制的なブレイクタイムを設定している。ブレイクタイムでは、交渉を一端中断し、前半の交渉を振り返る時間であり、交渉シナリオ作成の段階で検討した前半と後半のストーリーをシミュレーションする機会でもある。

④感想戦

模擬交渉終了後、交渉相手と行うリフレクション（振り返り）である。交渉者同士が、自分の交渉シナリオと秘密情報を相手に開示し、交渉を振り返るのである。今回の交渉で何を目指していたのか、なぜ、このようなアプローチをしたのか、なぜ、この秘密情報を開示したのか、また、開示しなかったのかなど、交渉相手と議論する。実際の交渉では、結果のいかんに拘わらず、感想戦によりレビューすることは難しく、模擬交渉ならではのシミュレーションである。

⑤フィードバック

フィードバックは、講師のガイダンスで、各交渉チームの結果が共有される。講師は、なぜ、その結果に至ったか、感想戦で何を議論したかなどを引出しながら、学習目標に基づき、論点を整理し、交渉学の理論に基づき、解説する。人数により、いくつかのグループに分けてフィードバックした（分裂フィードバックという）後、最後に、講師が、全体にフィードバック（全体フィードバックという）する。

このプログラムでは、ティーチング・アシスタント（TA：Teaching Assistant）が重要な役割を果たす。TAは、交渉学の継続学習者であり、講師と一緒に学習を支援する役割を担う。作戦会議や感想戦では、議論のファシリテーションを行い、分裂フィードバックでは、交渉結果を整理し、全体フィードバックにつなげるなど、講師と一緒にチームティーチングを行うのである。

この学習は、学習効果を上げるために、以下の三つの学習理論を用いて開発している。

①アクティブ・ラーニング

能動的な学習により学習効果を上げるための理論。E・デール教授の研究。

②ARCS動機づけ理論

学習意欲を引出すための理論。J・M・ケラー教授の研究。

③経験学習モデル

学習内容を経験と組み合わせて実践につなげるための理論。D・コルブ教授の研究。

日本人の学習スタイルや学習効果に合わせて、日本企業の実例から開発した理論と実践の両輪を目指した学習プログラムである。

Column 25　交渉力の育成方法③「リフレクション（感想戦）」

リフレクションは、教育用語で、振り返り（省察）のことである。交渉力育成におけるリフレクションである感想戦は、日本人向けに開発された交渉力育成プログラムの中でも、特徴的な学習方法である。日本の将棋の対局後に、対局者同士で行い自らの対戦を振り返る感想戦からネーミングしている。特徴は、以下である。

① 模擬交渉の相手の交渉シナリオと秘密情報を共有する。

交渉相手のミッションは何か、どのようなバトナがあったのか、どのような秘密情報を持っていたのかなどを交渉相手と共有する。このプロセスにより、自分が事前に相手に仮説を立てて準備していた交渉シナリオと模擬交渉の結果を比較検証することができる。

② 模擬交渉の相手と交渉結果について議論する。

その上で、お互いのコンテキストを共有し、背景や理由を議論する。なぜ、この条件を選択したのか、どのような思考プロセスで考えたのか、など、単に表面的な条件の一致や不一致の理由のみならず、そこに至る背景や思考プロセスまで議論することが受容である。必要に応じて、TAが、感想戦のファシリテーターとして、論点を整理したり、新たな視点を指摘することにより、議論を深める支援を行う。

③ 作戦会議のグループに戻り、同じ役割同士で、交渉結果について議論する。

作戦会議のグループでは、事前に各自の交渉シナリオを共有し、議論していた。その内容と交渉結果及び感想戦の内容を共有した上で、比較検証するプログラムである。この検証プログラムにより、シミュレーション効果がさらに高まる。

この学習方法は、段階的に学習することにより学習効果が高い上に、一種の種明かしのような楽しさがある。交渉学の学習プロセスの中で、受講者が最も生き生きとしている時間でもある。興味がある、楽しいという感情は、継続学習の意欲を引出すためにも重要である。

Column 26 交渉力の育成方法④「ショートケース演習」

ショートケース演習は、事前準備の一部として行われる学習方法であるが、複数のケースを段階的に学習するプログラム[注181)]では、模擬交渉結果の振り返り、次の学習項目の演習にも活用されている。具体的な学習方法は、以下である。

① 個人ワーク

ある交渉シーンのシートが配布される。模擬交渉に至る過程や途中段階の交渉シーンを切り出して設計したケースを用いる。シートには、交渉者の立場、交渉相手の立場、交渉に至る簡単な背景とズレや対立・衝突の論点が記載されている。講師から、出された課題（例：このケースにどのように感じるか、何が問題や困難だと思うか、なぜ、相手この条件で交渉してきたと思うか等）を各自で検討する。事前課題として、準備しておく方法もある。

② グループワーク

2名～5名のグループで、個人ワークの内容を議論する。模擬交渉の作戦会議と同じく、結論を出すよりも、多様な意見や見方があり、幅広い選択肢を考えるための学習である。議論では、表面的な相違点以上に、背景となるコンテキストを議論することを重視している。

注181）　一色正彦：「交渉学研究に基づく、戦略的提携における交渉人材の育成」日本知財学会誌第7巻第2号、2010, pp.45-53, 参照

③ フィードバック

グループで議論した結果を全体で共有し、講師が理論解説を行う。模擬交渉の全体フィードバックと同じである。学習者は、多様な見解と幅広い選択肢があること、そして、ケースの学習目標や背景となった実例を学ぶ。

ショートケース演習は、交渉学の基礎知識の学習としても、模擬交渉の振り返りや補完としても有効な学習方法である。

Column 27 交渉力の育成方法⑤「ストレッチ演習」

ストレッチ演習は、交渉シナリオ作成に必要な選択肢を考えるための演習である。交渉シナリオを作成する過程で、多様な選択肢を考えることが、交渉の成功確率を上げることにつながるが、限られた情報、限られた時間で、多様な選択肢を考えることは容易ではない。そのため、ストレッチ演習では、選択肢を広げるためのトレーニングを行う。トレーニングにはいくつかの方法があるが、例えば、以下のステップを紹介する。

① ステップ1：自分でオプションを考える

学習目標と学習対象により、ショートケース演習と同様のケースや、より簡単なケースを用いて、複数の選択肢を考える。

② ステップ2：チームでオプションを増やす

各自が考えた選択肢を共有し、類似点と相違点を議論した上で、さらに、選択肢を考える。数値目標を決め、時間を制約して行う方法もある。

③ ステップ3：結果を共有し、思考プロセスを学ぶ

各自がどのような選択肢を考えられたかを共有し、どのような思考プロセ

スで考えたかを議論する。論理的な思考法として、オズボーンのチェックリスト（「転用、応用、変更、拡大、縮小、代用、置換、逆転、結合」[注182]やMECE（Mutually Exclusive & Collectively Exhaustive、ミーシ、もしくはミッシーという）を紹介し、それと比較して、検証する。

ストレッチ演習は、ステップ1と2に、数値目標と制約時間を加えることにより、思考プロセスの重要性を強く認識すると共に、タイムプレッシャー（コラム20参照）に対するシミュレーショントレーニングでもある。

Column 28 交渉力の育成方法⑥「マップ化演習」

マップ化演習は、交渉シナリオ作成のために必要な状況把握をするための方法論を学ぶものである。マップ化にはいくつかの方法論があるが、ここでは、交渉学研究に基づき、竹本和広氏（たかおIPワークス代表、金沢工業大学大学院客員教授）が、リッチ・ピクチャー[注183]を用いて独自に開発した手法を紹介する。マップ化演習は、以下のステップで行われる。

注182）　加藤昌治：考具─考えるための道具、持っていますか?、阪急コミュニケーション、2003, p.150 参照
注183）　P・チェックランド他：ソフト・システムズ方法論、有斐閣、1994 参照

【コラム 28　図 1：マップのサンプル】

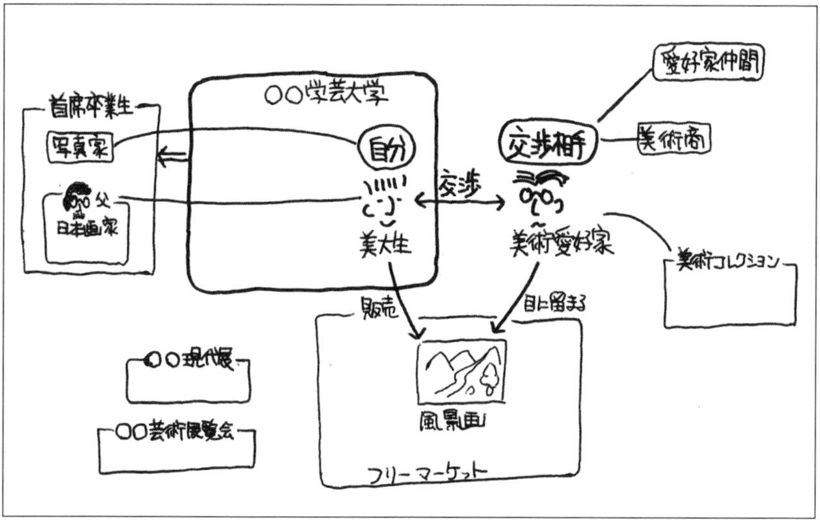

① ステップ1：登場するプレイヤーを記載する。

学習目標と学習対象により、ショートケース演習と同様のケースや、より簡単なケースを用いて、マップを作成する。最初に、自分を中心にして、周りに関係の深い利害関係者（ステークホルダー：株主、顧客、従業員、取引先、債権者、地域社会、行政機関等）を描く。

【コラム28　図2：マップサンプル】

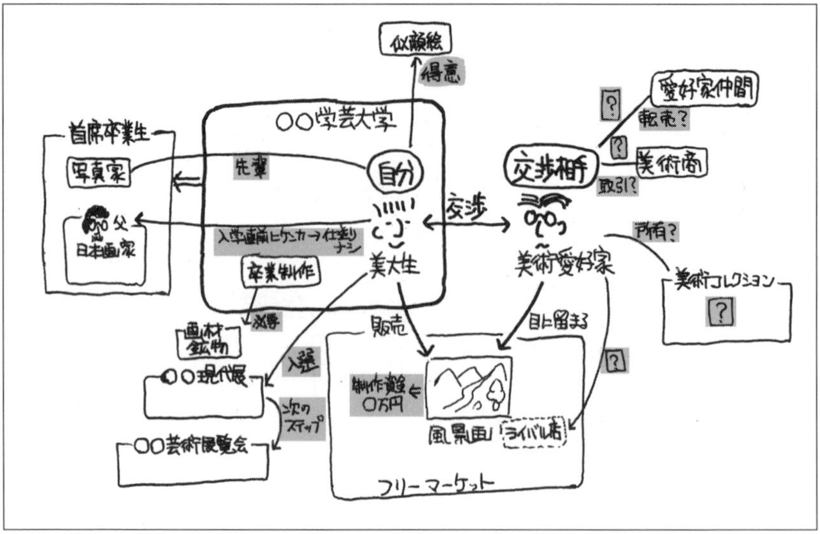

② ステップ2：プレイヤー相互の関係を記載する。

次に、関係者に関する情報について、この段階でわかっている情報を書き込む。ここで全体をバードアイの視点で見て、足りない情報を見つけ、空欄の？等を記載し、どこが不足しているのかを明記する。

【コラム 28　図 3：マップサンプル】

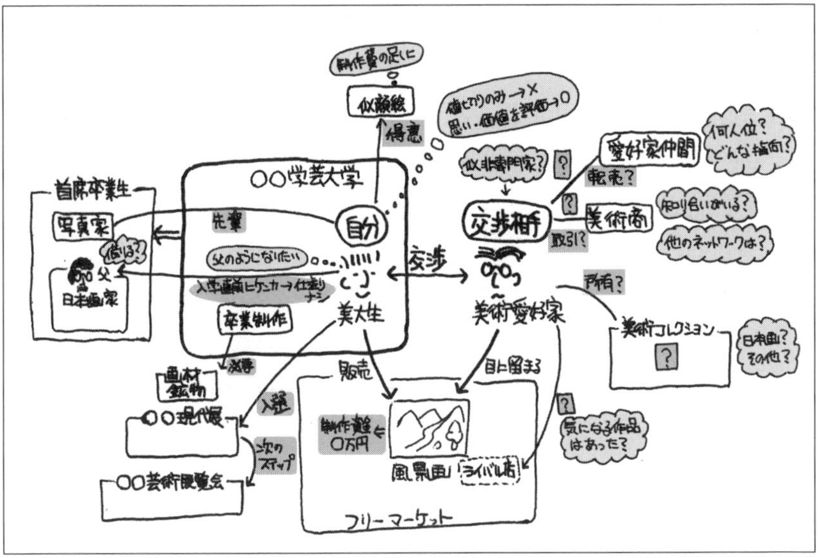

③ ステップ3：情報を分類し、階層化する。

最後に、情報を分類し、階層化する。分類は、事実、推定・推論、希望・思いに区分するなど、基準を決めて行う。分類や階層化した情報には、色をつけるなどにより、一覧性を高める。

マップ化には、視点（どの位置に中心を置くか）、視野（その中心からどの方向を見るか）、視座（何を軸に考えるか）の三つが重要である。作成プロセスは、個人ワークで作成後、グループで議論し、講師がフィードバックする方法とグループで議論しながら、一つのマップを作成する方法がある。交渉シナリオ作成に必要なマップ化の能力を実践的に育成するプログラムである。

Column 29 交渉学の活用方法①「リーダー人材の育成」

コラム29～34は、実際に企業で行われている交渉学研究の活用例を紹介する。交渉学研究は、リーダー人材の育成にも活用できる。例えば、以下のような方法である。

① 選抜リーダー育成プログラム

少人数のリーダー候補を選抜し、複数の段階で育成する。例えば、知財部門のリーダーを育成するために、三つのケース（例：秘密保持、特許侵害警告、技術提携等）を通じて、最初は議事録、次は対策案の提言、最後は契約書ドラフトなど、段階的にステップアップする能力を育成する。その上で、学習内容を実務に活かす方法を議論し、実際に取り組んで発表、評価するプログラムである。

② 講師育成プログラム

P.ドラッカー教授は、教えることは最高の学習方法であると言っている。知見や経験の豊富な実務家をリーダーとして育成するために、模擬交渉の講師ができる能力を育成する。

③ オリジナルケース開発プログラム

知見や経験の豊富な実務家をリーダーとして育成するために、その交渉経験からオリジナルの模擬交渉ケースを、自らがリーダーとなり開発する。ケース開発の過程では、その交渉の本質は何か、汎用性のある要素とない要素は何か、教訓として伝えるべきことは何かを議論する。そして、教訓を学習目標としてケース教材にする。このプロセスを通じて、自らの経験を振り返り、整理することができる。

以上のプログラムは、リーダー育成に加えて、ナレッジの伝承（コラム

30参照)、組織内の共通言語化（コラム31参照)、部門間の連携強化（コラム32参照）と組み合わせて行うとさらに、効果的である。

Column 30　交渉学の活用方法②「ナレッジの伝承」

模擬交渉のケースは、以下のプロセスで開発されている。[注184)]

①ステップ1：リアルな事例情報を書きだす。

交渉の論点、当事者を整理し、時系列に実際の情報を書きだす。

②ステップ2：設計に基づき、論点の関係性を構成する。

事例情報から、交渉の発端とその理由、紛糾した論点とその理由、交渉の結果とその後、などの要素を分析し、論点の関係性を整理する。

③ステップ3：個別情報を書き換える。

ケースが対象とする学習者の学習目標に合わせて、個別情報を追加・修正する。ステップ2までは、リアルケースの情報をそのまま活用するが、この段階で仮想ケースに変更する。リアルすぎるケースは、パラメーターが細かすぎること、教材として学習目標のバランスが悪いことなどから、学習効果を上げるためには、仮想ケースにする必要がある。この点が、ケーススタディー（事例研究）と異なる方法（ケースメソッド）である。

④ステップ4：実証実験を行いレビューする。

想定した学習者に、実際に模擬交渉を実施し、情報の過不足、論点のバランスなどを検証する。

注184)　一色正彦、高槻亮輔：売り言葉は買うな！ ビジネス交渉の必勝法、日本経済新聞社、2011, pp.139-142 参照

この方法を用いて、ナレッジの伝承を行うことができる。組織や個人の交渉経験は重要であるが、それを可視化することは難しい。リーダーや先輩による塾活動などの教育方法も効果的だが、ナレッジをケース化することは、そのプロセスから学習できる上に、ケース教材としてコンテンツが残るため、ナレッジの伝承として、有効性が高い。

Column 31 交渉学の活用方法③「組織内の共通言語化」

交渉学を部門全員で学習することにより、学習内容を組織内の共通言語として活用している事例がある。交渉学の5段階プロセスには、ミッション、バトナ、ゾーパなどの概念が含まれている。この概念は、交渉シナリオ作成に必要なフレームワークであるが、日常業務のフレームワークとしても用いることができる。

例えば、三つの概念を次のように考えるのである。[注185)]
・ミッション：自分の果たすべき役割を考える習慣
・ゾーパ　　：高い目標を設定し、幅を持って考える習慣
・バトナ　　：バックアッププランを用意するオプション思考

論理的思考のアプローチと考えると交渉以外にも幅広く活用できる。ある組織では、交渉に拘わらず、組織の事業計画を達成するためのプラン作成や発生した社内、社外の問題解決を、全員が交渉学のフレームワークで考える習慣をつけている。組織内の打合せや議論を、今回のミッションは何か、バトナはあるか、というフレームでレビューし、議論を整理するのである。

注185）　一色正彦：「交渉学研究に基づく、戦略的提携における交渉人材の育成」日本知財学会誌第7巻第2号、2010, pp.45-53, 参照

この方法により、模擬交渉によりフレームワークの意味と効果を共通体験した組織の構成員は、日常業務にも活用するのである。交渉学の学習者に対して、実際の業務で活用した場面や意識が変わった点として、「会話やメールでも「交渉」を意識するようになった。特に会議では事前準備をしっかりし、アジェンダも作っている。」、「相手のミッションを考えるようになった。また背後にいる人や部署関係なども意識するようになった。」という声があった。組織が継続的に学習することで、組織の活性化に活用することができるのである。

Column 32　交渉学の活用方法④「部門間の連携強化」

交渉学研究を部門間の連携強化に活用している企業がある。組織がある程度大きくなるとどうしても、複数の部門間の連携が難しくなる。意思決定を促進するために、カンパニー制度や子会社独立などのグループ経営をすることもあるが、意思決定が早くなる反面、連携が弱くなるケースもある。また、M&A（企業の合弁・買収）戦略により、グループ会社を増やした場合、元が別々の会社であり、ライバル会社が含まれる場合もある。このような場合も、部門間の連携は難しい。

この問題を解決するために行われているのは、次のような方法である。

【コラム32　図：「部門間連携のイメージ図」】

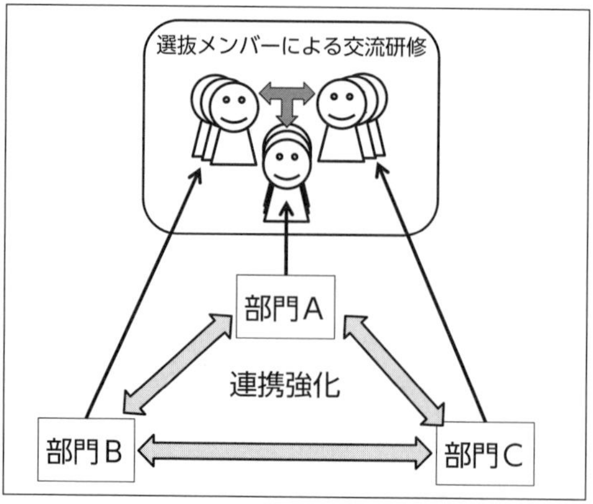

① 連携を強化したい部門から、メンバーを選抜し、交流研修を行う。

単に、複数部門に公募研修を行うのではなく、どの部門から、誰が参加し、誰と何を交流することに意味があるかを設計することが重要である。学習の方法には、OJTとOFF-JTに加えて、交流という方法がある。多様な選択肢を考えるためにも、別々の専門性やバックグラウンドを持った社員が、共通テーマで議論する機会が必要である。例えば、契約交渉で連携が必要な法務部と知財部から代表を選び、作戦会議では、両方の専門性の視点から議論できる組合せを設定し、模擬交渉では、日常交流しない者同士に対戦させるなど意図を持って、組合せを設計するのである。

② 複数の部門の代表から構成されているプロジェクトメンバーに、共通研修を行う。

複数の部門の代表から構成されているプロジェクトメンバーは、それぞれ組織のミッションを持っているが、それが共有されていないとプロジェクトを有効に進めることができない。そこで、敢えて、具体的なプロジェクト以外のテーマの模擬交渉を一緒に行うことにより、プロジェクトメンバー間の連携を強化するのである。また、具体的なプロジェクトに類似するケースにより、シミュレーションする方法もある。また、国際交渉などの交渉チームメンバーに対して、実際の交渉と類似した模擬交渉を体験し、メンバー間の連携を強化したり、交渉シナリオのシミュレーションをする方法もある。

部門間の連携を強化できるプログラムを開発するために重要なのは、設計である。誰が、何を目的として、何を学ぶのか、という基本項目をベースに設計する必要がある。また、これらは、スキルアップを超えて、交流から学習すると共に、組織間の壁を取り除く実践的な取り組みである。このプログラムには、アクション・ラーニング（グループで問題を解決する方法を議論し、実際の行動を通じて、学習する方法）の考え方を用いている。交渉学研究は、部門間の連携強化にも活用することができるのだ。

Column 33　交渉学の活用方法⑤「チームコンサルティング」

弁護士と弁理士は、それぞれの専門性を持つ法律家であるが、一般的な企業の経営者や法務部や知財部以外の担当者とは距離があり、どのようにアプローチしたら良いかを迷うことも多い。著者（一色）は、次世代のリーダーや経営者（平均年齢30代前半の社会人）を育成するビジネススクールである慶應ビジネススクールの経営法学の授業において、弁護士、弁理士のゲストを迎え、履修者と議論したことがある。その際に、9割以上が、弁護士、弁理士と初めて会ったことがわかり、驚いたことがある。交渉のみならず、事業の成功確率を上げるためには、法律家とのインターフェースは欠かせない。

そこで、交渉学を学習した弁護士、弁理士がコンサルタントを連携し、チームコンサルティングを行っている事例がある。チームコンサルティングの方法は、以下のような内容である。

【コラム33　図：「チームコンサルティングのイメージ図」】

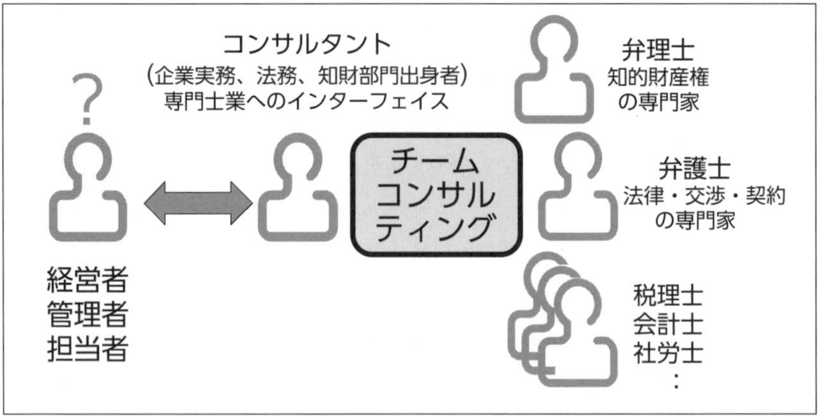

① 法律家に相談した経験のない経験者、管理者、担当者を対象に、学習目標を決めた事例研修会や模擬交渉の体験会を開催する。例えば、ベンチャー企業や中小企業を対象として、陥りやすい法律や知財のトラブル事例の解説や良くあるトラブルを素材にした模擬交渉の体験機会を提供する。セミナーや講演は、一方的に情報を受け取るものが多いが、参加型の学習効果が高く、具体的なイメージが湧きやすい。

② その上で、研修会やセミナーの最後に、個別相談時間を設け、講師が、個々の法律相談を受ける。必要に応じて、その後、個別にフォローする。

このプログラムは、ハードルが高いと思われる弁護士、弁理士に対するインターフェースを向上させると共に、具体的な案件のコンサルティングにも進められる点で有効性が高い。また、弁護士と弁理士とチームを組むコンサルタントは、企業で法務部や知財部の経験者が望ましい。法務部や知財部は、社内では事業部門と社外では弁護士・弁理士のような法律専門家と仕事をしたキャリアがあり、経営者たちとのインターフェースを作れるノウハウが期待できる。

チームコンサルティングのメンバーは、交渉学の学習者という共通体験と学習した共通言語を持ち、学習の方法論を用いて、経営者等とインターフェースを取ることができるのである。

Column 34　交渉学の活用方法⑥「模擬記者会見」

模擬交渉のケースの中に、模擬記者会見を行うケースがある。利害関係が対立した複数の企業（3～4社）が、第三者から共通のクレームを受け、多数当事者間交渉を行う。その後、共同で記者会見を行うプログラムである。記者会見では、講師やTAが記者役で質問した後、2チームで1組になり、お互いに会見側と記者側を行うシミュレーションプログラムである。このプログラムを応用した模擬記者会見を、企業の広報人材育成プログラムに利用する方法がある。例えば、以下のようなプログラムである。

【コラム 34　図：「模擬記者会見のイメージ図」】

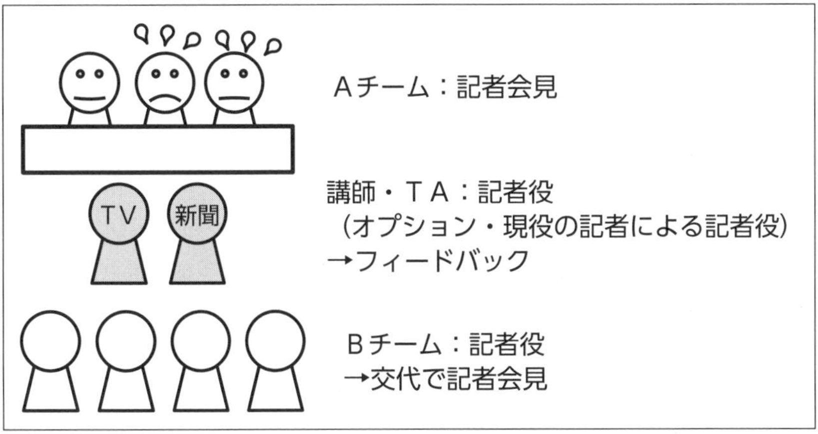

① ステップ1：作戦会議

4～5名でグループを作り、ショートケースを読み、記者会見の作戦会議を行う。記者会見を行う価値とリスク、誰が、何を発表するか、記者からの想定質問に対する回答などを議論する。

② ステップ2：模擬記者会見

各グループが代表者を選出し、その役割になって記者会見を行う。記者役の講師かTAが、会見内容に対して質問し、それに答える。講師によるサンプル例を見た後、すべてのグループがお互いに交互に記者会見を行う。

③ ステップ3：リフレクションとフィードバック

その後、作戦会議のグループで自分たちの記者会見内容について議論し、最後は、他のグループの記者会見内容の共有と講師によるフィードバックを受ける。

模擬交渉と同様のプログラムを模擬記者会見に応用しているのである。この方法は、企業の広報人材の育成に加えて、メディアの若手記者の育成、顧問としてアドバイスする若手弁護士の育成にも活用できる。例えば、若手記者や弁護士は、記者会見をする側の体験や作戦会議のファシリテーターをすることにより、専門性を実践的に身に付けるのである。

さらに、記者役を現役の記者が行えば、リアリティが増し、学習効果が上がる。[注186] また、記者側も、活字メディア、映像メディア、インターネットメディア、外国メディアから記者が参加し、複数の視点から質問し、その後、講師のファシリテーションで、質問の意図を解説すると多様な視点から学べると共に、実際の記者会見のシミュレーションにもなる。

注186） 共同通信社+毎日新聞の現場記者から学ぶ「企業広報人の即戦力集中セミナー」2014.11.11-11.12 開催

第5部

ストーリーで学ぶ逆引き理論解説

第5部では、一つの交渉ストーリーに基づき、契約書と警告書のサンプルを通して、第1部から第4部までの内容を総括するケーススタディー演習を行う。演習の設定条件は共通だが、以下の3段階に分かれている。

・演習1：秘密保持から始める提携交渉
・演習2：共同開発の価値とリスク
・演習3：第三者からのクレームとの交渉

グローバルに拠点を持つエレクトロニクスの大企業と工場を持たず研究開発に特化する半導体ベンチャー企業との技術提携を巡る交渉である。この事例のような交渉は、まず、秘密保持契約から始まる。秘密保持契約の交渉を通して、提携すべき相手か否かを判断するのである。そして、提携契約の一つである共同開発契約へと進む。順調に共同開発が進み、製品が完成し、市場での販売が始まったところ、ある日突然、米国の第三者から特許権の侵害をクレームする警告書が届く、というストーリーである。このケースを通じ、秘密保持契約と共同開発契約について、法的アプローチ、交渉的アプローチ、リスクマネジメント的アプローチの視点から、交渉シナリオを考える。さらに、共同開発品に対する第三者からの特許侵害警告に対するリスクコントロールを考えると共に、リスクファイナンスの対応例を解説する。解説には、第1部から第4部の関連箇所を明示してある。

従って、本書は、第1部から読み始める方法と第5部から読み始め、必要に応じて、第1部から第4部の関連記載を読む方法も可能である。そのため、第5部を「逆引き理論解説」と題している。

なお、本ケースは、実際の事例をモチーフに作成しているが、すべて架空のものである。従って、実在の人物、団体、会社、商品・サービス等は、一切関係ない。

演習1　秘密保持から始める提携交渉

あなたは、総合エレクトロニクスメーカーであるITSエレクトロニクス社(ITS社、※1）のモバイル通信事業部の技術部長の久保である。現在、携帯電話市場において、ITSブランドは、世界第1位の欧州MOKIO、第2位の日本PMSモバイル、第3位の韓国LEの後塵を拝し、市場シェアが第4位であり、第5位の日本スーパーモバイルにも追い上げられている状況であった。あなたは、この事態を打開するために、従来にないバッテリ寿命と機能を充実させたスマートフォンを開発すべきと考えており、自社のデバイス事業部門と協力して、これを同時に実現する技術の開発を積極的に進めてきた。しかしながら、自社開発のみでは思うように開発が進まず、他社と提携可能な技術がないかを並行して探していた。

そんなある日、ある技術セミナーで、以前から注目していた半導体ベンチャー企業であるスーパーセミコンダクタ社（SS社、※2）による、省電力と高解像度を同時に実現する新開発の半導体プロセッサ「SS-X、※3」の発表を聞く機会があった。これこそ探していた技術だと感じたあなたは、早速、SS社にコンタクトし、第1回目の会議が行われることになった。SS社を訪問したところ、会議の直前になって、指定する念書にサインしないと会議ができないと言われた。あなたなら、どのように対応するだろうか。

■基本情報

＜企業について＞

※1：ITSエレクトロニクス株式会社（ITS社）

資本金3,000億円、従業員30万人、売上高9兆円（連結）で、総合エレクトロニクスメーカーである。部品・デバイスから、完成品・システム、ソリューション・サービスまでを総合的に扱い、海外60か国に拠点を持つグローバル企業である。海外を含め、連結子会社は、400社である。

※2：スーパーセミコンダクタ株式会社（SS社）

資本金10億円、従業員数150名、売上高100億円の半導体ベンチャー企業。大手エレクトロニクスメーカーのエースエンジニアであった創業者の中嶋が起業した。工場を持たず（ファブレス）で、半導体の企画・設計・販売に特化した戦略が功を奏して成功し、創業後10年でジャスダックに上場した。海外は、米国のシリコンバレーと中国の大連に拠点を持っている。

当初、フラット・パネル・ディスプレイ（FPD）向けの半導体の開発に集中していたが、最近では、市場が拡大している携帯電話（特に、スマートフォン）、電源制御（特に、省電力機能）、車載用などに用途を広げている。

SS社は、創業者の中嶋が20％、VC（Venture Capital）のMXキャピタル社が35％の株式を持っている。

＜ITS社を取り巻く環境について＞

一時期赤字に陥ったが、その後、回復し、事業展開を着実に広げている。過去は、潤沢な研究資金を投入し、すべての技術を自社開発する方針であった。しかし、自社開発のみでは限界があることを認識し、最近では、魅力的な技術であれば、自前主義にこだわらず、積極的な技術提携やM＆A（企業の合併・買収）戦略を推進している。特に、成長著しいスマートフォン、省電力、自動車分野を重点3分野として、資金を集中投下している。

＜あなたについて＞

あなたは、大学院で電気通信を専攻し、ITS社に入社後は、R&D（Research & Development：研究開発）部門に配属された。その後、海外駐在を経て、モバイル通信事業部に戻り、技術部長に就任した。そのため、通信技術と海外マーケットを良く知っている。当初、モバイル通信事業部の携帯電話事業は、日本では第1位のシェアを誇り、海外展開でも順調にシェアを向上させていたが、スマートフォンの登場とその技術開発が遅れたことにより、シェアが急落し、第4位維持どころか、第5位転落の危険がある状態である。

そこで、以前から注目していたSS社の技術に目をつけ、コンタクトした。特に、ITS社が最近開発して、発表した新しいRF モジュールであるRF-Z（※4）であるは、今までにない性能を持っており、SS-Xと組み合わせて、新開発のスマートフォンの差別化機能になるのではないかと考えている。最初の会議であり、オープンベース（秘密保持義務のない情報交換）を想定していたが、中嶋社長から、いきなり「秘密情報管理のお願い」と題する念書が提示されて戸惑っている。

＜商品について＞

※3：SS-X

スマートフォンや携帯端末（PDA）の低消費電力と高解像度の再生をワンチップで実現する半導体。（仮想の製品）

※4：RF-Z

RF（Radio Frequency ）モジュールは、携帯電話や無線LAN（Local Area Network）の無線性能を向上・安定化させるなどの付加価値機能を持つ高波無線用半導体。RF-Zは、従来の性能を大幅に向上させた新製品。（仮想の製品）

2014年12月15日

ITSエレクトロニクス株式会社
モバイル通信事業部
スーパーセミコンダクタ株式会社

秘密情報管理のお願い

拝啓

2014年12月15日に開催させて頂きます会議において、弊社が貴社に開示する全ての情報は、書面、又は、口頭に拘わらず、弊社の秘密情報が含まれます。従いまして、会議のご出席者、並びに貴社（貴社の子会社、関係会社を含む）において、当該情報を秘密として保持し、弊社に事前の許可なく、一切の使用及び、第三者への開示はできないものとします。

敬具

以上、了解致しました。

2014年12月15日
（会社名）ITSエレクトロニクス株式会社
（部署名）モバイル通信事業部
（役職・署名）＿＿＿＿＿＿＿＿＿＿

まず、この交渉シーンの状況を正しく把握するため、交渉に関連する当事者の関係をマップ化してみよう。マップ化には、交渉マトリクス整理[注187]や英国の教育者トニー・ブザンが開発いた「マインドマップ」[注188]などがあるが、ここでは、英国国立ランカスター大学のピーター・チェックランド名誉教授が開発した「リッチ・ピクチャー」[注189]をベースに、本書の執筆協力者である竹本和広氏（たかおIPワークス代表、金沢工業大学大学院客員教授）が独自に開発したマップ化の手法で整理している（この手法で作成されている図は、図13、図16、図18、図19、図20、図21）。[注190]

注187）　田村次朗、一色正彦、隅田浩司：ビジュアル解説交渉学入門、日本経済新聞出版社、 2010, pp.63-71 参照
注188）　トニー・ブザン他：ザ・マインドマップ、ダイヤモンド社、2005 参照
注189）　ピーター・チェックランド他：ソフト・システムズ方法論、有斐閣、1994 参照
注190）　交渉シナリオ作成のためのリッチ・ピクチャーのサンプルは、一色正彦他：売り言葉は買うな！ビジネス交渉の必勝法、日本経済新聞出版社、2011, pp.56-60、一色正彦他：理系のための交渉学入門、東京大学出版会、2013, pp.47-51 参照

【図 13：本ケースの交渉シーン】

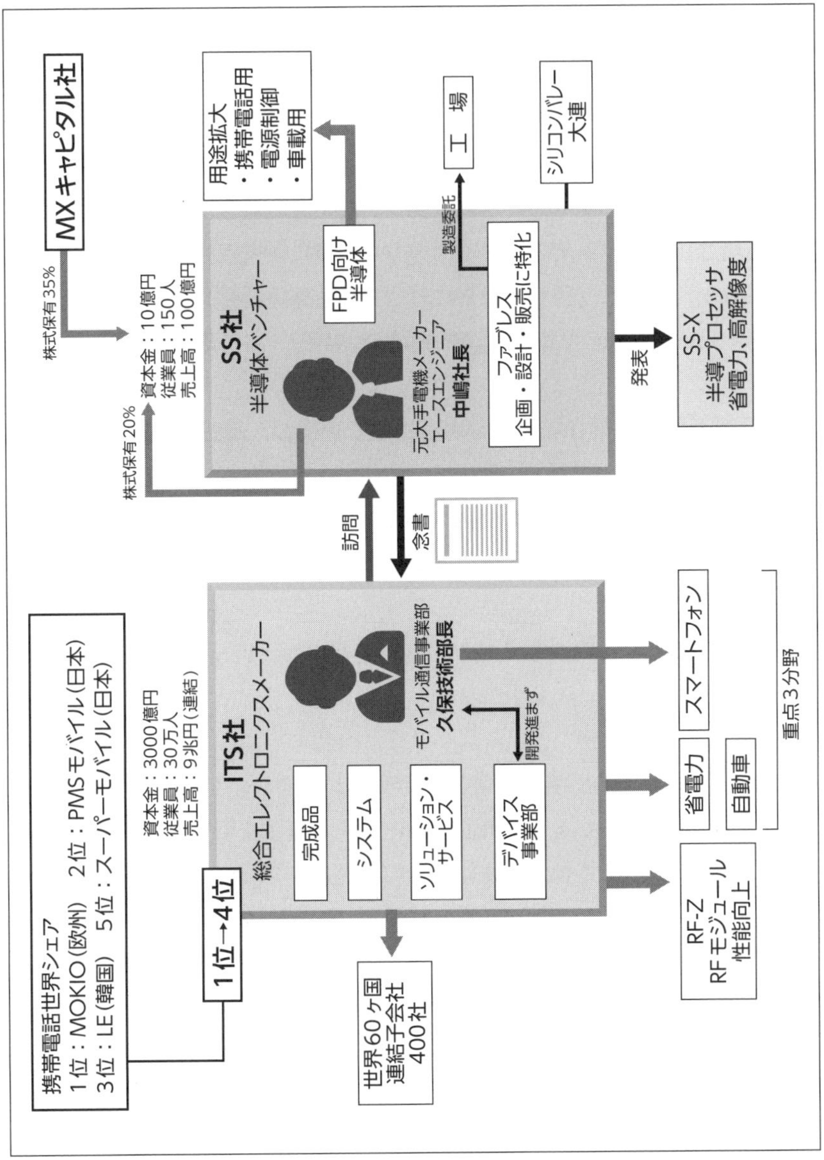

このマップにより、現在のITS社とSS社との関係、それを取り巻く背景事情をバードアイの視点で見ることができる。

【解説】

法的アプローチとして秘密保持契約は、第三者に知られたくない自社の秘密情報を相手に開示する必要がある場合、第三者の秘密情報を受領する必要のある場合に締結する契約である。一方が他方に秘密保持義務を課す片務契約と双方がお互いに受領した秘密に対して秘密保持義務を負う双務契約の形態がある(詳細は、第3部第1章秘密保持契約参照)。主な趣旨は、以下である。

① 受領者は、受領した情報を秘密として管理し、第三者に開示者の許可なく開示しないこと。
② 受領者は、特定の目的の範囲内のみで利用すること。
③ 受領者は、一定の期間①と②を守ること。

以上から考えるとこの念書形の秘密保持契約は、ITS社の立場から見て、少なくとも以下の疑問点が浮かぶ。

・疑問1:なぜ、最初の会議で秘密保持契約が必要なのか。

今回は最初の会議であり、事前に秘密情報の提示を要望した訳ではない。それにも拘わらず、SS社が秘密保持契約を提示してきている。

・疑問2:なぜ、ITS社にかなり不利な秘密保持契約を提示してきたのか。

さらに、秘密保持契約の提示条件は、ITS社の立場から見てかなり不利である。最初の会議の段階で、このような契約条件が提示されるのは、通常の取引では珍しい。

この秘密保持契約について、ITS社の立場から見た契約書としての問題点は、以下である(標準的な秘密保持契約のサンプル契約は、P96-P98参照)。

① 問題1：秘密情報の定義が不明確である。

“SS社からITS社に開示するすべての情報が秘密情報”と記載されているが、対象分野の特定や秘密指定の開示プロセスが記載されていない。また、通常は、公知情報など、秘密情報の対象外の例示があるが、この契約には規定がない。

② 問題2：秘密情報の使用目的が規定されていない。

ITS社が受領する秘密情報の使用目的が規定されておらず、“SS社の事前に許可なく、一切の使用及び第三者への開示はできない”という禁止事項のみが規定されている。

③ 問題3：秘密保持の期間が決まっていない。

通常、秘密保持契約には、契約の有効期間と秘密情報の秘密保持期間の二つの期間が規定されているが、いずれの期間についても、規定がない。

④ 問題4：秘密情報の管理条件が決まっていない。

通常、秘密保持契約には、秘密情報の取扱いについて、情報取扱管理者を決めるなど、管理条件が指定されているが、その条件が規定されていない。

⑤ 問題5：秘密保持義務の拘束範囲が広い。

ITS社が負う秘密保持契約の拘束範囲には、別の法人である子会社や関係会社まで含まれている。連結会社を400社持つITS社にとって、リスクが大きい。

このように、交渉相手が通常と異なるアプローチをしてきた場合には、必ず、背景に何か隠された理由や意図があると考える必要がある。このケースでも、相手のコンテキストを引出さない段階で、この念書に対して、合意や不合意、この条件のみを修正交渉する、という意思決定を行うのは、リスクが大きい（コンテキストの引出しについては、P54-P55参照）。また、もし、あなたがこのようなアプローチを受けるとどのように感じるだろうか。否定的に感じる、良くあるケースだと感じる、肯定的に感じる、という3タイプの感情が想定される。相手の交渉アプローチに対する印象は、それぞれの過去の経験や考え方に影響されるので、どれが正解、不正解という種類のものではない。ここで重要なことは、この時点の感情を基準に意思決定しないことである。例えば、否定的であっても、単に拒否する、と判断する段階ではない。相手がこのようなアプローチをする場合、必ず何か背景に理由があるのだ。また、自分がどのような印象を持っているかはきちんと自己認識しておく必要がある。そうしないと、交渉条件を詰める過程で、強すぎるトーンでアプローチしたり、相手の非言語メッセージを受け取り損ねるリスクがある。

別の見方をしてみよう。秘密保持契約は、法律文書であるが、ビジネスの観点から見ると提携契約に至る最初のステップともいえる。秘密保持から始まる段階的提携契約とは、以下のような内容である。

【図 14：秘密保持から始まる段階的提携交渉】

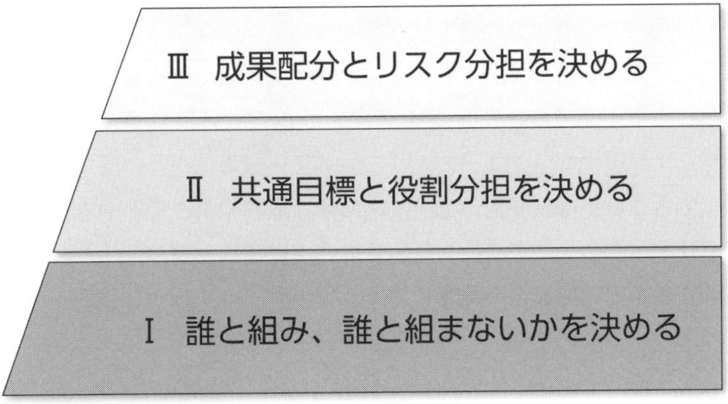

第 1 段階	第 2 段階	第 3 段階
情報交換	共同研究・開発	提携ビジネス

① 第1段階：情報交換

誰と組み、誰と組まないかを検討する段階である。契約例としては、秘密保持契約やLOI（Letter of Intent）などがある。情報交換により、提携候補を探す段階である。

② 第2段階：共同研究・開発

共通目標と役割分担を決める段階である。契約例としては、共同研究開発契約や特許ライセンス契約などがある。一定の条件で協力してあるプロジェクトを行う段階である。

③ 第3段階：提携ビジネス

提携ビジネスに至り、成果配分とリスク分担を決める段階である。契約例としては、提携契約、取引基本契約、代理店契約などがある。一定期間、提携ビジネスを行う段階である。

交渉的アプローチとして、なぜ、SS社がこの念書を提示してきたかについて、仮説を立ててみよう。交渉シナリオを作るための仮説には、ツリー構造による論理的な問題整理の方法が有効である。主なツリー構造には、最上位にある命題（事象や方法など）を抜けなく漏れなく要素を分解するロジック・ツリー、最上位にある論点（解決すべき問題）を抜けなく漏れなく要素（サブ論点）に分解するイシュー・ツリー、意思決定の選択と一決定者がコントロールできない不確定要素、意思決定に伴う最終結果を整理するディシジョン・ツリーがある。ここでは、原因分析と選択肢の整理が目的でありロジック・ツリーを用いて論点を整理してみよう。[注191)]

注191） 交渉シナリオ作成のためのロジック・ツリーのサンプルは、一色正彦他：理系のための交渉学入門、東京大学出版会、2013, pp.35-46 参照

【図 15：ロジック・ツリーのサンプル】

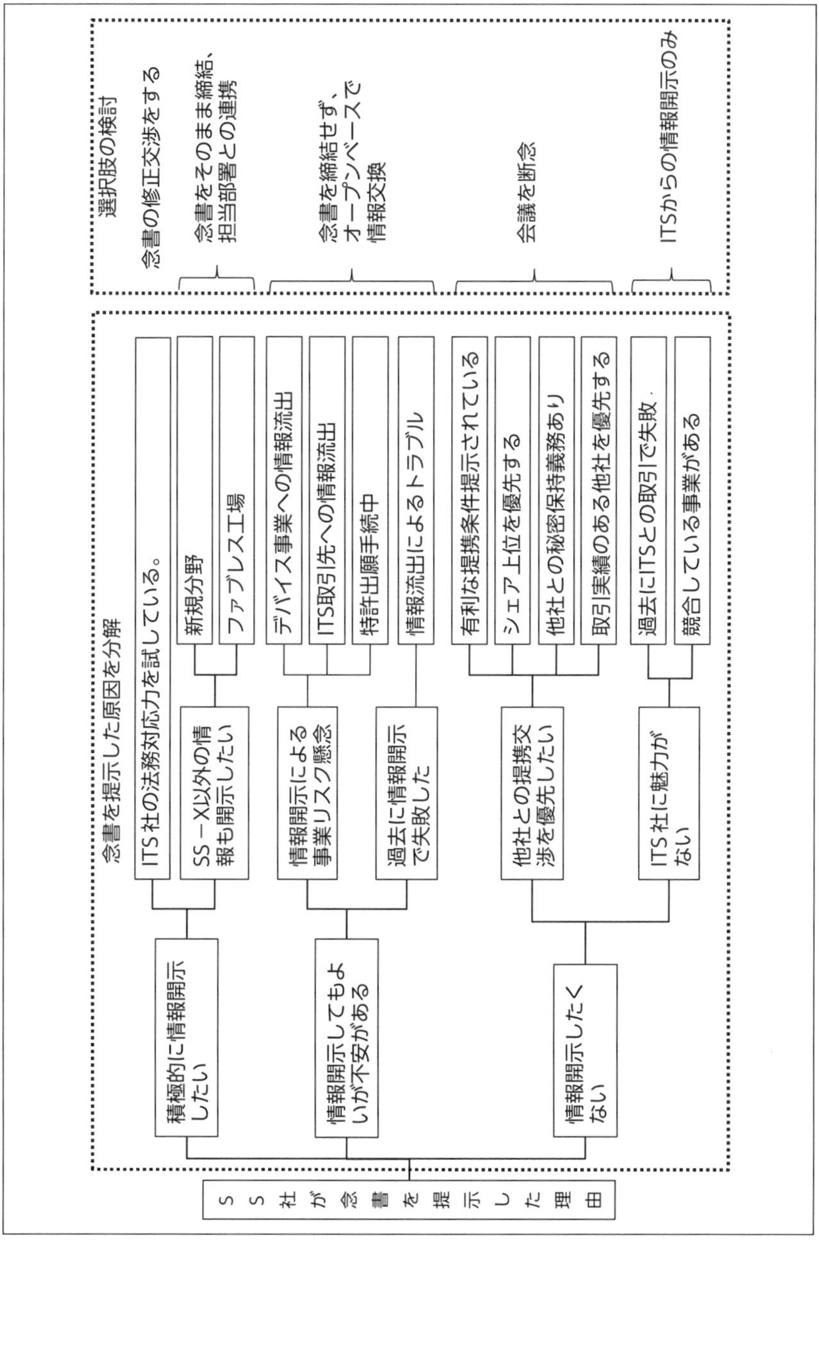

まず、念書を締結すべきか否かという判断がある。ITS社としては、SS社の提携候補としての価値を高く評価し、この念書をそのまま締結するという選択肢はあるが、その後に影響する問題が多く、価値とのバランスを考慮するとリスクが高い。修正交渉するという選択もある。ただし、交渉には時間が掛かり、今回の会議が契約交渉の会議となり、意見交換の機会を失する可能性が高い。次に会う時期を決めたとしても、その間に、競合相手と話が進み、今回の会議と相手の状況が変化するリスクもある。

また、念書を締結せず、オープンベースで情報交換するという選択肢がある。この場合、秘密情報を受領しないので、念書に関連してその後に影響する問題は排除できる。しかしながら、一歩踏み込んだ議論を行うことは難しい。また、当初、オープンベースで意見交換していても、技術者同士の会話であり、技術情報に踏み込む可能性は十分ある。

以上を踏まえて、今回の交渉のミッションを考えてみよう。ミッションを作るためのチェックポイントは、以下である。[注192)]

① 自分たちの会社・組織の経営理念（ミッション・ステートメント）を確認する。
② 自分たちの会社・組織の事業戦略を確認する。（中期計画など）
③ 今回の交渉の契機となったものは何か、確認する。（新技術、新製品登場、新規市場開拓など）
④ この交渉に対する社内の期待や考え方を確認する。
⑤ この交渉が仮に合意した場合、将来、この交渉の結果に期待されるもの（利益）は何か、考える。（1年後、5年後など）
⑥ この交渉に対する自分自身の期待や、この交渉に対する考え方を、確認する。

注192)　田村次朗、隅田浩司：日経文庫 戦略的交渉入門、日本経済新聞出版社、2014, 図16「ミッションを作るためのチェックリスト」参照

ITS社の長期的なミッションは、企業経営による経営理念を実現し、社会に貢献することが考えられるが、それを事業戦略、製品戦略と階層化し、関連づけた上で、今回の交渉のゴールとしてのミッションを、“協力して競争力あるスマートフォンを開発できる技術提携先を探し、その適格性を見極める”、という設定だったとしよう。この場合、SS社に対して、対象技術を評価すると共にパートナーとして適格性があるか否かを見極める必要がある。

このミッションに基づき、リッチ・ピクチャーを用いて、交渉シナリオを考えてみよう。(リッチ・ピクチャーの作成方法の詳細は、コラム28参照)

【図 16：交渉シナリオのサンプル①】

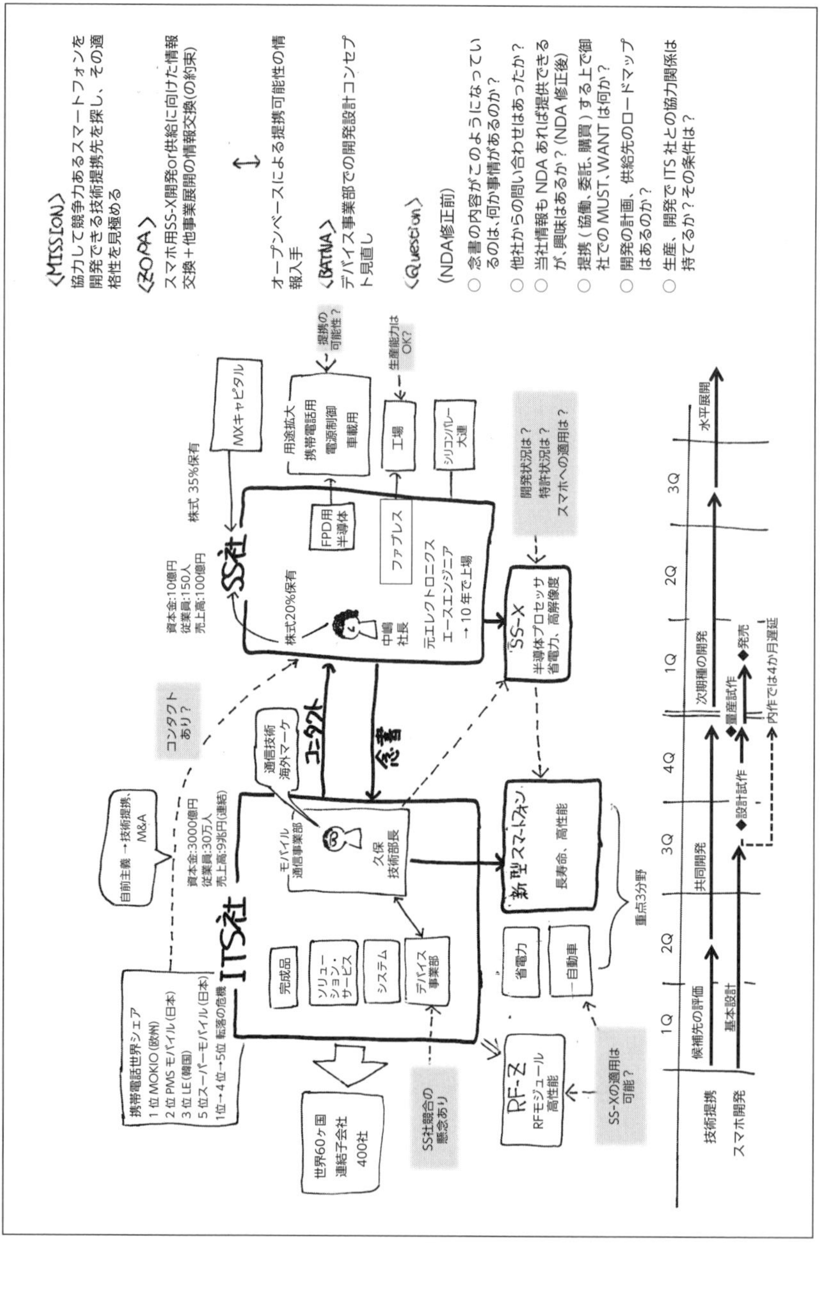

中央から左側の領域は、図13「本ケースの交渉シーン」をベースに当事者の相関関係を描いている。さらに、疑問点や注意すべき点について、メモをつけている。また、右側の領域には、ミッション及びミッションに基づくゾーパ、バトナを記載している。さらに、右側の領域の下には、相手のコンテキストを引出すための疑問について、項目のメモを作成している。さらに、下の領域には、タイムテーブルを記載している。ITS社がベンチャー企業であるSS社を提携候補にしているのは、技術的な価値と共に、技術提携により開発から販売までの期間を短縮できる可能性が魅力の一つである。また、交渉シナリオにおいては、絶えず、タイムテーブルを意識して交渉を進める必要がある。

この交渉シナリオは、あくまでも一つのサンプルであるが、リッチ・ピクチャーを用いたマップに整理することで、全体観が見渡せると共に、ポイントを記載したメモにより、漏れなく、ダブりなく相手に質問できる。また、疑問点に対して情報を引出した内容を記載することにより、交渉の過程で、交渉シナリオの進行状況をバードアイの視点で把握できる。ビジネスの交渉では、1対1よりも、複数名で行うことも多いが、同じ交渉チームのメンバーと共通認識と交渉シナリオと持つためにも、有効な方法である。

さらに、このマップは、交渉の進行に合わせて、ブレスト型交渉のツールとしても活用できる（ブレスト型交渉については、コラム7参照）。乗り越えるのが難しい難題に直面した時、実現可能性を高めるために多くの選択肢を考えたい場合、ホワイトボード等に関係性や論点を整理したマップを描き、その情報や図に対して、ブレストしながら、交渉するのである。[注193)]

また、秘密保持契約には、リスクマネジメント的アプローチとして、情報のレベル分けに適合した開示・管理条件になっているかを見る必要がある（詳細は、P103参照）。

注193)　ブレスト型交渉におけるマップの活用方法と例は、一色正彦他著：理系のための交渉学入門、東京大学出版会、2013, pp.88～90、3.2.4ビジュアルコミュニケーション参照

演習2　共同開発契約の価値とリスク

両社は、秘密保持契約を締結後、情報交換を続けた。半年間の情報交換を経て、ITS社の技術とSS社の技術を組み合わせた高機能のスマートフォンの開発を共同で行うことになった。共同開発契約に先だって、お互いに、骨子を交渉することになった。SS社からITS社に提示された骨子案は、次のような内容であった。

「共同開発契約の骨子(案)」

1. 契約当事者:
ITSエレクトロニクス株式会社(以下、甲と言う)
スーパーセミコンダクタ株式会社(以下、乙と言う)

2. 開発の内容:
乙が保有するSS-Xに甲が保有するRF-Zの機能を付加したスマートフォン用の特定半導体の共同開発。

3. 開発の役割分担:
甲の開発担当　　　:RF-Zの技術開発
乙の開発担当　　　:SS-Xの要求仕様の策定
甲乙共同の開発担当:SS-XにRF-Zの機能を付加したマートフォン用の特定半導体

4. 開発の費用負担:
単独の開発担当に掛かる費用は、それぞれの自己負担とし、共同の開発に掛かる費用は、折半。

5. 知的財産の帰属:
単独の開発の場合は、開発担当に帰属し、共同の開発の場合は、共有。

6. 開発成果の実施:
開発成果は、甲乙いずれも、何らの制約なく自由に第三者に提供できる。

7. 保証責任:
第三者の権利を侵害した場合、対象が、単独の開発技術の場合は、開発担当が負担し、共同の開発技術の場合は、共同で負担。

8. 秘密保持:
既に締結している秘密保持に準じる。

このプロジェクトは、ITS社の重点プロジェクトに指定された。そのため、あなたは、技術部長としてプロジェクトチームを設立し、どのような提携を行うべきかを議論し、あなたにチームとしての提案書を提出するように指示した。プロジェクトチームには、以下のようなメンバーが参加した。

・技術部長：（あなた）

この提携には積極的である。SS社の技術には、独自性があることを高く評価している。ただし、SS社はベンチャー企業であり、継続的な技術開発と安定した設計品質の維持には、一抹の不安を持っている。

・企画課長：

この提携には中立的である。ITS社全体の課題とモバイル通信事業部との関係、モバイル通信事業部の優先課題を良く理解しており、中期的な視点から、価値がある提携であると判断すれば、積極的に転じる可能性がある。

・法務課長：

この提携には不安を感じている。SS社の技術の評価が高いことは理解しているが、ベンチャー企業であり、クレームやリスクに対する対応力が十分ではないことを危惧している。また、出資しているファンドが三分の一以上の資本金を持っており、どのような方針を持っているのかにより、提携すべき相手か否かを判断すべきと考えている。

・知財課長

この提携には、期待している。RF-Xの基本特許は出願済みであり、関連特許の出願を進めているが、今回の共同開発の成果により、RF-Xのパテントポートフォリオ（事業のミッションを実現するために管理・最適化された知的財産群）が強化されるのではないかと期待している。ただし、インターフェース部分の共同開発の成果物を安易に共有にすべきかどうかには、不安を持っている。

・マーケティング課長：

この提携には、前向きである。現在、スマートフォン市場では遅れを取っており、第5位の追い上げもあり、他社と差別化できる機能が必要である。ブロードバンド、高画像コンテンツのネット配信のトレンドに合わせた今回のスマートフォンの機能には、大いに期待している。

【解説】

共同開発契約（もしくは共同研究開発契約）は、複数の会社や個人が共同でテーマを決めて、開発や研究を行うためのルールや条件を定めた契約である。このケースでは、ITS社とSS社が自社の技術をお互いに提供し、半導体を共同開発する契約である。ITS社から見た共同開発契約の骨子について、以下の問題を検討する必要がある。

① 問題1：開発内容と役割分担

半導体の設計や実機での評価において、双方の強みを活かした開発内容と役割分担になっているか。

② 問題2：開発の費用負担

自己負担と共同負担の費用は、いずれかに過大な負担があるなど、バランスを欠いた費用負担にはならないか。また、SS社は資金力が弱く、それが原因で開発が遅れる等のリスクが生じる恐れはないか。

③ 問題3：知的財産の帰属

単独と共同の役割に基づく知的財産の帰属としているが、特許権と著作権の違い、単独でも貢献がある場合への配慮、役割分担の変化への柔軟な対応ができる条件であるか。

④ 問題4：開発成果の実施

お互いに自由な第三者への提供ができることが、競合に対する比較優位を維持したいITS社の提携目的を満たしているか。

⑤ 問題5：保証責任

SS社からの要求仕様や指定仕様に基づく技術に対して、ITS社が第三者から特許権の侵害警告を受けた場合に対応できるか。また、SS社は、知財リスクへの対応能力が低く、単独の担当分野に対する侵害警告について、迅速、かつ、十分に対応できるか。

⑥ 問題6：秘密保持義務

現在提携している秘密保持契約は、情報交換を目的とした条件を規定している。そのため、共同開発を目的とした秘密保持義務として、開示すべき情報のレベルや開示・管理条件が異なるが、それに対応しているか。

特に、問題6は、最初の念書の内容がそのままの場合、または、一部修正されていた場合はその条件に準じることになるが、それで良いかは疑問である。もともと、最初の念書と今回の共同開発はステージが異なっており、開示すべき情報のレベルや開示・管理条件が違うのである。そのため、それに合わせた秘密保持の条件を定めある必要がある。（秘密保持契約については、第3部第1章参照）

次に、事業の視点から見れば、複数の企業が、それぞれの技術を提供し、共通の技術や製品を開発するものであり、その価値もあれば、リスクもある。図14を契約との関係で詳しくみてみよう。提携ビジネスの典型的なモデルと紛争ポイントは、次のような内容である。

【図 17：提携ビジネスの段階と紛争ポイント】

事業フェーズ	提携の目的と紛争ポイント	契約例
情報交換	Ⅰ　誰と組み、誰と組まないか決める □　目的、契約期間・守秘期間 □　秘密情報の定義 □　競合可否、知財の取扱いなど	秘密保持 LOI
研　究 開　発	Ⅱ　共通目標・役割を決める □　目的、期間、範囲 □　役割分担（単独、共同） □　成果の帰属 □　既存知財の取扱いなど	システム開発 開発委託 共同研究開発 共同出願 特許ライセンス
製　造 販　売	Ⅲ　成果・リスクの配分を決める □　目的、期間、範囲 □　役割分担（単独、共同） □　成果＋既存知財の実施条件 □　成果から生じた損害賠償責任 □　第三者に対する制限など	提携 取引基本 代理店 売買 業務委託

事業フェーズに合わせて、提携の目的が異なる。そのため紛争ポイントも連動しているが、共通するのは、目的、期間、範囲である。これらは、提携により何を目指すのかというミッションが軸となり判断されるものである。

さらに、交渉の視点から見る社内と社外の2段階のプロセスが必要である。まず、社内のプロジェクトチーム内の交渉が、多数当事者間交渉である。仮にあなたが、積極的な立場であり、他の中立的な立場と否定的な立場のプロジェクトメンバーと一緒に交渉するのであれば、まず、内部の意思統一が必要になる。メンバーがなぜ、その立場であるのか、背景のコンテキストを共有する必要がある。その上で、中長期的なミッションを共有し、今回のゴールを決めるのである(社内交渉における多数当事者間のモデルケースは、P234-P235参照)。

また、リスクマネジメントの視点から見ると将来の成果の配分とリスクの分担のバランスが合理的であるか、残存リスクに対して必要な予防策や対応策が準備されているか、という点を考慮する必要がある。将来の成果物の権利とリスク負担は、契約交渉の主要論点でもある。そこで重要なのが、ルールの交渉である。(ルールの交渉については、コラム19参照)。ルールの交渉の具体例を知的財産の帰属、保証責任、紛争解決の条項の契約ドラフトから、考えてみよう。

＜サンプル条文1＞

第○○条（知的財産の帰属）

本件開発の過程において、及び本件開発の結果として生じた、発明・考案・意匠の創作物、著作権（以下、総称して「発明等」という）及びこれらに基づき取得される特許権、実用新案権、意匠権、著作権（以下、総称して「知的財産権」という）の帰属は、以下のとおりとする。

(1) 本契約の一部をなす別表1（以下「別表1」という）に基づく甲単独の担当において、甲に属する者によって単独でなされた知的財産権は、甲に帰属する。

(2) 別表1に基づく乙単独の担当において、乙に属する者によって単独でなされた知的財産権は、乙に帰属する。

(3) 別表1に基づく共同の担当において、甲に属する者及び乙に属する者によって共同でなされた知的財産権は、甲及び乙の共有とする。但し、その発明等の本質に対する貢献度を考慮して、両者が協議し、いずれかの単独の帰属若しくは共有に関する付帯条件を別途書面で定めることができる。

(4) 別表1に基づく甲若しくは乙単独の担当において、相手方が発明等に具体的に貢献した場合、及び発明等が甲若しくは乙単独のものか、又は両者共同のものかに疑義がある場合、両者が協議し、その帰属を決定する。

(5) 本条に従い、両者が知的財産権の帰属に関して協議して合意した内容は、本契約の一部を構成する別表2「知的財産権の帰属に関する覚書」の書式に従い書面で合意する。別表2は、両者の技術若しくは知的財産権責任者の署名・捺印により成立する。

別表1「役割分担」

項　目	甲	乙	共　同
1.			
2.			
3.			
4.			
5.			
6.			
7.			
8.			

【解説】

この条文例は、別表1に記載した役割分担に基づき、帰属に関する五つの場合分けを考えている。

① 甲単独の担当 ⇒ 甲単独の権利
② 乙単独の担当だが、甲の貢献あり ⇒ 個別に協議
③ 乙単独の担当 ⇒ 乙単独の権利
④ 乙単独の担当だが、乙の貢献あり、⇒ 個別に協議
⑤ 共同の担当は、甲乙の共有を原則とするが、貢献を考慮して、個別に協議可能

上記の条件は、別表1の担当項目に基づき知的財産権の帰属を決めているが、単独の担当項目の開発であり、共同の担当項目でなくても、開発の過程で相手の貢献が生じることがあり得る。その場合、貢献に対する対応の協議義務が含まれている。例えば、甲の単独の担当項目に対して、乙の協議の対象には、以下の選択肢が考えられる。

① 乙の貢献が、発明の特許性に対する具体的な貢献である場合は、共同発明として、共同出願を行う。但し、貢献の度合いに応じて、持分率を協議して、決定する。

② 乙の貢献が、発明の特許性に対する具体的な貢献には至らないが、一定の貢献がある場合、甲は単独で出願するが、乙に対して、貢献度に応じて有利な条件（例：有利なライセンス条件など）を適用し、個別に契約を締結する。

合意事項が担当者レベルで曖昧にならないように、合意書類の作成ルールも記載している。このルールの価値は、細かく役割分担を決め、その貢献と成果の配分を明確にしていることである。一方、特定の技術分野や開発につ

いて、相手の関与を制限したい場合にはリスクもある。そのため、価値とリスクを総合的に考慮して、このルールを採用するか否かを決定すべきである。

また、合意した内容を特定するために、契約の付属書類として、覚書の書式と締結者を指定している。

＜サンプル条文2＞

第○○条（保証責任）

1　甲及び乙は、成果物について、第三者との間で知的財産権に関する紛争が生じたとき、若しくはそのおそれがあるときは、直ちにその旨を書面により相手方に通知するものとする。

2　前項の紛争が甲の責に帰すべき事由に起因する場合は甲が主体的に当該紛争を当該第三者との間で解決し、乙は甲に協力するものとし、また乙の責に帰すべき事由に起因する場合は乙が主体的に当該紛争を当該第三者との間で解決し、甲は乙に協力するものとする。但し、当該紛争が甲及び乙の責に帰すべき事由に起因する場合、甲又は乙のいずれの責に帰すべき事由かに疑義がある場合、両者が協議し、当該紛争の解決方法を決める。

3　前○○条（知的財産財産の帰属）に基づき、当該紛争を解決した後、甲若しくは乙に帰属した発明等により第三者の知的財産権を侵害したことに起因して、及びこれに限定されず、いずれかの当事者が相手方に損害を与えた場合の責任は、以下のとおりとする。

(1) その損害が明らかに甲の責に帰すべき事由の場合は、甲が負担する。

(2) その損害が明らかに乙の責に帰すべき事由の場合は、乙が負担する。

(3) その損害が甲及び乙の連帯責任、甲及び乙以外の第三者の責任、若しくはいずれの責任であるかが不明確な場合は、両者が協議の上、負担すべき当事者、損害の範囲と金額を決定する。

【解説】

この条文例は、共同開発の成果物に対して、第三者から知的財産権の侵害警告を受けた場合、帰責事由に基づき、対応を決めている。ただし、侵害への責任は、以下の五つのケースがあると想定している。

① 甲に責任があり、乙に全く責任がない。
② 乙に責任があり、甲に全く責任がない。
③ 甲でも乙でもなく、第三者に責任がある。
④ 甲と乙の連帯責任である。
⑤ いずれの責任であるかがわからない。

警告を受けた段階で、①もしくは②であることがわかるケースであれば、それに応じた対応が可能であるが、③から⑤のケースである場合は、最初の段階は、両者が協議し、協力して対応する必要がある。そのため、第1項でおそれの段階でも双方が通知し、クレームの初期段階から迅速に対応するという考え方である。

さらに、第三者への対応についても、相手に責任があったとしても、対応に対する主と従は決めるが、協力義務を記載している。共同開発を行うパートナーとして契約した以上、成果という価値を共有するだけではなく、侵害警告というリスクもシェアするという考え方である。

また、この条文には、クレーム交渉に対するリスクマネジメント的思想も盛り込んでいる。第1項に基づき通知し、第2項に基づき共同で解決した後、第3項に基づき、相手に与えた損害を賠償するというプロセスを記載している。仮に、当初、特許権の侵害警告により生じる損害が100とすると迅速な対応と協力により縮小し、仮に60の損害が残った場合、残った60に対して、帰責事由に基づき、掛かった賠償金額を算定し、応分に負担するという考え方である。

なお、この演習の事例では、ITS社は大企業であり資金、専門部門の能力などのリスク対応能力が大きいが、ベンチャー企業であるSS社は、リスク対応能力に限界がある。ITS社から見れば、独自の技術とスピードがベンチャー企業との共同開発パートナーとしての提携価値である反面、リスク対応能力が低いことは、提携リスクとなる。その点を判断する必要があると共に、自社のリスク対応能力を活かし、乙の責任であっても、甲が主体的に対応する、乙が資金的に負担する限界がある責任に対しては、甲の保険などにより一部補填するなど、リスクシェアをする方法もある（保険を活用したリスクシェアの例は、演習3参照）。

＜サンプル条文3＞
第○○条（紛争解決）
甲及び乙との間で本契約又はその違反に関連して発生した全ての紛争、相違について、以下の手順で解決することに合意する。
(1) 双方の担当者の協議により解決できない場合は、双方の担当責任者が協議を行う。
(2) 前1号の協議が60日間を経過しても解決できない場合、双方の経営責任者が協議を行う。
(3) 前2号の協議が60日間を経過しても解決できない場合、第三者による解決を選択する。第三者による解決は、東京の社団法人国際商事仲裁協会において、その商事仲裁規則の下での仲裁により最終的に解決される。

【解説】
この条文例は、発生した紛争の内容により当事者間が交渉により段階的な解決を目指し、それでも当事者間の解決ができないと判断した場合、第三者の判断に委ねる方法である。このルールのメリットは、お互いに納得感のある問題解決ができる可能性が高いことである。契約に協議事項を規定することは、協議をする義務を規定することに意義があるが、解決する義務がないこと、期間を記載しないといずれかの当事者が協議を続けることによる現状維持を望んだ場合、他方の当事者の損害が拡大する場合があることにリスクがある。しかし、この点についても、協議期間を決めることにより、その問題に対応している。知的財産の帰属の付表のように、対象となる紛争項目と担当部門を付表で明記する方法もある。（例：技術問題は、技術部門同士が(1)項を担当するなど）また、(3) 項において、国際商事仲裁を採用しているが、裁判など他の紛争解決ルールを採用する場合もある。契約当事者の方針や対象となる開発分野、また、国際契約では、準拠法により、裁判か仲裁のいずれを選択するかには、それぞれメリットとデメリットがあり、それらを斟酌して検討する。

この方法のリスクは、協議に要する時間である。期限が決まっているとは言え、裁判等の法的な手続を取るまでに一定期間（この条文では、180日）が必要となり、差止措置などの迅速な対応ができないリスクがある。また、米国のように裁判による情報開示手続が厳格な国の準拠法を採用している国際契約に基づく紛争の場合は、裁判の手続から開始し、その手続を経て、再度、協議に戻る場合（いわゆる、Suit first, talk later）の事例も多いが、その方法が選択できないリスクもある。そのため、この条件を採用するか否かは、これらの価値とリスクを考慮して決めるべきである。

以上に基づき、リッチ・ピクチャーを用いて、交渉シナリオを考えてみよう。

このサンプルでは、左側に図16と同様に当事者の関係図を記載している。また、右上には、ミッション、ゾーパ、バトナを記載している。また、右下には、共同開発契約の骨子に対する疑問点を記載している。

【図 18：交渉シナリオのサンプル②】

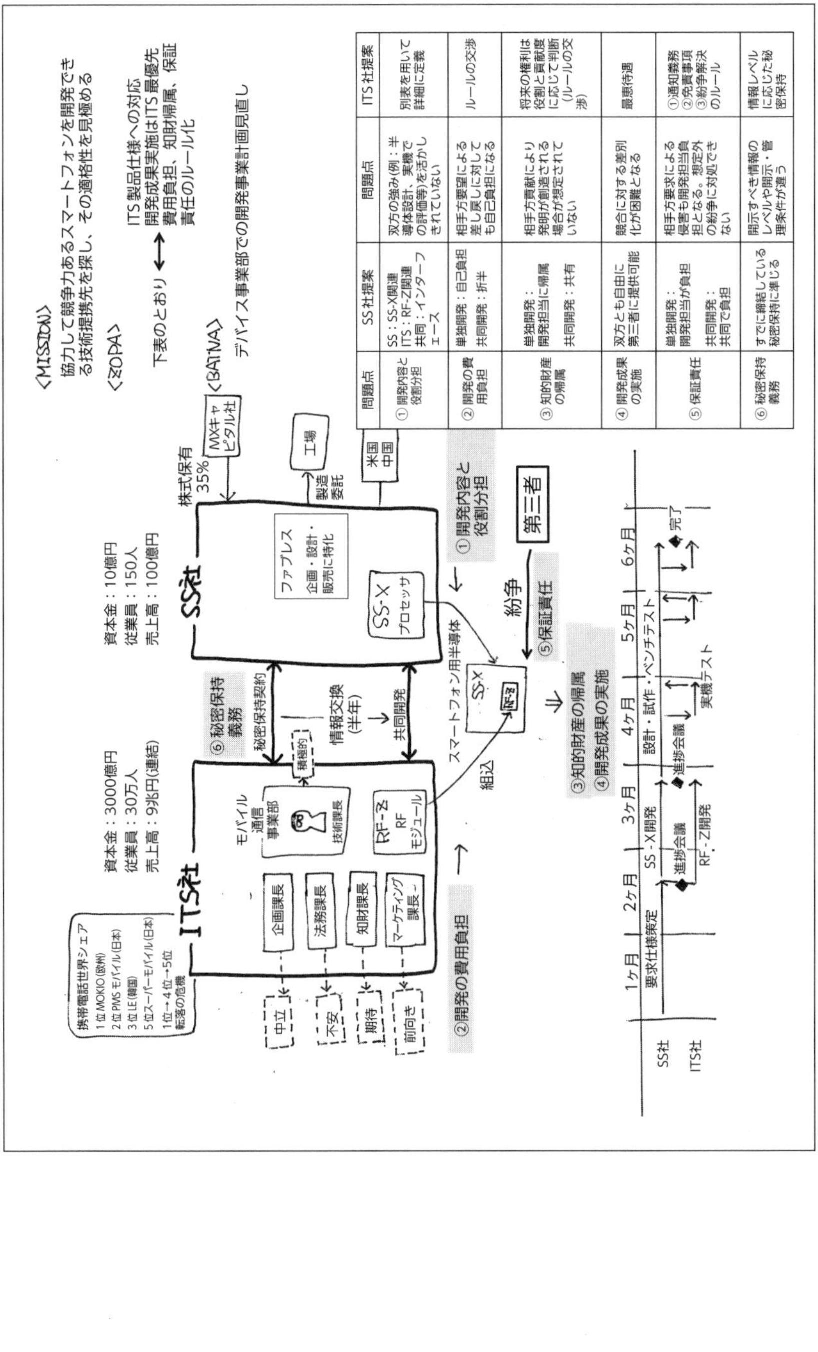

問題点	SS 社提案	問題点	ITS 社提案
① 開発内容と役割分担	SS：SS-X関連 ITS：RF-Z関連 共同：インターフェース	双方の強み(例：半導体設計、実機での評価等)を活かしきれていない	別表を用いて詳細に定義
② 開発の費用負担	単独開発：自己負担 共同開発：折半	相手方要望による差し戻しに対しても自己負担になる	ルールの交渉
③ 知的財産の帰属	単独開発：開発担当に帰属 共同開発：共有	相手方貢献により発明が創造される場合が想定されていない	将来の権利は役割と貢献度に応じて判断(ルールの交渉)
④ 開発成果の実施	双方とも自由に第三者に提供可能	競合に対する差別化が困難となる	最恵待遇
⑤ 保証責任	単独開発：開発担当が負担 共同開発：共同で負担	相手方要求による侵害も開発担当負担となる。想定外の紛争に対処できない	①通知義務 ②免責事項 ③紛争解決のルール
⑥ 秘密保持義務	すでに締結している秘密保持に準じる	開示すべき情報のレベルや開示・管理条件が違う	情報レベルに応じた秘密保持

演習3　第三者からのクレーム交渉

プロジェクトは順調に進み、共同開発された新しいスマートフォンは、ITS社ブランドの新製品として、主要市場である日、米、欧、アジア、中国で同時発売を実現できた。他社製品よりインターネット接続が容易で、画像・音声のノイズが少ないこと、ユーザーインターフェースの操作性が良いこと、高画質の液晶画面と電池が長持ちする省電力の機能が評判となった。ユーザーにとっては、ネットショップの利用や動画サイトへの接続、衛星放送や録画ビデオの視聴などに利便性があり、ビジネスは順調に推移した。日本では、年間の注目商品の上位に挙げられる程であった。

また、両社は、RF-ZとSS-Xの機能を統合した特定半導体を共同開発し、日本を始め、世界各国に共同出願した。ところがある日、ITS社に、米国のPatent-X株式会社（P-X社）代理人と称する弁護士から、一通の警告書が届いた。訴訟を辞さずと記載している警告書を巡って、ITS社内部では、プロジェクトチームのメンバーが集まり、対策会議が開催されることになった。受け取った警告書は、次のような内容である。

「弊社保有の半導体関連技術及び特許について」

2015年12月15日

東京都港区X-X-X
ITSエレクトロニクス株式会社
代表取締役社長
○○○○殿

Patent-X株式会社
代理人　XYZ法律事務所
弁護士　ABC

拝　啓
弊社保有の半導体関連技術及び特許について

Patent-X 株式会社の代理人として申し上げます。Patent-X 株式会社は、RF　モジュールに関する技術及び有効な米国特許を有しております。その技術のいくつかは、貴社が日本及び米国において使用されている一連の製品に組み込まれていると理解しております。その関連特許のコピーを同封致します。これに対応する特許は日本でも既に登録されております。

ご案内のとおり、貴社は、Patent-X 株式会社が所有する特許により保護されている発明を利用した製品の製造・販売を行う許諾を受けておらず、そのような製品を無断で製造・販売することは、米国及び日本の特許法の下では特許侵害となります。

つきましては、当該製品が取引された期間、関連するあらゆる製品の販売数量、売上高、販売先である顧客名及び住所、現在の在庫量、並び受注残等の情報を2016年1月15日までにお知らせくださいますようお願い申し上げます。当該情報に基づく、Patent-X 株式会社所定のライセンス料を、後日提案させて頂きます。

本状に対する誠意ある回答を上記期限日までに書面にて頂けない場合は、特許侵害に関わる全ての製品の製造・販売中止を請求する差止救済を含め、法的手続等を開始させて頂くことになります。この点予めご承知おきください。

敬具

この警告書に関連して、プロジェクトチームが調査を行い、以下の事実がわかった。

① P-X社は、米国の大手エレクトロニクスメーカーA社の半導体分野からの事業撤退に伴いスピンアウトした半導体ベンチャー企業である。従って、その際に、A社が半導体関連の特許権を譲渡されている可能性がある。

② P-X社は、創業7年で、米国のVC（Venture Capital）が35％出資している。業績は好調で、近々、IPO（Initiate Public Offering、株式上場）するのではないかとの噂がある。

③ P-X社の社長は、A社の半導体技術者出身で、A社時代に、かなり特許出願もしており、技術の専門性は高いと思われる。

④ 代理人のXYZ法律事務所のABC弁護士は、日米の弁護士資格を持ち、特許法を専門としている。ハードネゴシエーターとの噂がある。

また、並行して知財部が社外弁理士と共同で、送付されてきた関連特許のコピーの特許評価を進めている。しかし、今回の技術は、ITS社とSS社の共同開発であり、SS社の技術部とも相談しながら進める必要がある。そのため、特許評価にはしばらく時間が掛かりそうである。

【解説】
法律の視点から見て、この警告書には、以下のような疑問点がある。

① 問1：相手は、特許侵害しているという事実に確証があるのか？
関連特許のコピーは添付されているが、本当に日本で登録されているか、また、相手が正当な権利者を確認する必要がある。さらに、“貴社が日本及

び米国において使用されている一連の製品に組み込まれている”と主張しているが登録された特許権の技術範囲に基づき、確証を持って主張しているか否かには、この段階では疑問がある。

②疑問2：なぜ、12月15日に警告し、1月15日を期限にしているのか？

年末に近い12月15日に警告し、年始を含む1ヶ月を期限にしているのは、何か特定の意図があるのか。敢えて活動日が少ない時期を選択しているとしたら、何らかの隠された狙いがあるのではないかと思われる。

③疑問3：クレームの狙いは、ライセンス料か、それとも差止か？

“Patent-X株式会社所定のライセンス料を、後日提案させて頂きます”という記載と“特許侵害に関わる全ての製品の製造・販売を中止する差止救済を含め、法的手続を開始する”という条件が明示されている。敢えて、所定のライセンス料の提案と記載している、また、敢えて法的手続の中から、差止救済を例示していることには、何か隠された意図や狙いがあるのではないかと思われる。

さらに、現在わかっている情報に基づき、リッチ・ピクチャーを用いて現在の状況を整理してみよう。クレーム対応では、事実確認と原因究明が重要だが、限られた時間と情報であっても、その中で、有効だと思われる対応策を考える必要がある。それには、現時点でわかっている情報をマップなどにより整理する方法が有効である。

【図 19：特許侵害クレームの状況】

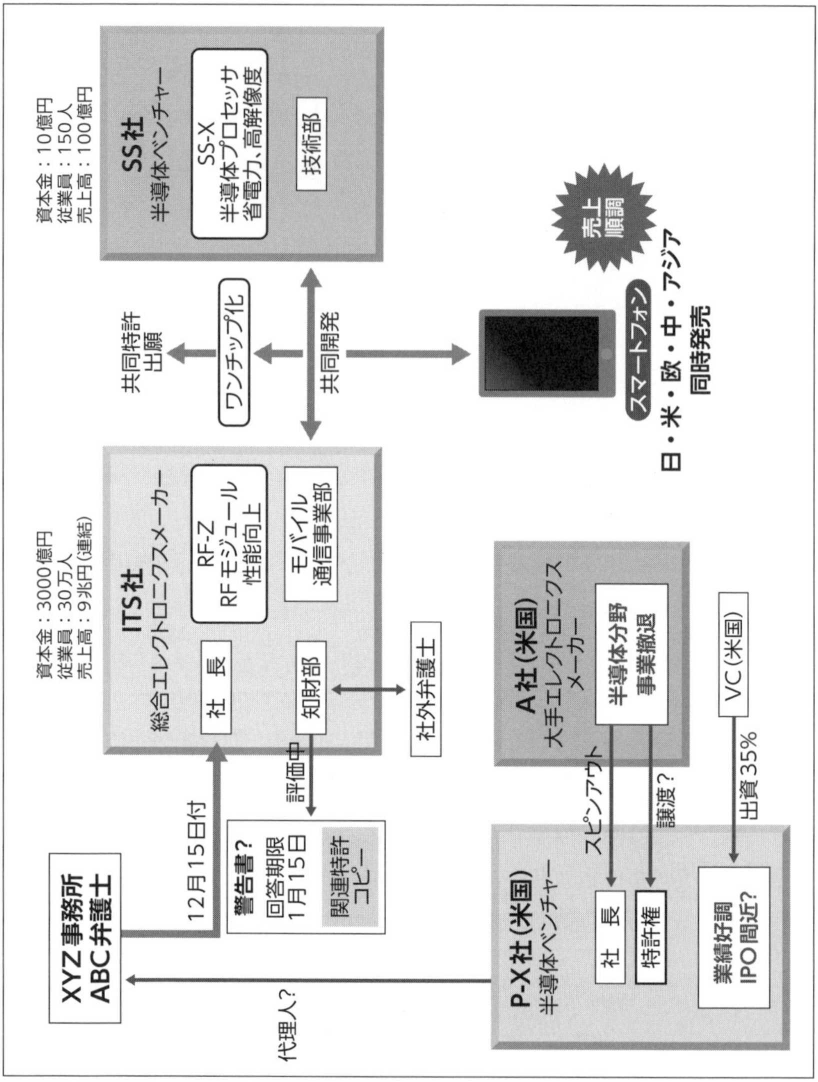

このマップにより、現在わかっている情報を可視化することができた。また、この次にリスクを考えて、交渉のアプローチを考えるために、警告書に対して、どのような法的な対抗手段があるかについて、ロジック・ツリーを

【図 20：警告書に対する対応方法】

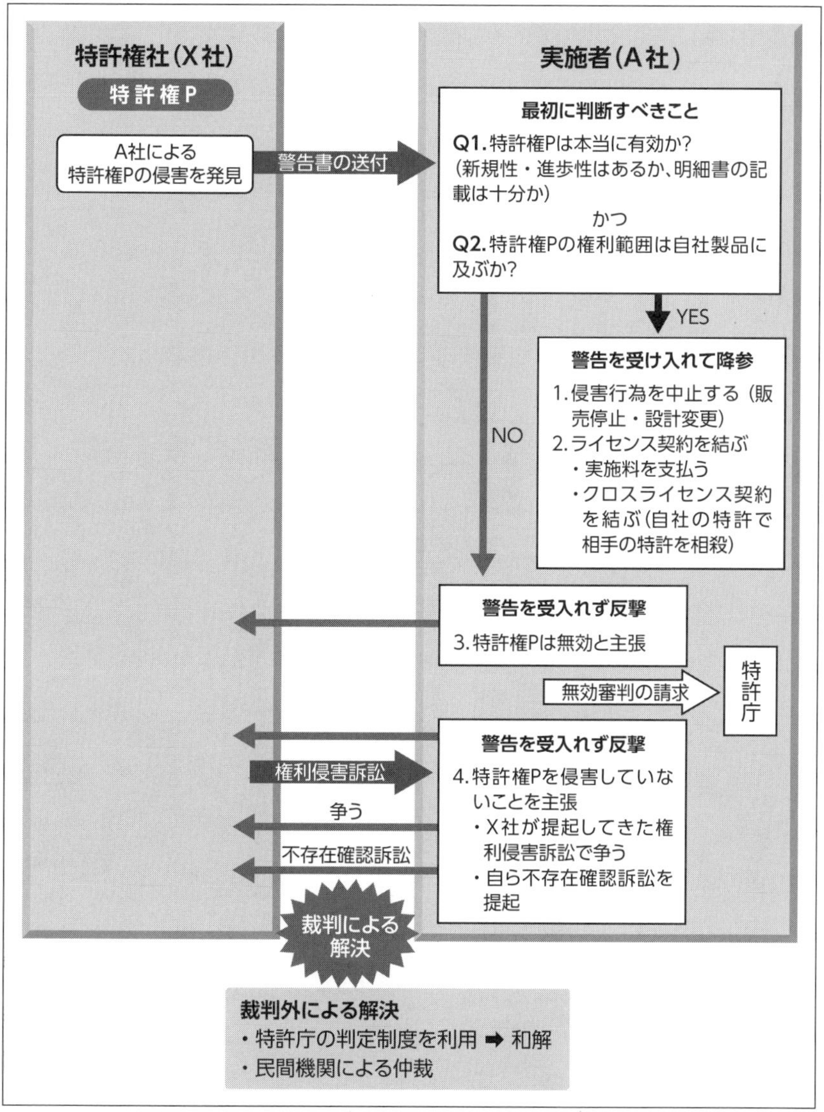

用いて整理してみよう。

　事実関係を確認すれば、いくつかの対抗策があるが、費用対効果も考慮した上で、選択肢の優先順位を決める必要がある。

以上に基づき、交渉シナリオのサンプルを考えてみよう。

【図 21：交渉シナリオのサンプル③】

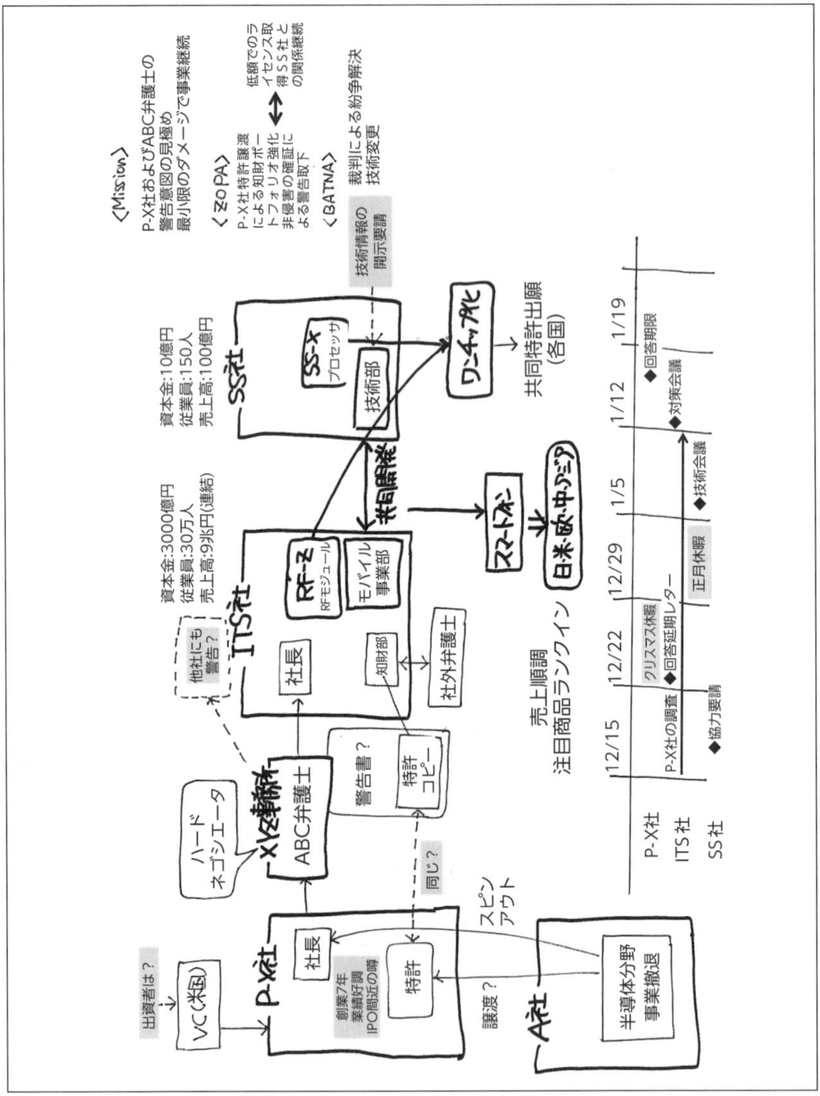

さらに、このケースをリスクマネジメントの観点から考えてみよう。技術に基づいて製品やサービスを開発し、日本・海外で製造・販売などの事業を行う企業にとって、突然このような警告書を受けるリスクは、常に存在する。技術分野や販売地域によりリスクの差はあるが、たとえ故意に第三者の知的財産権を侵害していなくても、こうした警告を受けることはある。また、このケースは、ITS社とSS社の共同開発品に対する警告であり、双方の技術が関連している複雑なケースである。

【図22：「リスク・シェアリング・プログラム」の例[注194)]】

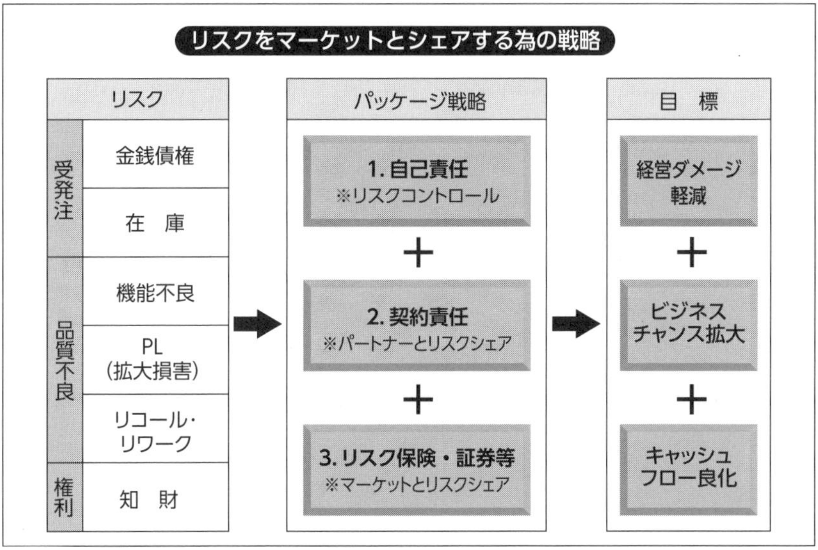

例えば、ITS社とSS社が共同開発に限定せず、製品・サービスの提供や製造委託など、総合的に取引がある関係にあった場合で考えてみよう。主要なリスクを受注、品質不良、権利に分類し、それぞれのリスクコントロールによる自己責任と役割分担とそれに基づく責任を明確に記載した契約に基づき、リスク保険や証券等のリスクファイナンスの方法論を用いて、契約関係

注194）　鮫島正洋編著：：知財立国への挑戦　新・特許戦略ハンドブック、商事法務、2006, p.375, 図表9-6 事例研究③参照（第9章「知財リスク保険化の可能性」は、一色が執筆）。

にあるパートナーとリスクシェアするという考え方である。それにより、経営ダメージの軽減、ビジネスチャンスの拡大、そして、キャッシュフローの良化を目指している。先進企業の中には、実際にこのようなコンセプトでリスクマネジメントを実現している例もある。

また、複数の企業が参加する提携契約に基づき、保険を活用したリスクシェアの事例を紹介する。

【図23：知財リスク保険化の方法論[注195)]】

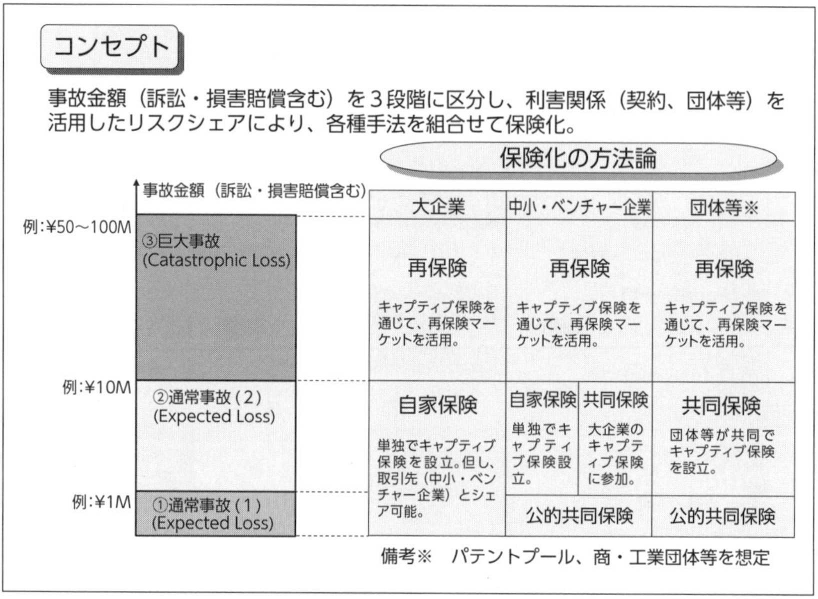

このモデルでは、リスク対応能力に差がある大企業と中小、ベンチャー企業が、それぞれの能力に応じて応分なリスク負担をするという考え方である。また、標準化技術やパテントプールなど共通の利害関係を持つ企業グループの団体への適用も想定している。このコンセプトは、著者（一色）が日本知

注195）　鮫島正洋編著：：知財立国への挑戦　新・特許戦略ハンドブック、商事法務、2006, p.399, 図表9-16 知財リスク保険化の方法論参照（第９章「知財リスク保険化の可能性」は、一色が執筆）。

財学会に実現可能性のあるモデルとして発表したものである。大企業の中には、前述のリスクシェアモデルの背景にあるリスクファイナンスの方法として実際に保険化している例もあるようだが、中小・ベンチャー企業や団体等については、まだコンセプトの段階である。このモデルは、契約関係にある当事者が、どのようなパートナーを目指すかという交渉的アプローチとそのパートナーとリスクをシェアするというリスクマネジメント的アプローチの両方の観点から考えられたモデルである。

・演習のまとめ

この演習では、情報交換から、共同研究・開発を経て、提携ビジネスを実現したITS社とSS社が、秘密保持契約、共同開発契約の契約交渉を行い、最後には、第三者からの特許侵害警告に対するクレーム交渉に対して、共同で取り組むプロセスを学習した。この過程を通じて、契約について、法的な視点、交渉的な視点、リスクマネジメント的な視点を明示し、現状の分析方法と交渉シナリオの作成方法とサンプル、また、リスクマネジメントの対応事例を記載した。

契約交渉では、法学・法務、交渉学、リスクマネジメント論の三つに基づき総合的なアプローチが重要であり、交渉の成功確率を上げる方法であることを述べてきた。契約交渉の準備段階では、事象を多面的に捉え、多くの仮説を立てること。そして、契約成立に至る段階では、価値とリスクのバランスを考え、自分の行動心理と相手の行動特性を理解しながら、アサーティブなアプローチを試みる。そして、最後に、契約成立時には、合意した場合は、法律文書としての契約書を確定させる。また、合意しなかった場合は、予め準備していた代替案を勧める。そして、契約成立後も、契約の的確な履行を行い、契約が終結するまで管理を怠らない。このトータルなマネジメントを行うことにより、ビジネスの契約交渉は、リスクを抑え、価値を生み出す有効な方法になり得るのである。

第6部

民法改正への対応と法務部門の役割の最新動向

第1章 民法改正と契約交渉

1 民法（債権関係）改正について

2020年4月1日から施行される民法の改正は、明治29年（1896）年の制定以来、実質的な見直しがほとんど行われてこなかった債権法にかかるものであり、①年月の経過に伴う社会・経済の変化への対応を図るための見直し、②判例や通説的見解など現在の実務で通用している基本的なルールを明文化することが主な目的とされている（本書では、上記改正後の民法を「改正民法」といい、改正前の民法を「改正前民法」という）。改正民法における重要な実質改正事項としては、消滅時効、法定利率、保証及び債権譲渡に関する見直し、約款（定型約款）に関する規定の新設の5項目が挙げられる。具体的な改正事項と改正の概要については、立案担当者による解説、法務省民事局による説明資料のほか、学者や実務家による各種の解説文献等を参照されたい。[注196)]

契約交渉との関係では、上記の②の改正に関するものの多くは、改正前民法の条文では明記こそされていなかったものの、判例の蓄積や通説的見解などによって実質上運用されていた事項が、改正民法において改めて明文化されたものであるので、直ちに契約書の修正等の対応が必要なものは必ずしも多くないと解される。また、その他の改正事項についても、任意規定であって当事者間の合意により別途の定めをすることができるものも少なくない。そのため、契約の締結時期と改正民法施行の先後による適用関係が検討対象となるものがあるとしても（取引基本契約と個別契約、代理店契約における基本契約と個別契約等）、改正民法と改正前民法の適用関係に関する経過措置等にも鑑みつつ、改正民法に形式的に対応した条項に修正することによる影響を見定めてから対応することも考えられる。[注197)]

注196） 筒井健夫・村松秀樹編著『一問一答　民法（債権関係）改正』（商事法務、2018）、村松秀樹・松尾博憲『定型約款の実務Q&A』（商事法務、2018）、法務省民事局「民法（債権関係）の改正に関する説明資料―重要な実質改正事項―」、同「民法(債権関係)の改正に関する説明資料―主な改正事項―」等参照。

注197） 改正民法の施行に対する実務的な対応の例として、藤野忠「改正民法の施行に対応するための取捨選択（上）（下）」BUSINESS LAW JOURNAL 141号44頁、142号61頁（2019）等。

法務省民事局資料において「重要な実質改正事項」として挙げられている5項目についても、強行法規であるものなどについて、改正民法施行日以後の新規の契約締結については改正民法に基づき契約を締結することとなるため、既存の契約に基づくものについては、経過措置や適用関係を確認の上、条項修正検討の際は、自社と契約の相手方それぞれにとって、どのような事態が生じうるかを想定して、協議ないし交渉の準備をすることが適切であると考えられる。

ここでは、改正民法に関する事項のうち、債務不履行責任、契約の解除、契約不適合責任、定型約款、業務委託契約等（請負等）の場合の検討に関して説明する。

2 | 債務不履行責任について

例えば、改正民法415条の債務不履行に基づく損害賠償請求権については、改正前民法の条文は、履行不能の場合に限って債務者の帰責事由が問題となるかのような文言であったが、判例・通説は履行不能に限らない債務不履行全般について、債務者に帰責事由がない場合には免責されることとしていた。改正民法はそのことを明文化したものとされ、この改正の趣旨は、従来の実務運用を踏まえ、帰責事由についての判断枠組を明確化したに留まるものであり、実務の在り方が変わることは想定されていない、とされている。改正民法のうち、実質的な改正がない事項も少なくなく、契約交渉において、直ちに変更を検討すべき事項であるかどうかを確認することが適切であろう。[注198)]

3 | 契約の解除について

改正民法においては、解除制度の意義について、債務の履行を怠った債務

注198)　筒井ほか前掲一問一答75頁

者にサンクションを課すことではなく、債務の履行を得られない債権者を契約の拘束力から解放するところにあるとして、債務者の帰責事由を要件とせずに、債務不履行があれば契約を解除できることとし、信義則及び公平の観点から、債権者に帰責事由がある場合には債権者は契約の解除ができないものとしている（改正民法541条～543条）。[注199)]

契約交渉においては、契約を守らない相手方当事者を不誠実だと決めつけるのではなく、大事なのは、契約に定められた義務を履行しなかった場合にはどうなるかを考えておくことであり、義務を履行させるメカニズムをどのように組み込んでおくか、債権者、または債権者と債務者の双方に帰責事由がある場合の解除について、改正民法とは別の定めを設けることが適切かなどを検討することもできよう。また、例えば工事を完成させるよりも違約金を支払った方が合理的であれば、約定の違約金を支払って契約を解除（解約）することも十分あり得るという前提で対応することが適切であるといえる。[注200)]

4 | 契約不適合責任（売主や請負人、受託者等の担保責任）について

売主等の担保責任としての契約不適合責任（改正民法562条以下）については、改正前民法において、「目的物に隠れた瑕疵があった」場合や、数量指示売買において物に不足があった場合、物の一部が契約時に既に滅失していた場合を区別して、個別に売主等の瑕疵担保責任が定められていたのに対し、改正民法では、契約不適合責任として、「引き渡された目的物が種類、品質又は数量に関して契約の内容に適合しない」場合に担保責任が生じることとしたものである。この改正は、「瑕疵」の内容を「契約の内容に適合しない」との用語を用いて具体的な意味内容を示したものであるとされる。改正民法では、担保責任が生じる場合の要件と効果（履行追完請求権、代金減額請求権、損害賠償請求権及び契約の解除）を統一的に定めて規定が置かれ

注199） 筒井ほか前掲一問一答234頁以下。
注200） 中尾前掲「はじめに―英文契約書とトラブル」等参照。

ているに過ぎないとされる。

改正民法のもとでの契約交渉においては、改正前民法に比して、契約の目的や、目的物の種類、品質または数量等を仕様書や別紙等で明確に定めておくべき、との指摘もなされているところであるが、改正前民法のもとでも、売買の目的物や、請負または請負型の業務委託における仕事の完成の内容、システム（ソフトウェア）開発等における要件定義や仕様等については、疑義がないように定めるべきであること自体は重ねて言われてきたところである。[注201)]

もっとも、改正民法によって、契約不適合責任としての条文の文言の整理がなされたことで、契約の相手方との間では、改正民法に基づいて、契約の内容や契約の目的を確認して契約書に明記するか、仕様書等として織り込むことが必要になったとも言いうる。相手方との間で、契約や業務の内容について協議するきっかけとなり、具体的な業務内容が定まらないままに業務を開始して後日の紛争を招くような事態を回避する一助となる面があるように思われる。また、交渉の経過を書面等の形で残すことにより、合意内容や達成すべき内容を明確にすることにもつながるだろう。

反面､契約の経緯や背景を契約書の文言や前文等に組み込むことは､かえって紛争の火種を残すことになりかねず、契約に定めた仕様通りの義務を履行しない相手方から、契約の背景や経緯と異なる状況になった、等の反論の余地を与えかねない面があるとの指摘にも留意する必要がある。[注202)]

5 | 定型約款について

改正民法では、定型約款（改正民法548条の2以下）の条項が追加され、定型約款に該当する場合の規定が定められた。[注203)]

もっとも、本書が想定する事業者間での契約交渉等では、一方当事者が準備していた契約書のひな形通りの内容で契約するかどうかは最終的に当事者

注201)　原秋彦『ゼロからわかる契約書のつくり方』（PHPビジネス新書、2009）等。
注202)　中尾前掲英文契約134頁等。
注203)　村松ほか前掲Q&A。

間の交渉経過や力関係によって定まるものとなり、定型約款に該当する可能性がある事項については、一方当事者にとっては、ひな形により取引内容を画一化することが合理的であっても、他方当事者にとってはそうでないことも少なくないと思われ、取引の「内容の全部又は一部が画一的であることが双方にとって合理的なもの」として定型約款として扱われることは通常はあまりないと思われる。すべての取引先との間でひな形どおりの概ね画一的な契約を締結していたとしても、当事者間の交渉力の格差が理由である場合などは、双方にとって契約内容が画一的であることが合理的であるとは言えず、定型約款には該当しないと解されている。[注204]

契約交渉において、取引基本契約や業務委託契約、共同研究開発契約、システム開発契約、特許ライセンス契約、代理店契約等において、一方当事者からひな形に基づく交渉がなされる場合の検討等については、契約別の方法論等における各アプローチなどもひとつの参考として、事案に応じて検討されたい。

6 | 委任及び請負等における検討例（業務委託契約、システム開発契約等）

業務委託契約等においては、その法的性質に応じて、委任や請負などに関する規律をもとに、個別の実態に応じた調整を図ることが重要となる。

契約交渉の観点では、契約別の方法論における法的アプローチの箇所でも個別に言及しているところであるが、例えば、改正民法による請負人の担保責任としての契約不適合責任追及の期間の起算点が引渡時ではなく契約不適合の事実を知ったときから1年以内に通知することとされた点（改正民法637条等）に関して、ベンダーないし受託者側としては、納品・検収後長期間経過した後に、契約不適合となるものが発見される場合などでは、多大な負担を生じる可能性もあることとなる。そのような場合に、起算点を改正前民法と同様に引渡時とすることのほか、将来の対応リスクを織り込んだ対価

注204） 村松ほか前掲Q&A46頁以下等

の設定を検討することとなるのか、契約当事者双方の状況や当該契約または当該取引の目的次第により、必ずしも、改正民法の規定（任意規定）のとおりの権利を定めることが適切であるとは限らないことにも留意するとよいと思われる。[注205)]

7 | 改正民法と契約交渉

以上のとおり、改正民法におけるいくつかの事項を取り上げたが、改正事項の多くは、判例通説を明文化したものであるなど、直ちに実質的な変更を生じる改正ではないものの、契約の類型によってはビジネスに影響を与える事項も含まれている。民法改正に伴う契約書改定等に関する書籍は多数出版されており大変参考になるが、従前の合意内容を更新・維持することのほうがよいのかを含めて、自社における、当該契約の相手方との間での状況に応じて、契約の締結や修正の交渉について検討することが適切であると考えられる。

なお、相続法に関する民法改正についても、2019年7月から順次改正事項が施行されており、契約の相手方や連帯保証人の相続、配偶者居住権や、権利の承継に関する対抗要件などについて、事業への影響が生じる可能性がある事項については確認しておくことが適切である。[注206)]

また、債権回収における交渉に関しては、債務者の財産状況の調査等に関して、民事執行法の改正による財産開示手続の改正等を含めて、改正によって新設された手続や、手続・要件の変更などを把握してあたることが適切であると解される。[注207)]

注 205)　一般社団法人電子情報技術産業協会（JEITA）「ソフトウェア開発モデル契約の解説【2020 年 4 月 1 日施行　改正民法対応版】」（2019）等参照 h。

注 206)　堂園幹一朗・野口宣大編著『一問一答　新しい相続法―平成 30 年民法等（相続法）改正、遺言書保管法の解説』（商事法務、2019）

注 207)　法務省民事局資料「民事執行法及び国際的な子の奪取の民事上の側面に関する条約の実施に関する法律の一部を改正する法律の概要」等

第2章 法務部門の役割と契約交渉

平成30年、経済産業省より、日本企業の法務部門について、「国際競争力強化に向けた日本企業の法務機能の在り方研究会報告書」[注208]（以下、企業法務報告書）が公表された。企業で事業担当者が契約交渉を行う場合、社内の法務部門（法務部、知財部）との連携が欠かせないが、この企業法務告書では、日本企業の法務部門の現状と課題について、企業の法務部門や法律事務所へのヒアリング結果と企業法務の実務家や弁護士により構成された委員による議論に基づき、具体的な数値や内容が掲載されている。

本書がテーマとする契約交渉の成功確率を上げるセオリーには、企業の内部では、事業部門と法務部門が、法務部門では、社外弁護士との連携が重要である。また、第1章で取り上げた民法改正に基づき、過去の契約条件の見直しや新たな契約書のひな形の作成などが必要となるが、その際にも、法務部門や社外弁護士の役割は重要である。

そこで、本章では、契約交渉に関連する日本企業の法務部門の役割と事業部門との連携、また、社外弁護士との連携について、企業法務報告書に掲載された課題認識を踏まえた上で、本書の第1部から第5部の内容に関連づけて、契約の成功確率を上げる方法について、説明する。

また、企業法務報告書では、法務人材に関する現状と課題も指摘している。本章では、交渉力の育成方法（コラム23-28）と交渉学の活用方法（コラム29-34）内容に関連づけて、契約の交渉力を対象とした法務人材の育成方法についても、紹介する。

注208） 国際競争力強化に向けた日本企業の法務機能の在り方研究会報告書、経済産業省、2018、https://www.meti.go.jp/press/2018/04/20180418002/20180418002-2.pdf

1 法務部門の機能

企業法務報告書では、企業の法務部には、「守りの機能」（ガーディアン機能）と「攻めの機能」（パートナー機能）があるとしている（以下同）。[注209)]

・ガーディアンとしての機能

法的リスク管理の観点から、経営や他部門の意思決定に関与して、事業や業務執行の内容に変更を加え、場合によっては、意思決定を中止・延期させるなどによって、会社の権利や財産、評判などを守る機能。

・パートナーとしての機能

経営や他部門に法的支援をすることによって、会社の事業や業務執行を適正、円滑、戦略的かつ効率的にできるようにする機能。

法務を「業務」の切り口から見ると、法務関連業務は、＜図24＞のとおり、従来の法務業務（ex.契約審査、法律相談、訴訟対応）から、コンプライアンス、コーポレート・ガバナンス、個人情報保護等へと拡大している。

【図24】

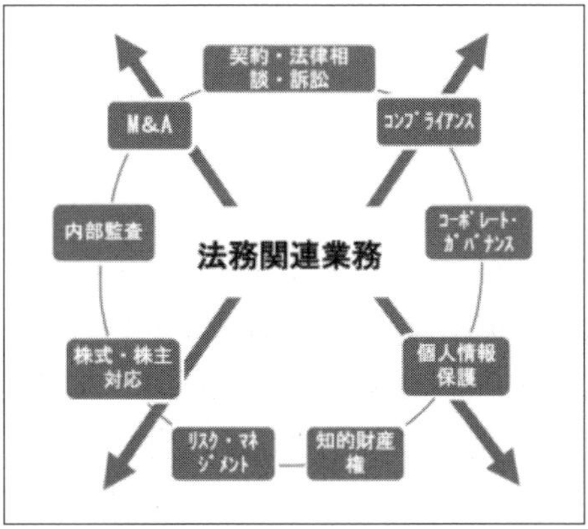

注209） 国際競争力強化に向けた日本企業の法務機能の在り方研究会報告書、経済産業省、2018、P.3、https://www.meti.go.jp/press/2018/04/20180418002/20180418002.html
国際競争力強化に向けた日本企業の法務機能の在り方研究会 報告書 ～令和時代に必要な法務機能・法務人材とは～、経済産業省、2019、ではパートナー機能をさらに、クリエーション機能とナビゲーション機能に分類している。https://www.meti.go.jp/press/2019/11/20191119002/20191119002-1.pdf

また、契約に関する攻め（ガーディアン機能）と守り（パートナー機能）について、求められる機能として、次の内容が紹介されている。[注210)]

(1) 守り（ガーディアン機能）

①略

②略

③契約による自社のリスクのコントロール

・リスクを予防し、リスク顕在化の場合の影響を軽減する条件を織り込んだ契約書を作成することが必要である。

・M&A等の投資の際は、デュー・デリジェンスにおけるリスク調査と、それを踏まえた契約書を作成する必要がある。

(2) 攻め（パートナー機能）

①ビジネスの視点に基づいたアドバイスと提案

・重要契約（ex.M&A、提携）の交渉や新規プロジェクトに、早期かつ積極的に参画することにより、ビジネスの実現との関係においてリーガルイシューを把握した上で、乗り越えるための知恵を絞り、課題解決に向けた具体的なソリューションを提案することが必要である。

・法令の観点からのリスクを指摘するだけではなく、ビジネスジャッジに対する提案（リスクをコントロールする方策の提案を含む）を行うことが必要である。

この分類では､契約審査が法務関連業務の基本業務に位置づけられている。ただし、本書で指摘しているように、契約書は法律的な書類であると共に、交渉により目標を達成したり、問題を解決するためのツールとしての機能がある。また、契約で合意した条件の管理を通じて、違法行為や契約違反によるトラブルを予防するなど、リスクマネジメントのツールとしての機能もある。

注210） 国際競争力強化に向けた日本企業の法務機能の在り方研究会報告書、経済産業省、2018、pp.17-18、https://www.meti.go.jp/press/2018/04/20180418002/20180418002-2.pdf

企業法務報告書では、法務部門に求められる機能として、契約業務が単なる法的なリスク指摘に留まらず、ビジネスの視点に基づいたアドバイスと提案による「攻めの機能」と契約によるリスクをコントロールすることによる「守りの機能」が例示されている。この2つの機能を実現するためには、契約の法的リスクのレビューに加えて、戦略的な交渉と実践的なリスクコントロールを実現する必要がある。

従って、上記の法務関連業務のうち、「契約・法律相談・訴訟」以外の「コンプライアンス」、「個人情報保護」、「知的財産」、「リスク・マネジメント」は、契約交渉に関連する業務と言える。

また、企業法務には、案件法務から、予防法務、戦略法務という3つの段階がある。各段階は、次のような内容である。[注211)]

・第1段階：案件法務

法的な問題が発生した後、迅速に問題を解決することで、企業が受ける損害を最小限にしようとするアプローチである。案件法務は紛争処理法務、または臨床法務とも呼ばれている。案件法務には、社内で発生したコンプライアンス問題の対応から、訴訟になった場合に社外の弁護士へ依頼して対応するところまでの業務が含まれる。契約審査においては、契約案件が発生した段階で、契約書の内容をレビューしたり、締結した契約に関するトラブルに対する法律相談などが含まれる。契約に関する法的な問題は、いつ発生するかわからないので、発生したことをできるだけ早く把握し、迅速な初期対応と的確な問題解決が求められる業務である。

・第2段階：予防法務

潜在的に法的な問題が発生するリスクを分析し、そのリスクに対して適切に対応できる仕組みや仕掛けを準備しておくことによって、組織的に法的な

注211） 参考：ビジネス法務（企業法務）とは（経営を学ぶ～経営学・MBA・起業～）https://keiei-manabu.com/legal/business-legalaffairs.html

問題の発生を予防するアプローチである。

契約書には、契約当事者が合意した内容に加えて、将来、紛争が発生した場合の対応方法が記載されている。そのため、契約書は、予防法務のツールであると言える。

ハーバード大学のO.ハート教授は、契約に規定がなく、予期していない事態が起きた際に、企業がどのように行動しているかをミクロ経済学の視点から分析し、「不完全契約理論」と呼ばれるモデルを考案した。この研究は、企業が契約（特に、長期契約）を締結する際、想定外の事態を踏まえてどのように契約するか、また、どのような対応策を備えるべきかに応用され、契約理論への貢献が評価され、2016年のノーベル経済学賞を受賞している。[注212)]

契約書には、将来発生し得るリスクに対する予防的な条件を入れることができるが、特に、長期契約や複雑な取引の契約の場合には、限界がある。そのため、定期的に契約条件を見直すための条件や、合理的な紛争解決のための条件が必要になる。また、O.ハート教授が指摘しているように、想定外の事態を踏まえて、どのように対応するかという、リスクマネジメントの視点が重要である。

第2部第3章（P56-P57）では①リスクの確認（リスクの対象と損失原因の確認）、②リスクの測定（リスクのトータルコストの測定）、③リスク処理技術の選択（リスクコントロールとリスクファイナンス）、④リスク処理の実施（リスク処理技術の実施）、⑤リスクマネジメントの統制（リスクマネジメントとのPDCA）のリスクマネジメント的アプローチの段階的プロセスの5段階プロセスを紹介した。

注212）　参考：オリバー・ハート教授のノーベル経済学賞受賞によせて、中泉拓也 関東学院大学 経済学部教授、シェアーズカフェ・オンライン、http://sharescafe.net/49768172-20161014.html

案件法務は、法的な問題が発生してから、上記の①から④までを行う業務であるが、予防法務は、過去に発生した法的な問題の①から④までを分析し、リスクの頻度と大きさに合わせて対応を考えて仕掛けや仕組みを作り、リスクマネジメントのPDCA（Plan, Do, Check, Action）である⑤の統制までを継続的に行う取組みである。そのため、契約書を予防法務のツールとして有効活用するためには、過去の契約を巡るトラブル事例を分析する必要がある。その上で、リスクを軽減する方法を考えて契約書に織り込み、その条件を交渉相手との交渉により実現すると共に、リスクの変動をチェックし、PDCAサイクルを回す必要がある。

・第３段階：戦略法務

戦略法務は、案件法務や予防法務とは視点が異なる。戦略法務とは、企業の経営判断に対して、法的リスクの視点から、行うべきか否かを判断することである。そのため、戦略法務を実現するには、経営判断の基準の中に法的リスクやコンプライアンスの判断が組み込まれている必要がある。具体的には、コンプライアンス担当の取締役の設置や、第三者がコンプライアンスや法的リスクを監視する仕組みなどの方法が挙げられる。

重要契約の意思決定に法務部門の幹部が入ることをルールとすることは、契約によるリスクの制御のみならず、契約を通じた事業目標の実現の成功確率を上げるためにも有効である。

契約審査と契約交渉は、法務部門の案件法務の業務であると共に、リスクを予防する予防法務の業務でもある。また、重要契約においては、立案した戦略を実現するために戦略的な交渉を行う必要があり、戦略法務の業務とも言える。

このように、契約交渉において重要な機能を持つ法務部門であるが、事業部門から頼りにされる一方で、厳しい指摘もある。

企業法務報告書において経済産業省が企業（事業部門、法務部門）や法律事務所など、約50社からヒアリングした企業の法務部門に対する意見のうち、契約交渉に関連すると思われる内容を取り上げると次のようになる。[注213)]

ヒアリングから見えた実態

(1) 日本企業の法務部門

① 法務部門の働きについて

i) ポジティブな意見

・事業部門が早い段階で法務部門に相談したことにより、事案が交通整理され、無駄な検討が回避できたり、スキームを見直すことができたりした。

・法務部門が初期検討に入ったことで、的を射たタームシートが短時間で出てきて、検討をスムーズに進められた。

・事業部門だけでは外部弁護士への事案説明が難しいところ、法務部門が入ったことによりスムーズに伝えられた。

・新規ビジネスを発足させるに当たり、法務部門が早期の段階から当事者意識を持って取り組んでくれたので、サービスのリリース後の打ち上げに法務部門も呼んだ。

ii) ネガティブな意見

・法務部門が保守的でストッパーになって、事業が前に進まない。事業部門にとっては、法務部門対策のロジック作りがコストになっている。

・当事者意識が足りない。もっとビジネスに寄り添ってほしい。

・事業部門が考えている新規案件につき、法務部門から法令抵触の懸念が指摘されたが、リスクの大小や代替案の提示がないので、それ以上進められなかった。

・業界やプロダクトの知識がなさすぎる。

・専門性が低く、外部弁護士に聞かないとわからないことが多い。

注213) 国際競争力強化に向けた日本企業の法務機能の在り方研究会報告書、経済産業省、2018、P.3、https://www.meti.go.jp/press/2018/04/20180418002/20180418002.html

統計的なデータではないが、著者（一色）の企業法務部門での経験からも、これらの意見は多くの企業の法務部門の現状と課題を表しているコメントだと考える。つまり法務部門は、上記のネガティブな意見のような部分があれば改め、ポジティブな意見に見られるような対応の期待に応えなければならず、その業務の中には、契約審査と契約交渉の業務も含まれる。

また、最近増加している大企業とベンチャー企業のアライアンスを巡る交渉について、経済産業省の手引書では、大企業とベンチャー企業へのヒアリング結果を踏まえて、契約・知財の交渉がうまく進まない要因として、次の問題を指摘している。[注214)]

連携の壁⑤

連携先との契約・知財の交渉がうまくいかない。

・ベンチャー企業を下請的に位置づけている認識が社内にあり、それが契約・知財の交渉にも影響してしまう。

・社内の規程、契約書が従来の業務委託契約等を前提にしたものになっており、ベンチャー企業との契約の実情に合わない。

・ベンチャー連携について、知財・法務部の認識が保守的なため、コンプライアンスの観点から社内承認が得られない／時間がかかる。

そのうえで、この手引書では、契約・知財の交渉において、Win-Winの連携でなければ、結局成果も出ないことを理解すべきであると指摘している。

また、公取引委員会の報告書によると、製造業者のノウハウ・知的財産を対象とした優越的地位の濫用行為等に関して、次のような濫用例が報告されている。[注215)]

注 214） 事業会社と研究開発型ベンチャー企業の連携のための手引き（第二版）、経済産業省、2018、p.67、https://www.meti.go.jp/press/2018/06/20180627005/20180627005.html

注 215） 製造業者のノウハウ・知的財産権を対象とした優越的地位の濫用行為等に関する実態調査報告書、公正取引委員会、2019、pp.24-48

① 秘密保持契約・目的外使用禁止契約無しでの取引を強要される。
② 営業秘密であるノウハウの開示等を強要される。
③ ノウハウが含まれる設計図面等を買いたたかれる。
④ 無償の技術指導・試作品製造等を強要される。
⑤ 著しく均衡を失した名ばかりの共同研究開発契約の締結を強いられる。
⑥ 出願に干渉される。
⑦ 知的財産の無償譲渡・無償ライセンス等を強要される。
⑧ 知財訴訟等のリスクを転嫁される。

以上のように、法務部門に対する厳しい指摘もあるが、法務部門は事業部門に対して、公正取引委員会の報告書が例示しているような法的なリスクを回避し、経済産業省の手引書が指摘しているような大企業とベンチャー企業がお互いに価値ある連携を目指した交渉ができるように支援することが可能な組織である。

それでは、重要案件の交渉に対する法務部門の契約交渉への参画を見てみると次のような数値になっている。[注216)]

【重要案件交渉への参加】

業　種	参　加	法務判断による	担当部門の要請	参加しない
製造業	10.5%	34.2%	44.7%	10.5%
金融業	17.9%	35.7%	39.3%	7.1%
商　業	0.0%	50.0%	40.9%	9.1%
サービス	4.2%	31.3%	54.2%	10.4%
総　計	9.1%	35.2%	45.8%	9.9%

業種による差が興味深いが、参加が原則の企業と参加しない企業は、共に、約10%であり、「法務判断による」、「担当部門の要請」を合わせると重要案

注216) 国際競争力強化に向けた日本企業の法務機能の在り方研究会報告書、経済産業省、2018、別紙P.8、(4) 重要案件交渉への参加 (問14) 253社のアンケートにより作成、https://www.meti.go.jp/press/2018/04/20180418002/20180418002-2.pdf

件の交渉に参加する法務部門は、約80%になる。従って、重要案件において、法務部門は、契約審査や作成のみならず、交渉においても重要な役割を果たしていることが分かる。

2 | 法務部門と連携した契約交渉

それでは、契約交渉において、事業部門と法務部門がどのように連携すればよいのだろうか。第2部第2章交渉的アプローチの5段階プロセス（P49-P55）で紹介した交渉学研究に基づく、契約交渉の準備から、交渉の終了後までのプロセスにおいて、事業部門と法務部門が連携する方法を、交渉学活用シートを用いて紹介する。

【図 25：交渉学活用シート】

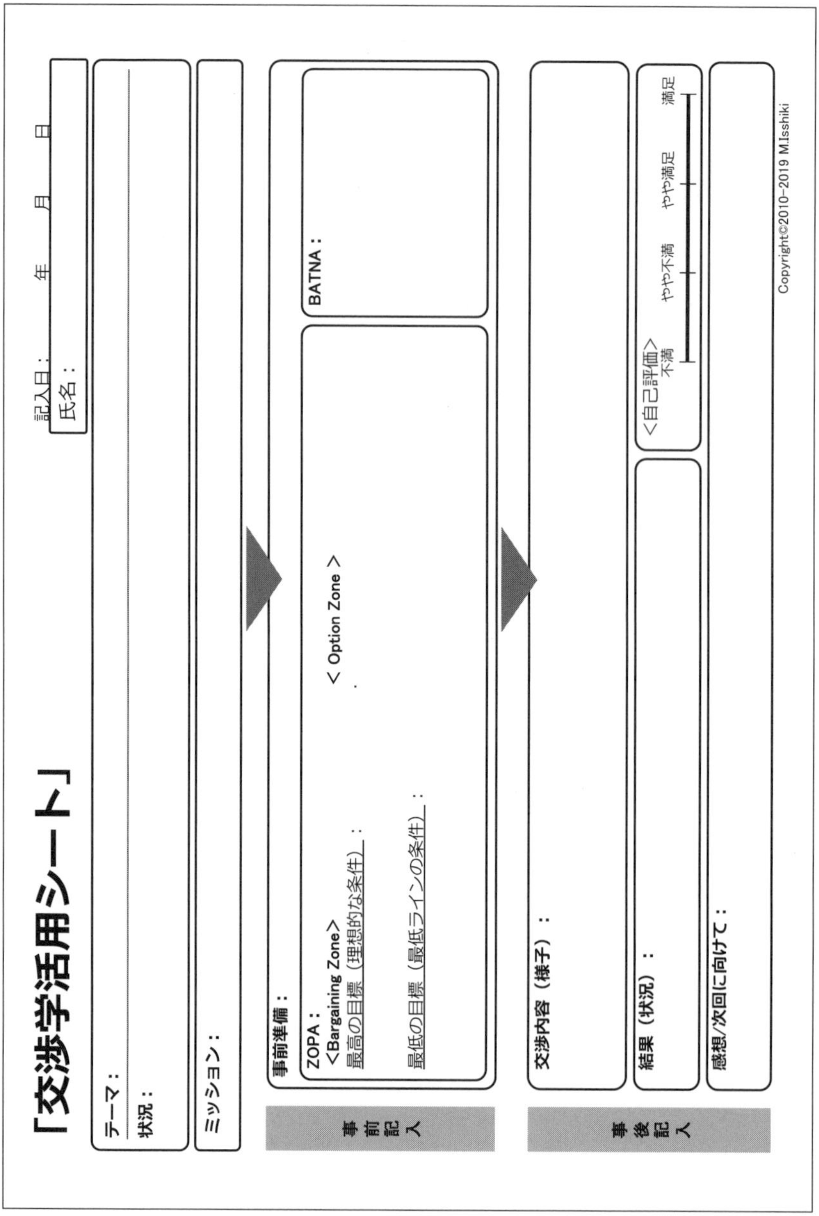

交渉学活用シートは、コラム24交渉力の育成方法②「ロール・シミュレーション（模擬交渉）」（P236-P238）で紹介した交渉力の育成に有効な模擬交渉によるトレーニングを行うために開発した研修ツールである。しかし、このシートは、研修ルール以外にも、実際の交渉を行う場合の準備資料として、また、交渉の進行と結果を評価する資料としても活用できる。

交渉学シートを用いて、事業部門と法務部門が連携する契約交渉について、PDCAサイクルに合わせて説明する。

・Plan（企画）

対象となる交渉テーマに対して、交渉的アプローチの5段階プロセス（P49-55）に基づき、次の手順で交渉の企画を立てる。

第1段階：状況把握（問題の定義）
第2段階：ミッション設定（交渉目的の設定）
第3段階：目標設定（幅のある具体的な目標）
第4段階：選択肢検討（創造的なオプション）
第5段階：代替選択肢検討（リスクへの備え）

この中で、第1段階：状況把握について、事業部門と法務部門が協力してリッチ・ピクチャーを用いてマップ化する方法が有益である。（リッチ・ピクチャーの作成方法とサンプル、P242、P261、P285、P290参照）

リッチ・ピクチャーの作成を通じて、交渉案件の現状について、事業部門と法務部門が共有できると共に、今後、交渉になる可能性のある論点、相手のコンテキストに対する仮説（コンテキストの考え方と事例は、P54、P181、P204、P208、P220、P263参照）を議論することができる。この段階で多面的に仮説を立てておくことは、今後の交渉の推進や交渉の中で難題に直面した時に有益な情報となる。

また、ミッションは、交渉における意思決定の判断の基準である（ミッションについては、P24、P49、P52参照)。事業部門と法務部門が、この交渉で何を目指すかをよく議論して共有しておくことが重要である。ミッションには、中長期の視点が必要であり、以下のチェックポイントの視点で考える方法が有益である。[注217)]

1. 自分たちの会社・組織の経営理念（ミッション・ステートメント）を確認する
2. 自分たちの会社・組織の事業戦略を確認する（中期計画など）
3. 今回の交渉の契機となったものはなにか、確認する（新技術、新製品登場、新規市場開拓など）
4. この交渉に対する社内の期待や考え方を確認する
5. この交渉が仮に合意した場合、将来、この交渉の結果に期待されるもの「利益」は何か、考える（1年後、5年後など）
6. この交渉に対する自分自身の期待や、この交渉に対する考え方を、確認する

次に、ミッションを実現するための具体的な目標（ZOPA：詳細は、P49、P52参照）を設定する。ZOPAは、点ではなく、幅で考えることが重要である。幅で考えることにより、次に設定する第4段階の創造的な選択肢（クリエイティブ・オプション：詳細は、P53参照）に繋がる。この段階では、パイを広げるオプションがないかを考えながら、創造的な選択肢をできるだけ多く考えることが重要である。この段階で選択肢を広げて考えることも、今後、交渉中に難題に直面した時の打開策を考える時に有益となる。

そして、第5段階では、BATNA（詳細は、P50、P55参照）を設定する。ミッションを軸に交渉し、交渉相手や交渉条件に依存せず、ミッションを実現できる条件がBATNAであり、BATNAを設定しておくことにより、相手の条

注217）『戦略的交渉入門』田村次朗・隅田浩司（日本経済新聞出版社、2014）117頁、図16ミッションを作るためのチェックリスト

件に引きずられて安易に譲歩して、合意してしまうリスクを避けることができる。

ハーバード大学ビジネススクールで交渉学を研究しているM.H.ベイザーマン教授は、著書の中で、バトナ（BATNA, Best Alternative to a Negotiated Agreement）について、次のように指摘している。[注218)]

交渉における立場の弱さは、相手のBATNAが相対的に弱く、自分のBATNAが相対的に貧弱なことの結果である。

一方、交渉中にBATNAを強く意識し過ぎると相手に高圧的なアプローチであるパワープレイヤー（詳細は、P63、P67参照）になり易いというリスクもある。BATNAを設定することは重要であるが、交渉中にどのように意識し、さらに、相手に示すか否かについては、慎重な対応が必要になる。

次に、リスクマネジメントの視点（詳細は、P26-P30参照）からの検討も必要になる。リスク面を先に検討してしまうと創造的な選択肢が広がらないため、基本的な事項を議論した後に、リスク面を検討する方法が望ましい。

リスクについては、前述の法務部門に対するネガティブな意見である「事業部門が考えている新規案件につき、法務部門から法令抵触の懸念が指摘されたが、リスクの大小や代替案の提示がないので、それ以上進められなかった。」という問題を避けるためには、次のような考え方が必要になる。

注218） D.マルホトラ・M.H.ベイザーマン・森下哲朗監訳・高遠裕子訳『交渉の達人』（日本経済新聞出版社、2010）247頁、第11章「弱い立場からの交渉」

【図 26：リスクの重要度の定義例】

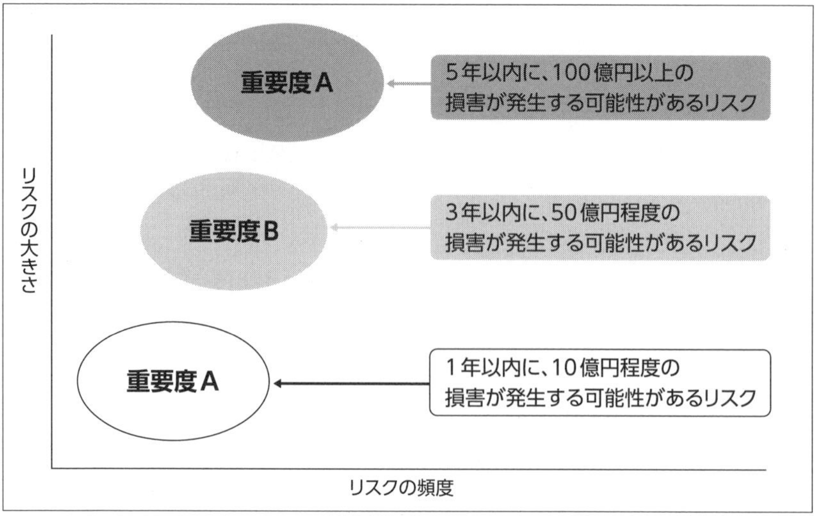

重要案件の契約において、対象としているリスクは、リスクの大きさと頻度から見て、重要度Aであるか、Bであるか、Cであるかの視点で考える。そのうえで、そのリスクを回避する方法はあるか、その方法に対して要する費用と時間はどのくらいか、を考える。そのうえ、許容、もしくは回避可能なリスクであるか、または、交渉相手と合意すべきか否かを判断する場合に、重要な契約条件となる程リスクが高く、許容できず、回避も困難なリスクであるかを検討する。

この段階は、交渉前であり、交渉相手のコンテキスト（詳細はP54、P181、P204、P208、P213、P220、P263参照）に対する情報が不足しているため、仮説を立てて検討することになるが、交渉前の冷静な段階で、リスクに対して、十分な検討をしておくことが重要である。法的リスクについて、専門的な見解が必要な場合は、社外弁護士に相談することになる。

・Do（実行）

ここで重要なことは、交渉チームのメンバーの編成である。重要案件の契約交渉では、交渉チームを決めて、交渉することもある。その場合、相手も複数のメンバーから構成されるチームと交渉することになり、多数当事者間交渉（詳細は、P226-P234参照）になる。

また、重要案件では、事前の準備から、交渉の進捗の確認を交渉の戦略チームと戦術チームに分けて、行うことも多い。戦略チームが分析して検討した交渉シナリオに基づき、戦術チームの交渉者が、実際の交渉を行う方法である。交渉の戦略チームと戦術チームのメンバーを決める際には、たとえば、技術をベースとした提携契約の交渉であれば、技術がわかる担当をメンバーに入れるなど、専門性から決める方法もある。

契約交渉の進行では、交渉者の選択が重要な要素の一つとなる。交渉シナリオにより、例えば、最初は、担当者ベースで交渉条件を積み上げ、大きな意思決定を行う場合は、部門責任者など、決定権を持つ交渉者が参加する方法がある。また、逆に、最初に、決定権を持つ交渉者が参加して方向性を決め、その後、実務的な条件を担当者が詰めた後、最後に、再度、決定権を持つ交渉者が参加する方法もある。

その中で、実際に交渉を行う交渉者を選択する場合、対象者がどのような交渉力を持つかの要素を検討する方法がある。例えば、交渉力を構成要素まで分解すると次のような3つの能力になる。[注219)]

注 219）『理系のための交渉学入門』一色正彦・田上正範・佐藤裕一（東京大学出版会、2013）14 頁、図 1 交渉理論の概念図

【図 27：「交渉力の構成要素」】

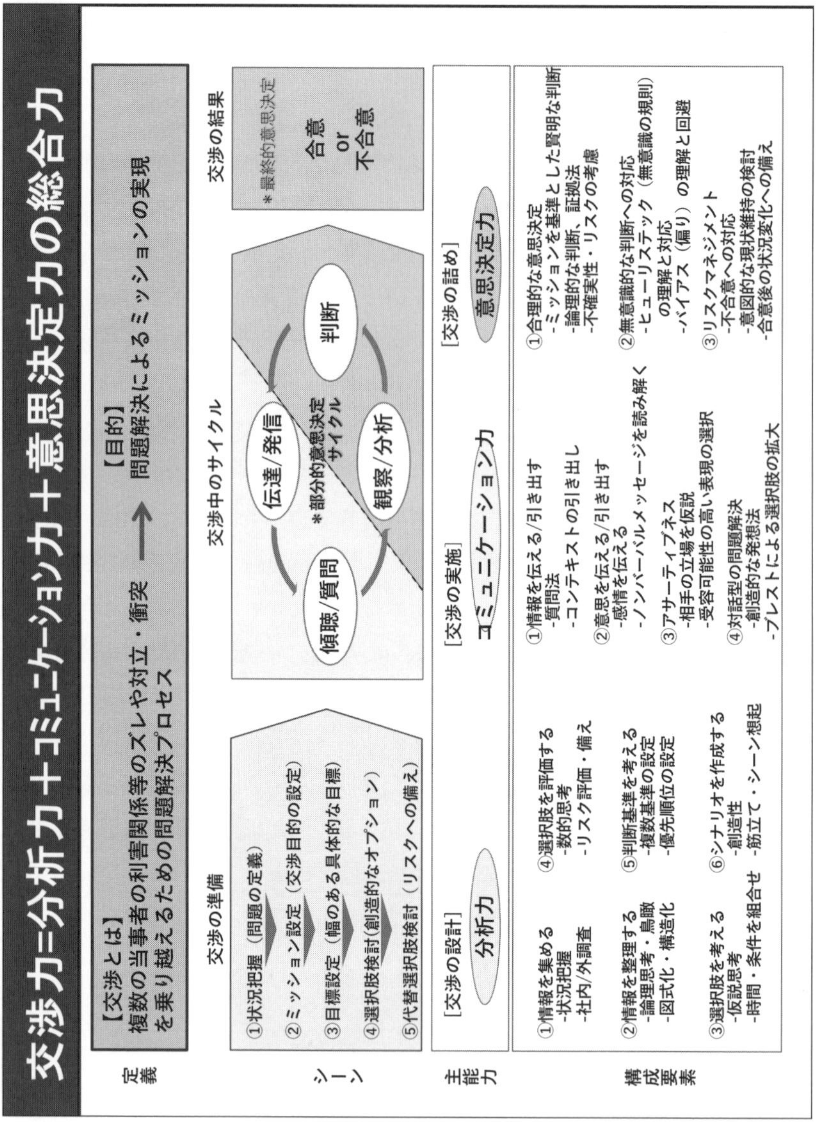

交渉力は、交渉の準備に必要となる「分析力」と交渉中の相手との対立を前提とした対話に必要となる「コミュニケーション力」、交渉の最終意思決定を行う「意思決定力」から構成されている。交渉力は、育成できる能力であるが、3つの能力すべてをバランスよく持っている人材は多くない。そのため、それぞれの得意分野と能力の特徴を活かして、交渉チームを編成する必要がある。

例えば、分析力に優れている人物は、戦略チームのメンバーに適している。戦術チームに参加する場合は、中心となり相手と交渉する者をサポートするオブザーバー役に適している。また、コミュニケーション力が優れている人物は、戦術チームで交渉を進行する役割が適している（重要案件や国際案件で行われる多数当事者間交渉と役割分担については、**第4部第5章**多数当事者間交渉（P226-P234）を参照）。

法務部門は、戦略チームに参加すると共に、交渉シナリオにより、戦術チームの交渉者として参加する場合もある。例えば、交渉相手が社内弁護士や法務部門を交渉者として参加させる場合は、こちら側も社内弁護士や法務部門を交渉者として参加させることが多い。

・Check（評価）

戦略チームと戦術チームは、絶えず、交渉の進捗と交渉の事前準備で検討した交渉シナリオが予定通り進行しているかをチェックする必要がある。また、法務部門は、交渉条件の進展に合わせた法的なリスクに対する再評価と、必要に応じて社外弁護士との相談による専門的な見解を取得する役割を担当する。

いずれにしても、交渉戦略の軸となるのはミッションであり、ミッションの実現に近づく交渉になっているか否かが評価の基準となる。

・Action（改善）

評価に基づき、交渉シナリオを変更する必要性が生じる場合がある。また、重要案件の交渉では、意思決定の分岐点になるような重要な条件が対立することも多い。その場合は、交渉シナリオの見直しに加え、交渉者を再選抜したり、交渉者を追加する方法の検討が必要である。

そして、最終的な意思決定は、ミッションを軸として、決定権者や関係者に対して、説明責任を果たせる交渉になっているか否かを基準として行われる。

交渉学活用シートは、このように交渉準備から交渉終了後までのプロセスのレビューを行う共通フォーマットとして活用できる。

3 社外弁護士との連携

次に、事業部門にも、法務部門にも必要となる社外弁護士との連携方法を紹介する。

契約審査と契約交渉において、弁護士との連携は重要である。企業の法務部員は増加傾向にあり、従業員2,500人以上の日本企業の法務部員は平均18.9名である。そのうち、弁護士資格者(外国の弁護士資格を含む)の割合は、17.4%になっている。

経済産業省や日本弁護士連合会が発表した資料によると、社内弁護士は、2000年以降、30倍以上に増加しているが、弁護士資格者全体（40,066名／2018年）から見れば、5.4%（2,161名／2018年）にとどまっている。日本企業で、10名以上の社内弁護士（日本の弁護士資格者）を持つ企業は26社

であり、主に、金融、メーカー、サービス、ITなどの大企業である。[注220)]

社内弁護士と社外弁護士との違いについて、芦原一郎氏（アフラック弁護士）は、著書の中で次のように述べている。[注221)]

「社外弁護士であれば、リスクや対策を説明して『あとは会社のご判断です。よくご検討ください。検討の過程でわからないことや相談したいことが出てくれば、いつでもまたお打ち合わせしましょう』と言えばそれでおしまいです。フォローもしますが、会社が『いや、先生がそうはおっしゃっても、弊社はこのようにさせていただきます』と反対の結論を出せば、『はい、そうですか』としか言いようがありません。それでも何としてでも会社の決定を変えさせようとするのは、よほどかかわりの深い会社であって、かつよほど重大な問題だけです。」

そのうえで、社内弁護士は会社との運命共同体として、法的に安全で好ましい状態が実現するように努力し、適切なリスクコントロールをしなければならないとしている（第4部第3章代理人交渉 P210参照）。また、法的検証に際して、社内弁護士がすべてを処理することは不可能であるとして、社外弁護士の活用例も紹介している。

つまり社内弁護士は、弁護士資格を持ち、法律の専門性の高い法務部員であると言える。一方、社外弁護士は、社内弁護士のみでは限界のある法律業務、例えば、紛争の代理、専門分野での回答、他社の対応事例などで連携する法律の専門家である。そのため、契約における法的リスクの分析や契約交渉の支援について、それぞれの専門性を理解した上で連携することが重要で

注220）　参考：国際競争力強化に向けた日本企業の法務機能の在り方研究会報告書、2018、経済産業省、p.6、p.10、https://www.meti.go.jp/press/2018/04/20180418002/20180418002-2.pdf
弁護士白書 2018年版、2018、日本弁護士連合会、第1章弁護士人口、https://www.nichibenren.or.jp/library/ja/jfba_info/statistics/data/white_paper/2018/1-1-1_tokei_2018.pdf
企業内弁護士数の推移（2001年〜2018年）、2018、日本組織内弁護士協会 https://jila.jp/pdf/transition.pdf（※2019年現在）
2018年全国インハウスロイヤーランキング200、2018、ジュリナビ https://www.jurinavi.com/market/jimusho/ranking/index.php?id=187

注221）　芦原一郎『社内弁護士という選択』（商事法務、2008）8-9頁

ある。

滝川英雄氏（株式会社ミスミグループ本社法務・コンプライアンス総括執行役員）は、著書の中で、法務部が弁護士に相談する場合として、次の7つの例を挙げている。[注222)]

①紛争の代理を依頼する
②複雑で重要な手のかかる案件を依頼する
③法的な意見書を求める
④専門分野での回答を求める
⑤客観的な立場からの意見を求める
⑥調べたけれどわからない、自信がないところがある
⑦他社の対応事例を知りたい

7つの例は、契約審査と契約交渉について、いずれも関連性があるが、案件法務と予防法務の視点で分類すると次のようになる。

・案件法務に関連する項目
①紛争代理
②複雑な案件
③法的な意見書
④専門的な回答
⑤客観的な意見

・予防法務に関連する項目
②複雑な案件
③法的な意見書

注222）滝川英雄『スキルアップのための企業法務のセオリー』（第一法規、2018、）138-140頁

④ 専門的な回答
⑤ 客観的な意見
⑥ 調査
⑦ 他社事例

項目によってダブリがあるが、具体的な内容次第では、どちらにも該当する可能性がある。また、重要案件の契約については、経営幹部による最終意思決定が行われることが多い。その場合、法務部門の意見を補足したり、客観性を担保するために、社外弁護士による法的な意見書や専門的な回答が重要になる。

米国の事例だが、法廷弁護士（Litigator）と和解交渉弁護士（Settlement Counsel）を専門性で分けて戦略的な交渉を行う方法が紹介されている（代理人交渉はP210-217参照）。この方法では、Litigatorが法廷での弁論を担当し、相手方と競争的な弁護活動を行う。一方、法廷での争いが継続中でも、Settlement Counselは相手方が和解を申し出た時に対応できる和解案などを作成するなど、協力的な交渉を展開する、という役割分担を行うのである。[注223)] 日本では専門性の異なる弁護士に複数委任して行う交渉はあまり例がないが、たとえば、顧問弁護士が、Litigatorの役割を、企業の法務部の社内弁護士やマネージャーが、Settlement Counselの役割を担う方法も考えられる。

この交渉戦略は、たとえ、当事者間の交渉で紛争が解決できず、裁判などによる第三者の判断を仰ぐ段階になったとしても、選択可能性を広げて交渉することにより、問題を当事者間で解決できる可能性が残るというメリットがある。契約交渉においても、弁護士との連携により、多様な交渉方法が可能になる。

注223） 参考：Beyond Winning, Negotiating to Create Value in Deals and Disputes, R.H.Mnookin, Belknap Pr ,2004, P178-203

4 契約担当者の育成

次に、法務部門における契約担当者の育成方法について、紹介する。前述の法務部門に対するポジティブな意見の中に、「法務部門が早期の段階から当事者意識を持って取り組んでくれた」という意見がある半面、ネガティブな意見の中に、「当事者意識が足りない、業界やプロダクトの知識がない」という指摘があった。

契約担当者は、まずはじめに、所属している企業の事業、製品やサービスについて知る必要がある。また、社内の各組織のその役割を理解する必要がある。

企業法務報告書では、契約担当者の育成に必要な方法として、次の例が紹介されている。[注224)]

- OJTとして、契約交渉や意思決定の場、経営に関する情報が飛び交う場に、法務部員を参加させることで、必要な能力が鍛えられる。
- OJTが有効に機能するためには、経験を積んだ熟練した上司・先輩がいること、かつ、良い経験を積める十分な量の案件が、社内に存在することが望ましい。
- ビジネスに必要となる知識（ex.アカウンティング、税務）やマインドを身に付けさせるために、法務部員に社内外のリーダーシップ・トレーニングを受けさせたり、他の企業の法務部員と交流させることも有効である。
- 法務部門との他部門とのローテーションも、法務部門のメンバーにビジネスセンスを身に付けさせる上で有効である。その場合、ローテーション先は、「経営企画部」や「財務部」など、全体のビジネスが俯瞰できる部署が望ましい。しかし、ローテーションには長期間を要するため、スペシャ

注224） 国際競争力強化に向けた日本企業の法務機能の在り方研究会報告書、経済産業省、2018、p.31から作成、https://www.meti.go.jp/press/2018/04/20180418002/20180418002-2.pdf

リストの育成とのバランスを図る必要がある。

・ローテーションの一貫として、法務部門のメンバー（この場合、企業内弁護士）を顧問先の法律事務所に出向させるという方法も検討の余地がある。

人材育成の代表的な方法は、OJT（On The Job Training）、OFF-JTと人材交流である。上記の内容を契約担当者としてのOJTと人材交流の視点から分析すると次のようになる。

・OJTによる育成
①事業部門の契約交渉や契約検討の場を経験する
②能力ある上司・先輩を組み合わせた育成

・人材交流による育成
①法務部門と他部門とのローテーション
②他の企業の法務部員との交流
③顧問法律事務所への出向（社内弁護士の場合）

著者（一色）の経験では、人材交流による育成は非常に有効であったと考える。法務部門と他部門とのローテーションや、他の企業の法務部員との交流研修、顧問事務所から定期的に若手弁護士を派遣（たとえば、週一回程度）してもらうことによる契約担当者と社外弁護士との交流などは、実践的な契約審査と契約交渉に必要な視点を学ぶために有益である。

企業法務報告書では、これ以外に、関係団体が実施する研修や、大学院等の社会人対象の講座に参加するなどのOFF-JTによる専門知識の向上の例も挙げられている。その中で、ケーススタディーの重要性が指摘されている。

契約交渉に関連して、交渉力の構成要因を紹介したが、この交渉力は、先天的な能力なのだろうか、それとも、育成により習得可能な能力だろうか。

ハーバード大学の交渉学研究では、企業や政府で交渉と達人と呼ばれた上級の交渉者を分析し、次のように指摘している。[注225)]

交渉の達人になるための必要な素質は、ほぼすべての人々が持っている。交渉の達人とは、人間関係の達人であり、そうなるのに必要な組織は、自分の考え方や想定、視点を変える能力だけである。

この指摘から、交渉力はもって生まれた天賦の才能ではなく、学習により習得できる能力であることがわかる。一方、残念ながら、日本の初等教育から高等教育に至る学習において、交渉学を専門的に学ぶ機会がなく、社会人として、企業の法務部門に配属される大学や大学院卒業生は、法学部出身であったとしても、企業の法務部門として必要とされる交渉力が十分とは言えない。

そのために、契約審査や契約交渉の担当者は、できるだけ早い段階から、交渉力を専門的に育成する必要がある。

それでは、次に、著者（一色）が法務部門のマネージャーとして、実際に実施した契約担当者の育成方法の事例を紹介する。

(1) ブレンディッド・ラーニングによる育成

最近、企業では、法律、コンプライアンス、知財などについて、eラーニングを用いて社員教育を実施している例も多い。eラーニングは、学習機会の提供や学習履歴の管理など、有効な教育手法である。そのため、契約担当者が法律やコンプライアンスの基本を学ぶ教材としては有効である。

しかし、契約審査や契約交渉を行うために必要な専門知識を学ぶには、e

注225） D. マクホトラ、M.H. ベイザーマン、森下哲郎監訳、高遠裕子訳『交渉の達人』（日本経済新聞出版社）2010、314頁

ラーニングで学習できる基礎知識のみでは不十分である。eラーニングが構造的に持つ問題を解決できる方法として、ブレンディッド・ラーニング（Blended Learning）がある。ブレンディッド・ラーニングとは、知識取得やテストなどをeラーニングで行ない、ディスカッションや実地訓練などは集合研修で行うという、2種類の学習方法を併用する研修スタイルのことである。

ブレンディッド・ラーニングは、次のようなeラーニングの問題に対して有効な教育手法である。[注226)]

・「受講者同士の交流が減る」に対して

ブレンディッド・ラーニングは、eラーニングの後に集合研修が組み合わされているので、受講者同士が直接顔を合わせて交流することができる。

・「その場で質疑応答ができない」に対して

この問題は、eラーニング教材の作りや質問窓口、社内SNSなどの運用の工夫でも解決できるが、ブレンディッド・ラーニングの集合研修は、その場に講師がいるので直接質問することができる。

また、講師は、受講者のeラーニングの内容に対する質問を聞いたり、eラーニングの内容や確認テストの結果をチェックしたりしておくことで、その受講者が、どの分野の理解度が低いか、どんな課題があるかを事前に知ることができる。ブレンディッド・ラーニングは、講師の立場からも、集合研修のみより効果的な研修を実施できる。

・「すべての教育をeラーニング化できるわけではない」に対して

eラーニングでは不可能なディスカッションやロールプレイなど、集合研

注226） 一色正彦「ブレンディッド・ラーニングとは 研修とeラーニングのうまい組合せ方」Lightworks Blog、2018, p.3、https://lightworks-blog.com/blended-learning

修でしか実現できないタイプの学習方法も取り入れることができる。

次に、実際に契約担当者（主に、法務部門の新人と比較的に経験が浅い担当者、及び事業部門で契約交渉を担当することが多い者）に実施したブレンディッド・ラーニングの事例を紹介する。

この事例は、契約交渉の前提となる法律や知財の基礎をeラーニングで学習した後、オンラインでグループ討議し、最後に、集合研修においてシミュレーションを行うプログラムである。

【図28：ブレンディッド・ラーニングのイメージ図】

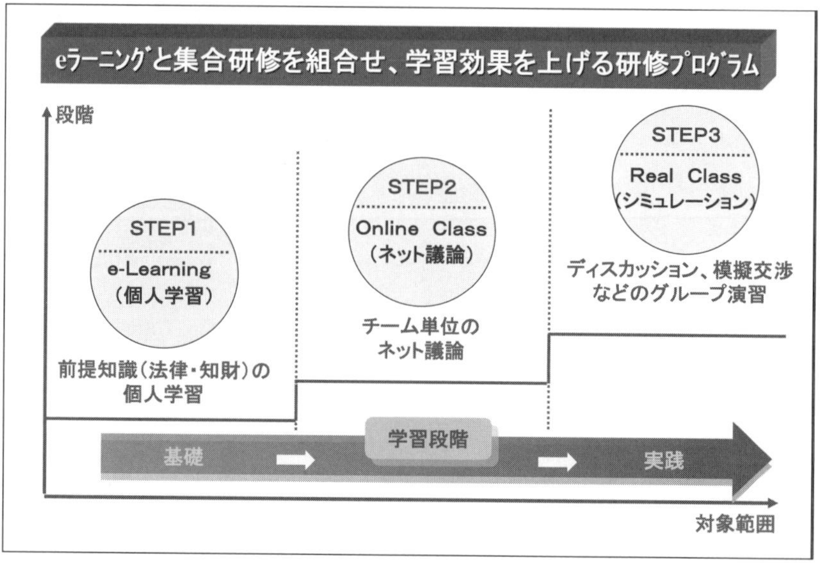

以下に、具体的なプロセスを紹介する。

Step 1：eラーニングによる個人学習

最初のeラーニングでは、契約をテーマとした模擬交渉のケースの前提知識として必要な法律分野を選択する。たとえば、最後の模擬交渉において、秘密保持契約のケースを用いる場合は、eラーニングでは、契約と情報セキュリティの基礎を学習する。また、意匠権や商標権の侵害を巡る模擬交渉を行う場合は、eラーニングでは、意匠法や商標法の基礎を学習する。

eラーニングは、法律知識を学べるコンテンツであれば良いが、ケーススタディー形式になっているコンテンツであれば、より高い学習効果が期待できる。

【図29：ケーススタディー形式のｅラーニングのサンプル画面】

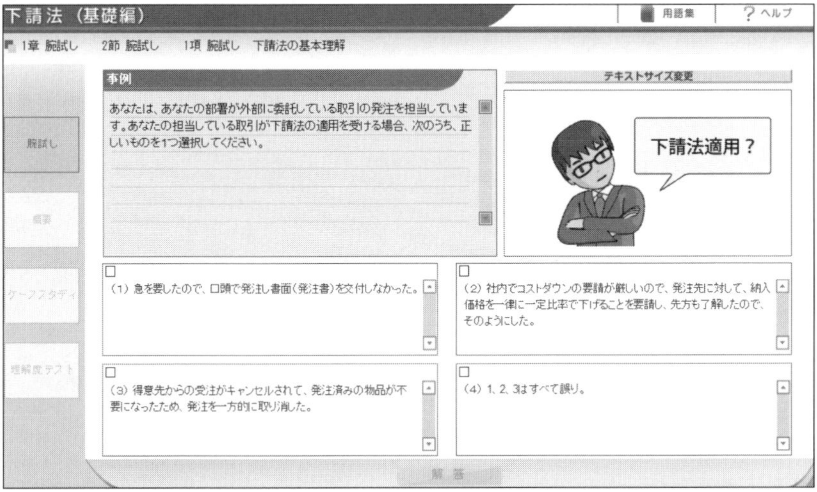

Step 2：オンラインクラスによるネット議論

ネット議論は、議論しやすい4から5名のグループで行う。議論のテーマとして、eラーニングの学習で疑問に感じたことや感想、事前に配布された模擬交渉のケースに関する確認や、同じ役割をグループ化し、模擬交渉の準備の議論などを行う。

Step 3：集合研修によるロール・シミュレーション

最後の集合研修では、eラーニングで学習した知識を用いて、ネット議論で整理した論点と模擬交渉の準備に基づき、交渉相手を決めた模擬交渉を行う。

この事例では、集合研修で模擬交渉を行っているが、テーマによっては、オンラインクラスでネット議論した内容を、各グループが発表する演習にすることも可能である。

効果的な運用のために、eラーニングの期限管理には注意を要する。グループで行うネット議論が深まるか否かは、個人学習の進捗状況の影響を受ける。そのため、学習が行われるタイミングとネット議論のスケジュールをよく考えて決めると共に、適宜、受講者督促機能を用いて、eラーニングによる個人学習をリマインドする必要がある。

また、ネット議論は参加者同士で行うが、定期的に講師が介在することが望ましい。たとえば、毎回でなくても、週に1回日程を決めて、議論した内容から講師に質問し、講師からのコメントを受けてオンラインでやり取りする方法である。講師は、各グループのネット議論を管理者画面で見ることができるが、その内容に対して、必要なアドバイスやガイダンスを行うことができる。

この事例では、受講者20名（5名×4グループ）で、eラーニングの期間を2週間に設定し、後半の1週間の段階で、各グループの議論に講師が介在する方法を取っている。そして、最後の集合研修では、講師はeラーニングとネット議論の内容を受けたコメントやフィードバックし、参加者は、個人学習から、オンラインクラスによるグループ学習、集合研修のグループ学習と段階的に学ぶことによる学習効果が期待できる。

最後のグループ演習では、ロール・シミュレーション（模擬交渉）を行う。模擬交渉（詳細は、P31、P236参照）は、①事前準備、②作戦会議 、③模擬交渉、④感想戦、⑤フィードバックの手順で行うアクティブ・ラーニングの技法の一つである。

契約をテーマとするブレンディッド・ラーニングでは、たとえば、最後の模擬交渉は、売買取引契約、秘密保持契約、共同開発契約などをシミュレーションとして交渉を行う。

(2) アクション・ラーニングによる育成

アクション・ラーニング（Action Learning）は、現実の課題をケースとして、その解決に取り組むグループワークの一種である。経営課題の解決とリーダー候補の育成を兼ねた効果的な学習方法である。

アクション・ラーニングは、“組織の上下関係をとっぱらって、自由に、素朴に、自発的に問いを立てながら、本質的かつ創造的な仕事を進めていくコミュニケーション”のトレーニングとされている。[注227)]

また、ジョージ・ワシントン大学大学院でアクション・ラーニングの手法を学び、日本に紹介したNPO法人日本アクション・ラーニング協会の清宮普美代代表は、アクション・ラーニングについて次のように述べている。[注228)]

「アクション・ラーニングこそ質問会議のエンジンなのです。このエンジンを使うと、組織の課題解決を行うなかで、自分もまわりも成長する仕組みが働きだします。チーム活動が自律的に起こり、チーム内のコミュニケーションも格段によくなる。おまけに、一人で考えるのではなく、みんなで考えることで、問題解決策もより効果的になるし、何より、みんなのモチベーションが上がります。」

次に、主に、中堅、リーダークラスの契約担当の育成として実施したアク

注227） GEなど成功した世界企業が実践するアクションラーニングの真髄、INSIGHT NOW, https://www.insightnow.jp/article/2760
注228） 『質問会議 なぜ質問だけの会議で生産性が上がるの?』（PHP研究所、2008）5頁

ション・ラーニングを用いた教育の事例を紹介する。[注229)]

【図 30：アクション・ラーニングのイメージ図】

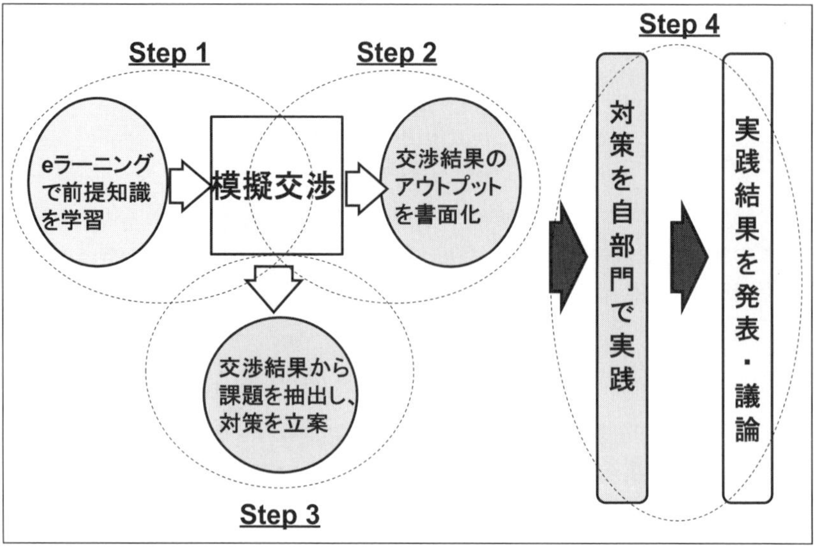

この事例では、若手リーダー候補の契約担当者を対象に、契約と情報セキュリティの基本となる法律の知識をeラーニングで学習した後、模擬交渉によるシミュレーションを行う。そして、最後に、自部門の課題を抽出し、それに対する取り組みの後、その成果を発表して議論し、評価するプログラムである。

例えば、「情報管理の甘さから起きた顧客との秘密情報漏えいトラブル」などの事例を素材に、自部門でも同様の共同研究・開発における技術流出の問題が起こり得ないか否かを検討するプログラムである。

この事例では、次の3段階でアクション・ラーニングを実施する。

注229） 一色正彦「アクションラーニングとは 効果と注意点、進め方の事例をご紹介」Lightworks Blog, 2019 pp.5-7, https://lightworks-blog.com/action-learning

Step1：eラーニングによる個人学習後、模擬交渉

最初に、eラーニングによる個人学習を行う。この段階は、ブレンディッド・ラーニングで紹介した方法と同様に、この後行うシミュレーションとディスカッションの効果を上げるために、前提知識として、必要な法律を学習する。

そのうえで、集合研修により、模擬交渉を行う。ケースは、秘密保持契約のトラブルから作成した事例を使用した。模擬交渉は、①事前準備、②作戦会議、③模擬交渉、④感想戦、⑤フィードバックの手順で行う。

Step2：模擬交渉後、交渉結果を書面化

模擬交渉の後、交渉議事録、対象の契約の修正ドラフトや交渉結果の報告書を作成し、書面化する。この内容を交渉相手や同じ役割の参加者と議論する。この書面化した報告書は、その後、この事例の本質的な課題を議論する時の素材になる。

Step3：交渉結果から課題を抽出

ここから、自部門の課題に入る。模擬交渉ケースの元になった事例を講義後、本質的な課題が何であったかをグループ議論する。課題を抽出する方法は、①事例の共有、②論点のレビュー、③教訓の抽出、の順番で行う。

Step4：対策を自部門で実践し、実践結果を発表・議論

このプロセスを経て検討した対策を、実際に自部門で実証してみる。そして、最後に、実践した結果を発表し、どのような効果があったか、何が本質的な課題だったかについて、議論する。

例えば、このプロセスを通じて、顧客との秘密保持契約と情報セキュリティ管理との運用が不明確であったために、情報が混在するリスク課題が見つかり改善した事例がある。また、秘密保持契約を巡るトラブルが契約締結後に発生することが多いことに気が付き、契約締結時の締結ルールと管理フォームを新たに作るなどの対策が行われた事例もある。

このように、アクション・ラーニングは、具体的な問題解決に対して有効な手段である。また、解決策を立案する過程の議論に価値があり、その前提知識として、eラーニングを組み合せることで学習効果を上げることができる。

(3) 事例に基づく教材開発による育成

紹介したブレンディッド・ラーニングやアクティブ・ラーニングで用いる教材は、自社で実際に発生した契約交渉を巡るトラブル事例を分析して、まず、ケーススタディーが可能な教材として開発する。さらに、ケーススタディー教材から、ケースメソッドを用いて模擬交渉のケースを開発する。ケーススタディーとケースメソッドの違いは、次のとおりである。[注230)]

ケーススタディー

論文などの研究の成果物で、執筆者の分析や解釈が書かれた教材の内容について学ぶこと。記述されているのは「事実（現実に起きたこと）」であるが、そのケースから学ぶべき事項を特定し、理解を助けるための解説資料などを用意し、学習者は「教えてもらう」という受け身の姿勢で学習する。

ケースメソッド

特定の学習目標を達成するために、意図的に構成された教材を用いて、学習者同士の討議を繰り返すことで実践力を身につける教育手法。ケースは教育の素材ではあるが、一般的な教材とは異なり、記述されているのは「事実（現実通りとは限らない）」であり、学ぶべき事項（知識や理論など）は与えられず、それらは学習者自身が考えて作り出していかなければならない。学習者自身が主体的に学ぶ学習方法。

注230） 慶應型ケースメソッド、慶應義塾大学ビジネス・スクール、http://www.kbs.keio.ac.jp/about/casemethod.html

自社の契約交渉を巡るトラブル事例の分析について、過去事例のレビューは、コラム30 交渉学の活用方法②「ナレッジの伝承」（P247）で紹介した。さらに、重要案件ではなくても、日常的な案件から、契約担当者の育成に有益な交渉ケースを選び、実施する方法もある。

【図 31：ナレッジの伝承とケース開発】

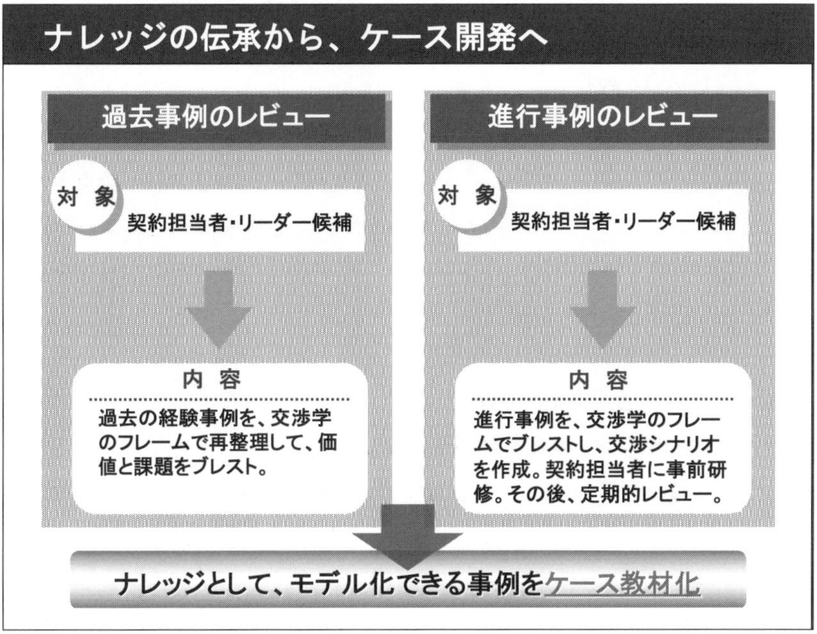

契約担当者がこの教材開発のプロセスに参加することは、実際のトラブル事例を通じて契約交渉の重要事項を学べると共に、教材開発のナレッジを得ることができるため、大変有効な方法の一つである。

(4) 社外弁護士との定期検討会による育成

契約担当者の育成として、顧問である社外弁護士との連携プログラムを用いる方法がある。連携プログラムは、次のような内容である。

① 定期的な課題検討会

法務部員（マネージャーと若手社員数名）と顧問弁護士が、定期的（1～2カ月に1回、2時間程度）にテーマを決めて課題検討会を行う。

課題検討会のテーマは、あらかじめ決めておき、関連する資料を整理し、検討会の前に参加者に送付する。例えば、秘密保持契約をテーマとした課題検討会の場合は、次のような資料を準備する。

・顧客とよく議論になる論点を含む秘密保持契約の複数のサンプル
・顧客の詳細と論点を整理し、検討したい課題を3つ抽出（例:論点となった問題について、他の解決方法があるか、もし国際取引でニューヨーク州法が適用されることになった場合、日本の法律との類似点と相違点は何か、など）

② ルールを決めた運営と記録

最初に、法務部員が事前送付資料の概要と議論したい論点を説明する。その上で、弁護士の見解を聞きながら課題について議論する。そして最後に、案件法務の観点から“今後、問題が発生した場合、損害を極小化する方法はあるか”、という点と、予防法務の観点から“今後、問題が発生するのを予防するために何ができるか”という点について議論する。議論の内容と判例などの参考資料は、議事録として記録する。

③ 検討会後のフォローアップ

課題検討会後、議事録に基づき、参加した法務部員が、参加していない法務部員と論点を共有した上で、今後のコンプライアンスの体制作りや予防法務のための研修に、どのように活用するかを議論し、実行計画を作成する。

この連携プログラムには、次の3つの効果が期待できる。

① 契約担当者と社外弁護士とのインターフェイス

著者（一色）の経験で言えば、当時、著者が担当していた法務部には、法学部を卒業後すぐに配属された複数の若手社員が所属していた。若手社員にとって、顧問弁護士と具体的な事例に基づき法律的な見解を議論することは、有効な人材育成の機会になった。また、その後、若手社員が顧問弁護士と相談しやすい関係を構築する効果がある。

② 予防法務に有益なリスク分析

社外弁護士とは、問題が発生してから相談する案件法務型のアプローチが通常だが、実際に問題が発生している最中は、時間の制約もあり、幅広い可能性のある選択肢を議論するのが難しいため、その時点で可能性の高い選択肢を取って問題を解決することになる。

しかし、この連携プログラムは過去のトラブル事例をレビューするため、じっくり事例の問題点を分析し、どのような解決方法があるかについて、余裕を持って議論できる。また、顧問弁護士にも日常的にこの組織がどのような課題認識を持っているか、また、どのような法的リスクがあるかを共有してもらえる効果もある。そのため、将来、実際に問題が発生した際に、迅速、かつ、幅広い選択肢で対応し、問題解決の成功確率を上げることができる。

③ 研修素材の発掘

自社事例に加え、類似の事例について、顧問弁護士から最近の判例や他社事例の情報を得ることができる。そのため、この連携プログラムには、契約交渉の能力開発を目指した研修のための素材の発掘の効果もある。

1974年6月に米国行われたハリス世論調査で、アメリカ人の85%が「非常に優れた交渉者」に選んだH.キッシンジャー（元米国国務長官）は、ハーバード大学交渉学研究所所長、ビジネススクール教授、ケネディースクール教授が共同で交渉戦略を分析した著書（原題：Kissinger the Negotiator）の

序文で、交渉戦略について、次のように述べている。[注231)]

私が愕然とさせられるのは、経験豊かなはずの公人や経営者が、きわめて重要な交渉で、得てして場当たり的なアプローチをとりがちなことだ。たとえば裁判で、本来の利益や目的とかけ離れた戦略や戦術で法廷に臨み、敗訴する人がいる。別のよくある誤解は、面と向かって交渉さえすれば合意できると楽観して、相手を交渉の席に着かせることに多大なエネルギーを注ぐことだ。実際には、交渉の前に、自分に有利になるように状況を固めておくことのほうがよほど重要だ。合意・不合意に応じてアメとムチを用意しておくこともできるだろうし、注意深く援軍を集める一方、妨害しそうな敵を未然に無力化することも可能だ。

交渉で重要なことは、準備段階が戦略であり、その戦略をどのように具体化できるかである。H.キッシンジャーのコメントは、事前準備の重要性を再認識させるものである。

以上のことから、事業部門と法務部門が連携して、契約交渉の成功確率を上げるためのポインは、以下である。

契約交渉の成功確率を上げるためのDo's and Don'ts

① 契約交渉前

・重要案件の契約交渉については、法務部門が初期段階から参加し、事業部門と連携して、現状を把握し、何を目指すかを共有した上で、論点の整理から法的リスクの分析を行う。

・法務部門が法的リスクの指摘をする際には、リスクの大小、回避するための複数の選択肢を示す必要がある。

・法的リスクについて、専門的な見解や客観的な意見が必要な場合は、社

注231） J.K.セベニウス・R.N.バーンズ・R.H.ヌーキン、田村次朗解説・野中香方子訳『キッシンジャー超交渉術』（日経BP社、2019）ヘンリー・A・キッシンジャーによる序文

外弁護士の活用が有効である。

② 契約交渉中

・交渉の進捗状況は、耐えず、関係者と共有すると共に、交渉で対立している条件については、相手のコンテキストに仮説を立て、対立する問題を乗り越えるための複数の選択肢を考える。
・交渉の評価は、ミッションに近づく交渉になっているかを基準とし、必要に応じて、交渉シナリオの変更や交渉者の再選抜を行う。

③ 契約交渉後

・契約交渉は、契約締結で終了ではなく、契約で合意した内容が実際に実施できているかをチェックする必要がある。
・契約締結後も、契約終了までに、契約締結時には想定できなかった事態が起こる可能性がある。そのような事態に備えて定期的にレビューする必要がある。長期契約の場合は、契約条件に定期的なレビューの条件が規定されていることが望ましい。

④ 契約交渉力の育成

・交渉力は、先天的な能力ではなく、学習により身につく能力である。しかし、日本では初等教育から高等教育に至るまで、交渉学を学ぶ機会がほとんどない。そのため、法務部門の契約担当に対しては、交渉力を育成するためのトレーニングが必要になる。
・交渉力の育成には、模擬交渉を用いたトレーニングが有効である。また、関連する法律の基本知識をeラーニングで学び、論点をネットで議論した後、模擬交渉を行うブレンディッド・ラーニングや部門の課題をケースとして模擬交渉を行うアクション・ラーニングは有効な育成方法である。

おわりに

交渉や和解に関する本は数多く、債権法を中心とする民法改正とも相まってさまざまな書籍が出版され、参考にさせていただくことも少なくない。交渉(negotiation)については、社会の変化に応じて本書でも紹介されているような研究が続けられ、国内の大学院や大学での講座も増えているようである。本書は交渉学や契約交渉等に関する入門的な書籍であるが、増刷や改訂版の出版に至ることとなり、手に取っていただいた方々のなにがしかのお役に立てているのであれば何よりであると思う。

もっとも私自身は、日々の執務のなかでの交渉はうまくいかないことばかりであり、大先輩の交渉場面に触れる都度、自分が今後どれだけがんばっても到達できない、雲の上の達人の世界であるように思われ、それは今も変わらない。

弁護士が関与する交渉や調整、裁判外を含む和解の場面においては、事案の類型や関係者の利害状況、主張立証の状況等により、実務的に一定の「落としどころ」や「相場」があるとされることは、紛争の早期解決のためにも一定の合理性があるものと思うが、「和解は小手先で口先だけで片がつくと思ったら大間違いだということを強調しておきたい」「事件の類型毎に知識をふやしていくのが和解成功の秘訣」であり、紛争解決のためには、法律以前の、歴史的、経済的、社会的、心理的、人間的云々の種々の原因を把握しその評論ができていなければならないとの指摘(後藤勇·藤田耕三編『訴訟上の和解に関する理論と実務』掲載の座談会での山口和男判事発言等)は、自戒を含めてそのとおりであると感じる。結局長続きするのは、当事者同士が納得している合意だけであり、その下に不満がくすぶっていれば争いはいつか必ず再燃し(島田久仁彦『交渉プロフェッショナル　国際調停の修羅場から』NHK出版、2013年)、当事者間の交渉では解決できず、裁判所による公的かつ最終的な判断によらなければならないことも少なからずあると思われる。また、交渉による解決の前提を欠き当事者間での協議によることが適切でないか、債務名義を得ても実質的な解決には至らない場面もある。

それでもなお、関係者が納得できる(可能であれば、Good for you, Great for meとなる)解決を目指す交渉プロセスによることのメリットはあると感じる。本書に携わる機会を得たのは、金沢工業大学の社会人大学院で一色正彦先生の交渉学の講義を受講したことがきっかけである。本書の前提となる交渉学は、従前の交渉事例研究の集積や各分野の研究業績等をバックボーンとして、交渉の対象となる事案や背景を分析し、Mission、ZOPA（ターゲティング）、BATNA等のフレームに基づいて交渉を設計するという考え方に基づく実証的な研究であるが、私には腑に落ちるものであった。日本版としてアレンジされ、現実の事例をベースにした模擬交渉（ロール・シミュレーション）の後に振り返りにより交渉過程を検証することも、自分の癖などを把握し、背景の異なる当事者間で交渉がうまくいかない可能性を少しでも減らす一助になるのではという意味でも、日常の業務の参考になるものであった。

特に、BATNA（不合意に備えた代替的選択肢）については、意識して準備し案件に臨み、とにかく合意しなければならないとは考えないことで、かえって各関係者にとって有意義な解決に結びつくこともあると感じる。交渉学のフレームないしステップを意識して依頼者との打合せや案件の進捗過程での方針検討等を行ってみると、法律的な視点や各専門分野の視点から望ましいと考えられる選択肢と、依頼者にとって実際上望ましい選択肢等を確認して協議することで、状況の変化に応じ、依頼者のMission等に照らして混乱なく検討ができることもある。

もちろん、ビジネス上の検討に用いられるフレームワークは数多くあり、交渉学のフレームですべてが解決するというようなものではなく、本書での法律的アプローチに関する言及は、交渉学の考えを事案に活用する際の端緒としての記載にとどめているとしてもなお十分でなく、その責は私にある（なお、当然ながら本書は、法的判断や解釈等を担保するものでもなく、個々の事案における分析や検討については、読者の判断において、また弁護士に確認するなどして対応されることを前提としている）。私自身は本書のColumnやポイント、Do's & Don'tsを含めて交渉に備え、いつかはそうして対応できるようになりたいと願うばかりで実践というにはほど遠い。それでも、田村次朗先生・隅田浩司先生による『戦略的交渉入門』などに加えて、本書は、交渉が苦手だと感じる人にとっても、実務的に得心できる部分があるのではないかと感じている。

本書を手にとられた皆様には、ぜひ、本書をもきっかけとして、交渉学の基本的な考えかたやフレームを実際に試していただき、交渉学研究にフィードバックをもたらしていただければと思う。そしてその研究成果を改めて実際に活用させていただく機会にあずかることがあればと願う。

最後に、本書の検討や改訂を通じて交渉学について学び、視点を新たにする機会をいただいた一色先生に御礼申し上げるとともに、日頃から様々なご指導や示唆をいただいている皆様に重ねて感謝を申し上げたい。

2020年1月

竹下 洋史

事項索引

か

き

く

け

る

れ

ろ

わ

推 薦 図 書

契約交渉の成功確率を上げるために有益だと思われる書籍を分類別にリストアップし、推薦するポイントと合わせて、紹介する。

1. 法的アプローチのために有益な書籍

書　名：**法律文書作成の基本**［第2版］
著　者：田中豊
出　版：日本評論社（2019年）

元裁判官で、弁護士・慶應義塾大学法科大学院教授の著者が、法律文書を作成するための基本を解説している。第2部第1章法的アプローチの5段階プロセス（P47-P48）の基準書である。法律文書としての契約書作成の基本が学べる書籍である。

書　名：**一問一答　民法（債権関係）改正**
著　者：筒井健夫、村松秀樹
出　版：商事法務（2018年）

民法改正の立案を担当した法務省の審議官と参事官が、改正の趣旨や内容をQ&A方式で解説している。208のQ&Aが掲載されており、民法改正の内容を理解するための基本である。

書　名：**定型約款の実務 Q&A**
著　者：村松秀樹、松尾博憲
出　版：商事法務（2018年）

民法改正の立案を法務省の参事官と元法務省民事局付の弁護士が、定型約款について、改正の趣旨や内容をQ&A方式で解説している。71のQ&Aが掲載されており、定型約款の内容を理解するための基本である。

書　名：**重要論点　実務　民法（債権関係）改正**
著　者：鎌田薫、内田貴、青山大樹ほか
出　版：商事法務（2019年）

民法改正について、契約の成立、債権債務関係、各種契約のテーマにわけて、実務と理論の両面からコンパクトにまとめられ、本論での解説に対して学者のコメントが付される形で参考になる。

書　名：**法務担当者のための契約実務ハンドブック**
著　者：辺見紀男、武井洋一

出　版：商事法務

16名の弁護士が、民法改正の内容について、非典型契約等を含めて、法務担当者が手元において確認できるようにポイントを解説している。民法改正に関して、「債務不履行責任の定めをどうすべきか（損害賠償）」のように契約審査や契約交渉に必要な論点が整理されており、契約担当者の基本資料として有益である。

2．交渉的アプローチのために有益な書籍

書　名：**新ハーバード流交渉術　感情をポジティブに活用する**
（原題：Beyond Reason Using Emotions as You Negotiate）
著　者：R.フィッシャー、D.シャピロ
印南一路訳
出　版：講談社（2006年）

ハーバード大学交渉学研究の創設者であるR.フィッシャー教授と交渉の心理学を専門とするハーバード・ネゴシエーション・プロジェクトのD.シャピロ副責任者による交渉学研究の理論書である。交渉学の基本と交渉者が感情を取り扱うための必要なフレームワークが解説されており、交渉学の基礎を学ぶために有効な書籍である。

書　名：**行動意思決定論 ―バイアスの罠**
（原題：Judgement in Managerial Decision Making）
著　者：M.H.ベイザーマン、D.A.ムーア
長瀬勝彦訳
出　版：白桃書房（2011年）

意思決定論の研究者であるハーバード大学ビジネススクールのM.H.ベイザーマン教授等が、経営における意思決定の構造分析から、意思決定に影響するバイアス（bias：偏り）を数多く紹介し、その概要と対策を解説している。交渉者が陥り易いバイアスとその対策を学ぶために有益な書籍である。

書　名：**ハーバード×MIT流 世界最強の交渉術**
―信頼関係を壊さずに最大の成果を得る6原則（原題：GOOD FOR YOU, GREAT FOR ME）
著　者：L.サスキンド
有賀裕子訳
出　版：ダイヤモンド社（2015年）

ハーバード大学ロースクールを拠点とする交渉学研究の大学間コンソーシアム、PON(Program on Negotiation)の共同創設者であり、MIT（マサチューセッツ工科大学）で40年間に亘り大学院生に交渉学を教えているMIT教授の書籍である。交渉学研究により、Win-Win Approachという概念が好意的に評価された反面、理解に対する混乱や過度に回避するなどの誤解が生じている指摘し、原題の“Good For You, Great For You”という概念による交渉の本質を理解し、成功確率を上げる方法を解説している。Win-Winの本質を理解しながら、問題を解決するための戦略を学ぶことができる書籍である。

書　名：**キッシンジャー超交渉術** ―ハーバードが総力を挙げて徹底分析
（原題：Kissinger the Negotiator Lessons from Dealmaking at the Highest Level）
著　者：J.K.セベニウス、R.N.バーンズ、R.H.ムヌーキン
田村次朗解説、野中香方子訳
出　版：日経BP社（2019年）

米国の世論調査により「非常に優れた交渉者」に選ばれたH.キッシンジャーの交渉戦略を本人からのヒヤリングにより、ハーバード大学交渉学研究所所長、ビジネススクール教授、ケネディースクール教授が共同で分析した研究所である。国家間の交渉に限らず、国際交渉や交渉戦略の原理を学べる書籍である。

書　名：**影響力の武器**［第三版］―なぜ、人は動かされるのか
（原題：INFLUENCE Science and Practice）
著　者：R.B.チャルディーニ
社会行動研究会訳
出　版：誠信書房（2014年）

社会心理学者の著者が、自分が若い頃、販売員や募金活動員など説得上手な人の丸め込まれた経験から、相手にYESと言わせる説得について研究した書籍である。実際の交渉事例を分析し、昔からよくあるギブ・アンド・テイクなど、具体的な事例を用いて承諾の心理とその防御法を解説している。Coloum15-22でご紹介した注意すべき交渉法について、具体的な解説と詳しい防御法を学ぶことができる。なお、同じ著者の「影響力の武器 戦略編―小さな工夫が生み出す大きな効果」（原題：THE SMALL BIG、誠信書房）もある。

書　名：**表情分析入門** ―表情に隠された意味をさぐる
（原題：Unmasking The Face）
著　者：P.エクマン、W.V.フリーセン
工藤力訳
出　版：誠信書房（1987年）

第4部第4章国際交渉で紹介した表情分析の研究書である。著者は、世界中の人間の表情を分析し、6つの感情（幸福、悲しみ、驚き、恐怖、怒り、嫌悪）は、民族、年齢、性別に関係なく万国共通の特徴があることを発見した。この研究は、Coloum11 成功確率の高い交渉方法⑤「非言語コミュニケーション」に関連する理論書でもある。交渉相手の心理やコンテキストに仮説を立てる方法として、有益な研究である。なお、同じ著者の「顔は口ほどに嘘をつく（原題：Emotions Revealed、河出書房新社、2006年）もある。

書　名：**話す技術・聞く技術** ―交渉で最高の成果を引き出す「3つの会話」
（原題：Difficult Conversations How to Discuss What Matters Most）
著　者：D.ストーン、B.パットン、S.ヒーン、R.フィッシャー序文
松本剛史訳
出　版：日本経済新聞出版社（2012年）

ハーバード・ネゴシエーション・プロジェクトで交渉学を研究している教授たちが、分析した数多くの交渉事例から、難しい会話とはどのようなシーンか、そして、なぜ、そのような状況になり、それをどのよ

うに乗り越えるべきかについえ、表現サンプルとともに解説している。Coloum11 成功確率の高い交渉方法⑤「非言語コミュニケーション」でご紹介した理論書でもある。交渉中に有効なコミュニケーションの方法と表現パターンを学ぶことができる。

書　名：**交渉の達人**
（原題:Negotiation Genius）

著　者：D.マルホトラ、M.H.ベイザーマン
森下哲郎監訳、高遠裕子訳

出　版：日本経済新聞出版社（2010年）

ハーバード大学のビジネススクールで交渉学を研究している教授たちが、企業や政府で交渉の達人と呼ばれた上級の交渉者が、実際にどのような戦略で交渉したかを分析し、事例を交えて解説している。その研究から、交渉力は、もって生まれた天賦の才能ではなく、学習により習得できる能力であることを指摘している。難易度の高い事例から、交渉戦略を学ぶことができる。

3. リスクマネジメント的アプローチのために有益な書籍

書　名：**リスク・マネジメント総論**

著　者：武井勲

出　版：中央経済社（1995年）

元東京海上保険、青山学院大学教授の著者が、リスクマネジメントの基本を解説した書籍である。第2部第3章リスクマネジメント的アプローチの5段階プロセス（P56-P87）の基準書である。リスクマネジメントの基本が学べる書籍である。

書　名：**リスクマネジメントのプロセスと実務　増補版**

著　者：有限責任監査法人トーマツ
仁木一彦監修・編集代表

出　版：第一法規（2019年）

監査法人の著者が、実務を通じたリスクマネジメントの取り組みについて、解説している。匿名であるが企業の事例も紹介されており、リスクマネジメントの実務を学べる書籍である。

書　名：**事業担当者のための逆引きビジネス法務ハンドブック**

著　者：塩野誠、宮下和昌

出　版：東洋経済新報社（2015年）

ハンズオン型コンサル会社の弁護士たちが、事業担当者から見たビジネス法務のリスクと対策の実務を解説している。ビジネスのシーンから法的リスクを解説しており、法務部門の契約担当者が、事業担当者と連携するための共通理解として活用することもできる。契約で実現したいビジネスに潜む法的リスクを具体的に理解できる書籍である。

4. 企業の法務部門を理解するために有益な書籍

書　名：**スキルアップのための企業法務のセオリー**

著　者：瀧川英雄

出　版：第一法規（2018年）

現役の企業法務執行役員の著者が、法務担当に必要な基本業務と取り組み方を紹介している。日本企業の法務部門の役割と業務を理解できる書籍である。なお、同じ著者の「レベルアップを目指す企業法務のセオリー（応用編）」（第一法規）もある。

書　名：**法務の技法**［第2版］

著　者：芦原一郎

出　版：中央経済社（2019年）

企業の法務部門のジェネラル・カウンセルである著者が、社内弁護士から見た日本企業の法務部門の役割と業務を解説している。日本企業の法務部門における社内弁護士の役割と業務を理解できる書籍である。なお、同じ著者の「社内弁護士という選択」（商事法務、2008年）、「法務の技法［OJT編］」（中央経済社、2017年）も出ている。

書　名：**企業法務革命**―ジェネラル・カウンセルの挑戦
（原題：The Inside Counsel Revolution）

著　者：B.W.ハイネマン Jr.
企業法務革命翻訳プロジェクト訳

出　版：商事法務（2018年）

米国企業の法務部門のジェネラル・カウンセルの経験を持つ弁護士である著者が、米国企業の法務部門と役割と業務を解説している。米国企業の法務部門、及び社内弁護士の役割と業務を理解できる書籍である。

著 者 略 歴

一色　正彦（いっしき　まさひこ）

大阪外国語大学外国語学部（現大阪大学）卒業後、パナソニック㈱入社。東京大学先端科学技術研究センター先端知財人材次世代指導者育成プログラム修了。同社海外事業部門（マーケティング主任）、法務部門（コンプライアンス担当参事）兼、教育事業部門（コンサルティング部長）を経て独立。大学にて、研究（専門分野：交渉学、経営法学、リスクマネジメント論、知財戦略論）と教育（担当科目：交渉学、経営法学、企業価値と知的財産、航空技術・政策・産業特論）を行うと共に、ベンチャー企業の育成支援、企業の新規事業開発、アライアンス戦略、コンプライアンス、リスクマネジメントの体制構築、人材育成等へのアドバイスを行っている。

金沢工業大学大学院客員教授（イノベーションマネジメント研究科）、東京大学大学院非常勤講師（工学系研究科）、慶應義塾大学大学院非常勤講師（経営管理研究科ビジネススクール）、関西大学外部評価委員会委員、日本知財学会正会員、㈱LeapOne取締役（共同創設者）、合同会社IT教育研究所役員（共同創設者）

【著　書】

「理系のための交渉学入門」（共著、東京大学出版会、2013）
「現代航空論　技術から産業・政策まで」（共著、東京大学出版会、2012）
「売り言葉は買うな！ビジネス交渉の必勝法」（共著、日本経済新聞出版社、2011、中国翻訳版：電子工業出版、2014）
「ビジュアル解説　交渉学入門」（共著、日本経済新聞出版社、2010）
「新・特許戦略ハンドブック」（共著、商事法務、2006）
「MOT テキストシリーズ　知的財産と技術経営」（共著、丸善、2005）
「日経文庫　知財マネジメント入門」（共著、日本経済新聞出版社、2004）他

竹下　洋史（たけした　ひろし）

慶應義塾大学法学部法律学科卒業、慶應義塾大学大学院法学研究科修士課程修了、金沢工業大学大学院工学研究科知的財産システム専攻修士課程修了。東京工業大学大学院キャリアアップMOT知的財産戦略コース修了。2000年弁護士登録、2012年弁理士登録。奥野総合法律事務所にて事業再生案件や民事・家事、商事、刑事等の各種案件に従事し、財務省関東財務局理財部金融証券検査官（特定任期付職員）として金融検査業務等を経験後に独立。都内法律事務所パートナーを経て竹下総合法律事務所開設。産官学それぞれの立場から弁護士業務に携わり、法人・個人の依頼者とともに、専門家と連携してより良い解決を目指す。

金融法学会、日本協同組合学会、人を大切にする経営学会、全国倒産弁護士ネットワーク、弁護士知財ネット等会員。日本組織内弁護士協会準会員。

【著書等】

「Q＆A　親子・関連会社の実務」（共著　新日本法規）
「Q＆A　株式・社債等の法務と税務」（共著　新日本法規）
「会社役員規程マニュアル」（共著　新日本法規）
「ビジネスマンのためのインターネット法律事典」（共著、日経ＢＰ社、2001）
「改正貸金業法Q＆A」（共著、銀行研修社、2007）
「成功する事業承継のしくみと実務」（共著、自由国民社、2008）
「自治体のための債権管理マニュアル」（共著、ぎょうせい、2008）
「金融円滑化法の管理・説明・サポートの実際」（共著、銀行研修社、2010）
「弁護士会照会制度〔第4版〕」（共著、商事法務、2013）
「境界紛争事件処理マニュアル」（共著、新日本法規、2015）
「ドラえもん社会ワールド　憲法って何だろう」（監修協力、小学館、2015）
「個人ローン販売時の個人情報の取扱い」（ファイナンシャルコンプライアンス2010年11月号）
「協同組合組織における会社法の活用と交錯について」（協同組合研究29巻1号、2010）

執筆協力者略歴

竹本　和広（たけもと　かずひろ）

（交渉マップ（図13、図16、図18、図19、図20、図21）作成を担当）

神戸大学工学部卒業後、コニカ㈱（現コニカミノルタ㈱）に入社。金沢工業大学大学院知的創造システム専攻修了（工学修士）。知的財産部門で特許の権利化・知財リスク評価を担当し、自他社の特許ポートフォリオ分析、発明発掘、特許書類審査等の業務にマップ化の方法論を活用。知的財産マネジメント代行・コンサルティング事業を起業し、弁理士・弁護士等の専門士業と経営者の橋渡しを担うと共に、英国ランカスター大学ピーター・チェックランド名誉教授の「リッチピクチャー」に基づき、独自に開発した交渉マップ作成の方法論を、企業・大学の教育や人材育成のために提供している。

たかおIPワークス代表、一級知的財産管理技能士（特許専門業務）、金沢工業大学大学院客員教授（イノベーションマネジメント研究科）、産業能率大学兼任教員（経営学部）、国立研究機関特許コーディネータ

サービス・インフォメーション

通話無料

① 商品に関するご照会・お申込みのご依頼
TEL 0120(203)694／FAX 0120(302)640

② ご住所・ご名義等各種変更のご連絡
TEL 0120(203)696／FAX 0120(202)974

③ 請求・お支払いに関するご照会・ご要望
TEL 0120(203)695／FAX 0120(202)973

● フリーダイヤル（TEL）の受付時間は、土・日・祝日を除く9:00～17:30です。

● FAXは24時間受け付けておりますので、あわせてご利用ください。

法務・知財パーソンのための契約交渉のセオリー
―交渉準備から契約終了後までのナレッジ―
改訂版　民法改正対応

2020年2月10日　初版第1刷発行

著　　者　一　色　正　彦
　　　　　竹　下　洋　史

発 行 者　田　中　英　弥

発 行 所　第一法規株式会社
　　　　　〒107-8560　東京都港区南青山2-11-17
　　　　　ホームページ　https://www.daiichihoki.co.jp/

装　　幀　志村正人+黒羽拓明（SANKAKUSHA）

D T P　辻井　知（Somehow）

法務知財契約改　ISBN978-4-474-06883-4　C3032（3）